先住民のメキシコ

征服された人々の歴史を訪ねて

阿部修二

明石書店

はじめに

「過去は過去の中にあるのではない」

米国人エリザベス・テレーズ・ニューマン氏の『アシエンダ物語』（*Biography of a hacienda: work and revolution in rural Mexico*）のむすびの詞の一節である。長い間、メキシコに関心を持ち、何度となく通い、何冊かのメキシコに関する著作を許された私が、二〇一六年一一月の米国大統領選挙でトランプ候補が「アメリカ・ファースト」「メキシコ国境の壁」を声高に叫んで当選したときの衝撃は今でも忘れることはできない。それはその二年前、米国カリフォルニア州で働くメキシコ人はじめ中南米の人々を目にしていたし、メキシコ国内では米国で働いて帰国した何人ものメキシコ人の話を聞いて知っていたからだった。彼らはまさに違法に国境の壁を越えて米国に入国した人たちだった。

メキシコ国境に関するニュースやドキュメンタリー映像を見ていて、陸続きの国境を持たない日本人である私は、なぜ危険を冒して米国行きを敢行するのか疑問に感じていた。

たしかにメキシコと米国の経済格差は歴然としていて、同じ労働に対する賃金格差はメキシコ人には魅力的にみえるに違いない。何度もメキシコを旅していると自負する私がみるメキシコ人は、おしなべて寡黙ではあるが勤勉であり、情に深く家族思いでもある。危険な国境越えを決断する彼らの理由は、彼らがおかれているメキシコ国内の事情があるのだとうすうす知っていた。ニューマン氏の『アシエンダ物語』は、メキシコ人の貧困の原因を、後に説明することになるアシエンダ、大規模農場の研究を通して語っている。つまり「過去は過去の中にあるのではない」とは、国境越えをして違法労働を行うメキシコ人とスペイン植民地時代に「インディオ」と呼ばれていたメキシコ先住民の労働環境が、今なお馬車の轍のように続いていることを言い表しているのだ。

さて、説明があとまわしになったが、アシエンダは、一六世紀に植民地メキシコで大規模農業経営形体として生まれた。英語でいえば、中学の社会科で習うプランテーションということになる。メキシコ北部の人口密度の希薄な地帯で金銀鉱山が発見されると、大精錬所が鉱山労働者や労役家畜用の食糧確保のための耕作地と牧草地を設けたことで、複合的なアシエンダとなっていた。後に羊の飼育業者が大規模な織物工場を経営していたから、そうしたものもアシエンダに含まれるようになっていった。いうなれば、スペイン人による個人経営の封建的な大規模農場、あるいは工場ということになろうか。メキシコに関していえば、先住民の数に対して、植民地に入植したスペイン人の人口が極端に少なかったことに加え、大航海の末にアメリカ大陸にたどり着いた者たちの夢が新貴族に名乗りをあげることだったから、彼らは自身の手を汚す仕事には関心を示さなかった。つまりアシエンダで働き、アシエンダの利益を生んでいたのはメキシコ先住民だったのだ。当時、スペイン国王はアメリカ大陸で発見された先住民をすべて、「スペイン国民」であると宣言していたが、本国から海を隔てて数千キロメートルも離れたアメリカ大陸の褐色の肌をした「スペイン国民」は、スペイン統治者の意に反して、征服者とその後に渡ってきた入植者によって奴隷状態におかれ、スペイン人の利潤追求の犠牲者となっていた。

本書では、アメリカ大陸のスペイン国民、「インディオ」と呼ばれたメキシコ先住民へ施されたスペイン統治の歩み、つまりスペイン人探検家エルナン・コルテスの、モクテスマ率いる大帝国アステカの首都テノチティトラン征服（二〇二一年八月に五〇〇周年を迎える）後の、総督コルテスの統治、高等司法行政院による統治、そして、副王制による長い統治制度にふれ、裁判制度や裁判記録、さらには、スペイン人征服者や入植者に与えられた官僚職、公務職、土地所有権などの違法な譲渡から、メキシコ先住民に浴びせかけられていた数々の困難を洗い出して示そうと思う。

これまで、メキシコ関係の多くの本で、植民地時代を通して「人口破壊」をはじめとするメキシコ先住民の悲運、悲劇、塗炭を抽象的で概念的な言葉で知っていたが、その実態を身近に感じることはできなかった。それは私がその時代に生きていないことが決定的な理由だが、もう一つ、その時代の上澄みに生きている人々の歴史記述はたくさん残されているのに、その下層で生きて亡くなった無名の先住民の残したものがほとんどないのが理由である。彼らは貧しさや厳しい生活のために、それをする能力を身につけることがかなわなかったともいえるが、苦しい生活を思い出すのもいやな精神状態にあったからかもしれない。

メキシコの植民地時代を扱ううえで忘れてはいけない、三つのキーワードがある。その一つが、前述した「アシエンダ」とその経営者を意味する「アセンダド」で、二つめが、おもに征服者が成功報酬としてあてがわれた先住民集落、あるいは税を徴収する権利制度を意味する「エンコミエンダ」とその権利者「エンコメンデーロ」、そして三つめが労働力分配制度と訳される「レパルティミエント」である。この三つの言葉は本文中にたびたび出てくるので、記憶されることをお願いしたい。

メキシコの文章を書くたびにいつも障害と感じるのは、メキシコの地名の問題である。長いことメキシコと向き合っていると、その地名が古来のものか、植民時代以降のスペイン風の地名なのかの判断がつくようになるが、言語がスペイン語であることも手伝って、日本の読者は耳慣れない地名に戸惑うかもしれない。そのため正式な地名にキリスト教の聖人や、独立や革命期の著名人の名などが修飾語として付いている場合には、なるべくそうした混乱を招かないように、古くからの地名に簡略化して記している。もう一つ、人物の名前も混乱の原因となっている。植民地時代もかなり早い時期から、スペイン人と先住民の名前の区別がつかなくなっていることである。一五二一年、エルナン・コルテスがアステカ帝国の首都テノチティトランを征服した二年後、フランシスコ修道会の修道士一二名が、キリスト教化のためにメキシコに派遣されている。彼らは国王の命令で先住民のキリスト教化に早急に取り組み、先住民に洗礼名を授け、改宗し終えた先住民を「スペイン国民」として登録した。その結果、先住民のアイデンティティである彼らの本来の名前が消滅することになった。たぶん、彼らの名前が、スペイン人が邪教と呼んだアステカ人の宗教と関係ある名前だったからではないかと想像する。アステカ帝国時代に貴族であった名前、たとえばモクテスマのような名前が出てくることがあるが、それはごく稀である。というわけで、名前だけでスペイン人か先住民かを区別することはかなり難しい。読者には煩わしいが、そのために、人種を特定する必要があるときには、そのつど書き加えることにした。

さて、現在ではメキシコをはじめとする中南米で、先住民を「インディオ」と呼称することはない。じつは長い植民地時代を経て、中南米社会で「インディオ」という呼称が侮蔑の意味を込めて使われるようになったためで、現在では同じ語源から派生した「インディヘナ」と呼ばれている。日本人からすればその二つに違いがないように思えるのだが、そこには今日でも先住民を蔑視するメキシコ社会の病巣があるのだろう。本書の中で「インディオ」という言葉が何度も出てくるが、植民地時代の社会や制度、法制で使われている場合、あるいは書簡の中で使われている場合は元のまま使用したので、そのように理解いただきたい。

耳慣れないプレヒスパニック時代の地名が、とくに裁判記録や分譲地の中にたくさん出てくる。州や有名な都市は別として、そうした地方の村の名前は、今日では改名されたりなくなったものがあるために、混乱を避けるために詳述するのを意図的に回避した。征服以前のメキシコ先住民たちの名前を知ることはかなわないが、それでも裁判記録の中に出てくる村の名はそのまま残した。先住民たちが住んでいた村の地名の素晴らしい響きに親しんでほしいという、著者の願いを込めて……。

先住民のメキシコ——征服された人々の歴史を訪ねて ❖ 目次

アメリカ合衆国
ヌエバ・
レオン州
ヌエバ・レオン
タマウリパス州
ガリシア
州
サン・ルイス・
ポトシ州
グアナファト州
ケレタロ州
イダルゴ州
メキシコ州
トラスカーラ州
モレーロス州
プエブラ州
ベラクルス州
タバスコ州
ゲレーロ州
オアハカ州
チアパス州
メリダ州
カンペチェ州
グアテマラ
新領土境界概線
16世紀中ごろの
チチメカ領域との境界線
16世紀初期の
チチメカ領域との境界線

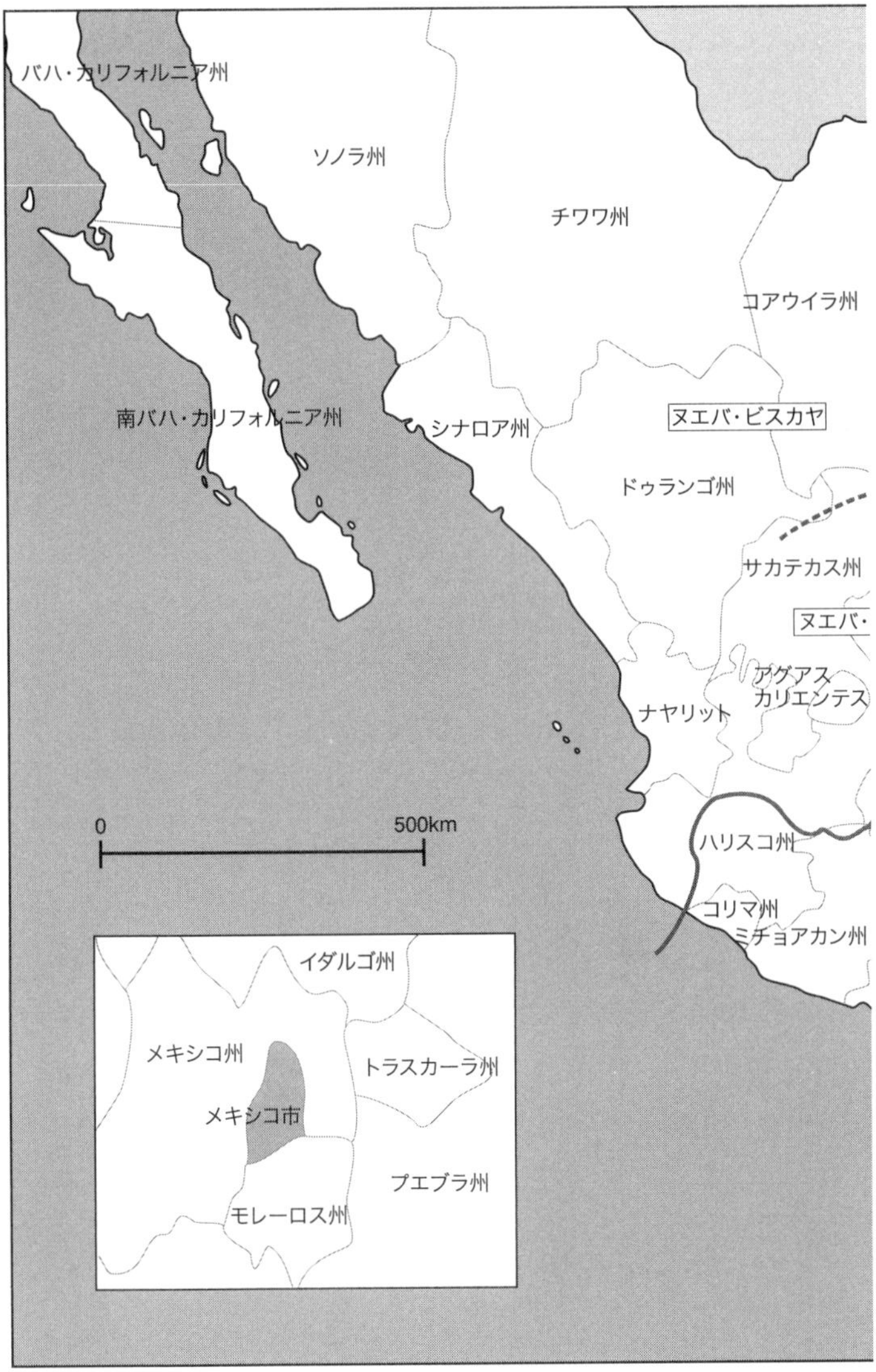
バハ・カリフォルニア州
ソノラ州
チワワ州
コアウイラ州
南バハ・カリフォルニア州
シナロア州
ヌエバ・ビスカヤ
ドゥランゴ州
サカテカス州
ヌエバ・
アグアス
カリエンテス
ナヤリット
0
500km
ハリスコ州
コリマ州
ミチョアカン州
イダルゴ州
メキシコ州
トラスカーラ州
メキシコ市
プエブラ州
モレーロス州

用語解説

アウディエンシア　高等司法行政院。一五二八年にメキシコ市に設置され、メキシコ植民地の統治機関として出発したが、後に副王制が敷かれると、おもに裁判所として機能していた。

アシエンダ　一六世紀に誕生した全スペイン植民地の大規模農業、あるいは産業形態、複合プランテーション。

アステカ帝国　スペイン人エルナン・コルテスが一五二一年に征服した皇帝モクテスマ率いる大帝国、人口約二五二〇万人を擁していたとされている。

アセンダド　アシエンダ経営者。

エスタンシア　放牧地の面積単位。牛用の放牧地は一七・五平方キロメートル、羊用は七・八平方キロメートル。

エンコミエンダ　コルテスの征服戦争に参加した兵士が成功報酬としてあてがわれた先住民集落、あるいは税を徴収する権利制度。後に官僚の俸給でもこの制度が使われた。

エンコメンデーロ　収税領主、エンコミエンダを託されたスペイン人征服者や官僚。
レパルティミエント　人口密度の高い地区から先住民労働者をほぼ強制的に募り、短期間スペイン人企業や農場、アシエンダに送り込む制度。労働力分配制度。
カスコ　アシエンダの主館を含む建物群。
ガチャネス　農奴、先住民労働者。
カバジェリア　「騎士」という言葉から派生した、分譲される耕作用の土地面積の単位。当初は六ヘクタールほどだったが、メキシコ市北部に広大な土地が発見されると四三ヘクタールとなる。
カルパネリア　アシエンダ労働者が居住する集合住居。ナワトル語の「家」を示す「カリ」が語源。
ペオン　もともとのスペイン語は歩兵を意味する言葉だったが、メキシコでは農奴、先住民労働者を意味した。
ヌエバ・エスパーニャ副王領　概して、スペインのメキシコ植民地。北部の新しい土地が征服される前はメキシコ全体を示していたが、その後旧アステカ帝国の支配地をさすようになった。
ヌエバ・ガリシア　グアダラハラを首都とするハリスコ州、アグアスカリエンテス州、サカテカス州あたりをさす。
ヌエバ・ビスカヤ　ドゥランゴ州、チワワ州あたりをさす。
ヌエバ・メヒコ　現在の米国テキサス州、ニューメキシコ州あたりをさす。
レコンキスタ　イベリア半島におけるキリスト教国家による失地回復運動、再征服。

登場人物

アロンソ・デ・ソリタ　高等司法行政院の裁判官。『ヌエバ・エスパニャ報告書』の著者。

アントニオ・デ・メンドーサ　初代副王（在位一五三五〜一五五〇）。先住民の裁判に「メンドーサ・システム」を導入した。

エルナン・コルテス　スペイン人探検家。一五二一年にアステカ帝国を征服し、スペインのメキシコ植民地の総督となり、後に広大な土地を拝領して「オアハカ谷の侯爵」の爵位を授かる。

エリザベス・テレーズ・ニューマン　米国人メキシコ歴史学者、プエブラ州アトリスコ市近郊のアココトラのアシエンダの遺跡発掘を通して植民地時代の農民の生活を研究し、『アシエンダ物語』を著した。

エルナン・ペレス・デ・ボカネグラ　グアナファト州アカムバロのエンコメンデーロ。北部チチメカ領域を探検、征服し、広大な土地の譲渡を受ける。

エルナンド・デ・タピア　オトミ族の先住民コニン。スペイン人エルナン・ペレス・ボカネグラのチチメカ領域での水先案内の役目をこなして、後に先住民でありながら現在のケレタロ市に広大な土地の譲渡を受ける。ケレタロ市の始祖だったが、先住民であったために、後にスペイン人たちにその手柄を黙殺された。

ディエゴ・デ・タピア　エルナンド・デ・タピアの息子。父エルナンドの財産を相続する。有名なケレタロの水道橋を建設した。

マリンチェ　先住民の若き女性通訳。ユカタン地方のマヤ語とアステカ地方のナワトル語を理解し、コルテスの片腕として征服に荷担したために、メキシコ先住民からは売国奴として批難された。コルテスとの間に男児マルティンをもうけるが、後にコルテスの部下ファン・ハラミージョと結婚し、女児マリアを出産。二七歳で早世したといわれている。

マルティン・コルテス　コルテスとマリンチェとの間に生まれ、後に「オアハカ谷の侯爵」となる。この名前はコルテスの父親の名前でもある。

モクテスマ　コルテスにテノチティトランの開城を許したアステカ帝国の皇帝。コルテスによる征服戦争では人質にとられて不運の死を遂げる。

バスコ・デ・キロガ司教　ミチョアカン州の司教。先住民保護を訴え、パッツクアロ湖の北サンタ・フェ・デ・ラグナにインディオ村を建設する。

ラス・カサス神父　先住民保護を国王に直談判し、「行動の神学」を貫いたドミニコ会の修道士。

ルイス・デ・ベラスコ　二代目副王（在位一五五〇～一五六四）。

ルイス・デ・ベラスコ二世　二代目副王と同名の副王（在位一五九〇〜一五九五）。二代目副王の息子で、「インディオ関係法廷」を設置する。

第一章　大航海時代前夜

カリブの経験

アメリカ大陸でスペイン人が経験した歴史物語をのぞき見る前に、スペイン人をアメリカ大陸に導く海路の途中にある二つの群島、カナリア諸島（アフリカ北西岸沖）と西インド諸島はスペイン人に大きな経験を与えていたという事実をおざなりにするわけにはいかない。両者には、大航海時代以前にイベリア半島で達成されていた再征服、レコンキスタとは明確に異なる、海路による難儀な船旅と距離の問題が存在していた。さらに、先の二つの群島は文明においてもかなり原始的で、首長によって支配され統治された、きわめて閉鎖的で小規模な集団が集落をつくっていた。文化的な見地においても、イベリア半島で栄華を誇っていたユダヤ人やモロッコ人とは対照的で、あらゆる面でヨーロッパ文化や地中海文化と共通するものはほとんどなかった。

カナリア諸島は、かなり古くからヨーロッパ人に知られていたが、一四世紀から一六世紀の間に征服され、スペイン人の村がつくられている。この諸島の征服では、スペイン人たちはイベリア半島でのレコンキスタの延長として島に侵攻したのだという。そして、そこでまったく偶然の出来事として、自分たちの持つ武器、馬、大砲、銃、鉄剣の桁違いの優越性から、島の宗教を根絶できると確信したのだという。そしてスペイン国王の臣下となった島民に、武器をちらつかせてキリスト教への改宗を迫ったのだ。それに反抗した島民は奴隷となり、売却目的でイベリア半島に連れていかれることもあったが、そのほとんどは島に残され、新しいスペイン人領主に服従を誓うことになった。スペイン人のこの体験は一つの島からほかの島へと範囲を広げ、一つの地域から、それに連なるそれぞれ大小の島々へと移動していった。

大西洋を隔てた西インド諸島では、スペイン人たちは今まで見たこともない不思議な民族集団に遭遇している。カナリア諸島の島民たちとまったく異なった暮らしや文化を持ち、威厳を象徴する飾り物を着けた首長の指揮の下に島民は、熱帯の環境の中で平和に、そして慎ましく暮らしていた。結果的に、ヨーロッパ人との軍事衝突が起きると、ほとんど抵抗できずに武器を置いて降参している。そのときのことはスペイン人の体験談から知られるが、実際はそれ以上に過酷で無惨なものだったと想像する。西インド諸島ではスペイン人の探検は衰えを知ることなく西進したが、その先にもスペイン人の武力に抵抗できる島民はまったく存在しなかった。スペイン人探検隊は彼らを支配し命令するのに、イベリア半島やカナリア諸島で払った注意などほとんど必要ないことを知ることになった。その理由は、本国スペインから途方もなく遠方であることを特記しなければならない。カリブ海領域でスペイン人が占領し興味を示した最初で最大の島は、後にスペイン人が勝手に名づけることになるエスパニョーラ島だった。そこに島民の大きな集落があったために、スペイン統治のシンボル、司教座を設置し、後にアウディエンシア、高等行政司法院を立ち上げ、王室統治の基地とした。ところが、そこに大きな問題が立ちはだかっていた。スペイン人による統治を始めるのに合わせて、島に住む民族の数だけ言葉を覚え、彼らの文化や習慣を習熟しなければならなかったからだ。このことは予想以上に困難を極めていた。王室官僚の統治能力不足が露呈し、高等行政司法院が設置されたものの、訴訟、調停、裁判での不都合や困難が生じていた。すでにこの時点で、混乱の元凶となっているヨーロッパ人入植者を抑制しようとする王室の意思表明が、後手に回ってしまっていたのだった。

西インド諸島到達初期のクリストバル・コロン提督とフランシスコ・デ・ボバディージャ総督の統治時代、エスパニョーラ島にいたわずかなスペイン人たちは、その島の集落をほぼ完全に支配していた。服従させられた島民たちのほとんどはスペイン征服者たちの所有物となり、そこに定住して鉱山や畑を経営するスペイン人のための奴隷となっていた。このように島民の労働力という探検の成功報酬を受け取った兵士、後にくわしくふれることになるエンコメンデーロ、収税領主たちは、明らかに封建領主のように島の先住民を統治する地位に就いた。そして、しばしば、国家や他人の干渉を受けることなく自由に、島民を自分の畑や鉱山の現場で働かせていたのだ。さらに、自分の領地以外でも、仲間のスペイン人に自分の島民を貸し出して働かせることもあった。そのことで、いつもスペイン人と島民との間で混乱と騒乱が持ち上がっていた。植民者たちには、島民に対して絶対的な権力を手にし、彼らの前に君臨する暴君となっていた。島民との裁判では、スペイン人たちは自分に都合のよい裁判官であると同時に、死刑執行人でもあったのだ。

当時、イサベル女王は、コロンブスによって最初に奴隷とされた島民に対して自由を与える裁定を示し、その判決文の中で「スペイン帝国の家臣はすべて自由であり、よき取り扱いを受けるべきである」と宣言し、スペイン国内でのアメリカ大陸、西インド諸島からの先住民奴隷を禁止した。明らかに、それは、粗暴な探検者たちから不幸な島民を保護する裁判制度の必要性を提示していた。

エスパニョーラ島の先住民社会の瓦解は、王室によって送り込まれた第三代総督ニコラス・デ・オバンドの統治時代には始まっていた。一五〇一年に彼が手にした王室からの伝聞では、「スペインの植民地規定を少々変更しただけで、エスパニョーラ島の社会生活を営む島民に容易に適用できる」としていた。ところが総督オバンドがエスパニョーラ島からマドリッドに送った書簡は、先の容易であるという幻想のすべてを打ち砕くもので、新領地にはびこる驚愕が綴られていた。それに呼応するように島民救済の意志を示す一五〇三年の王室勅書は、先住民社会との共同統治を提案していた。「高貴で分別のあるスペイン人」、つまり裁判監督官が情熱をもって島の裁判を管理し、島民が悪意の植民者の餌食になったり騙されていないかを監視することになった。首長たちはそれを受けて、自分たちの従来のやり方で裁判を管理していたが、最終的にはスペイン人裁判監督官の指示に従うことになった。首長に対して島民は不平、不満を訴え、訴訟を自由に起こすことができたが、それでもスペイン人が関係する係争や抗議では、島民たちは直接、「高貴で分別のあるスペイン人」に訴えなければならなかった。ところがこの「高貴で分別のあるスペイン人」は、恐ろしいことに法に従うことにはじつに無頓着な人間たちだった。こうしてその裁判は、最終的にスペイン人裁判監督官の自己判断に落ち着くことになったのだった。

これまで西インド諸島、アンティーリャ諸島でのスペイン王室、植民者、そして彼らに翻弄されていた島民について述べてきたが、大洋を隔てた本国の植民地政策が未熟で、まったく機能していなかったことがわかる。統治能力が欠如したままで島民が長い間、不安定な状態におかれていた。スペインから植民者が島に来る理由は、まさに「黄金」で、この島で経済的な成功を収め、新貴族として名を上げることだった。そこに倫理とか法というものは必要なかったばかりか、邪魔でさえあった。こうした無法状態にある島々にスペイン王室の監視の目が届くのも後手に回っていた。というのも、当初王室には何の利益もないまま、一方的に植民者と新領土の管理のために大金をつぎ込むだけだったからだ。やがて、島民の人口が減少していることを植民者が気にかけるようになる。島に働き手がいなくなれば、島での自分たちの生活が成り立たなくなると危惧し始めていた。植民者の横暴のかぎりの前に、人口保持はもう手遅れだった。西インド諸島、アンティーリャ諸島でスペイン人が支配した法と裁判制度の適用の問題は、島民の絶滅とともに終わった。皮肉にも十分に意味のある結果が残された。しかし、島民の絶滅は、貧者の中への旧大陸の疫病の持ち込みが大きな原因であったとするにしろ、適切な対応や措置もなく、一部の過激で破壊的な探検隊の結果であったことは否定できない。こうして西インド諸島ではアフリカ大陸からの奴隷が、スペイン人の働き手として導入されることになったのだった。

同時に新しい働き手を求めて、スペイン人はさらに西進した。そしてそこには、偶然にも大帝国アステカがあったのだ。

無法のメキシコ植民地

長い歴史をもつ神話の国アステカ帝国の首都テノチティトランが、スペイン人征服者エルナン・コルテスの手に落ちたのは一五二一年八月一三日である。この日の朝、アステカ帝国の最後の皇帝クワウテモックがテスココ湖の湖上でスペイン人兵士によって捕縛され、アステカ帝国二〇〇年の歴史の幕が閉じられた。この征服戦争の詳細を語るのは本書の趣旨ではないので、そこに深入りすることは叶わない。できれば拙著『メキシコ歴史紀行――コンキスタ・征服の十字架』(明石書店)を参考にされたい。

異文化間で起きたこの戦争は、近代的な兵器で武装したスペイン人征服者が当然のごとく制することになったが、当時、征服軍を率いるコルテスは、スペイン国王からアステカ帝国征服の許可を手にしていたわけではなく、一探検家としてアステカ帝国に無謀にも侵入していったのだった。この探検隊長の奸計は、一四九二年のコロンブスの西インド諸島到達以降くり返されてきた、スペイン人の島々の征服を学習した結果編み出されたもので、彼が独自に考え出したものでなかったが、「黄金」への強いこだわりが探検家を征服戦争に駆り立てたのだった。

戦争はどんな場合でも敗者を過酷な目に遭わせ、その社会に混乱を生じさせるものだが、メキシコの場合、スペイン人探検家コルテスによってなされたことによって、いっそうの哀傷を抱かせるものとなった。先述したが、コルテスは国王から探検の許可を得ずにキューバ島からメキシコに出かけており、アステカ帝国の存在を認知した後も征服に関する事後承諾というかたちで行われた征服だったために、コルテスがメキシコの総督として任命される一五二二年までの約一年半、メキシコは無法状態におかれている。

征服戦争に参加し、最終的に生き延びたスペイン人兵士約五〇〇名の成功報酬を「黄金」で、と皮算用していたコルテスだったが、アステカ帝国皇帝から献納された黄金と全土から納税という形で集めた黄金ではとうてい払いきれないことがわかると、「委託」と直訳されるエンコミエンダ、先住民委託制度を独断で立ち上げ、彼の部下の兵士を地方自治体の管理者の地位に就かせた。このエンコミエンダはすでにエスパニョーラ島で採用されていた制度で、先住民をスペイン人の下に保護、管理する意味を包含する制度だったが、内実はコルテスからあてがわれた集落、市町村の先住民から税金を徴税する権利制度を意味し、征服戦争での成功報酬の埋め合わせ制度だった。その権利を有する兵士をエンコメンデーロと呼ぶが、日本語に訳せば収税領主となろうか。彼らは首都メキシコ市で立派な屋敷を構え、「委託」領地に出向くことはなく、そして先住民の保護や管理に労を執ることにまったく関心を示すこともないまま、彼の支配人が当地を訪れて市町村の長が集めた税金を受け取りにいくシステムになっていた。先にも述べたがこのエンコミエンダ、先住民委託制度は、征服戦争の兵士に対する成功報酬だったために、一代限りの権利と定められていた。さらに一五四二年にはエンコミエンダ廃止の勅令が出されているが、戦後まもなく亡くなった者の子孫たちの不満の声に押されてなし崩しにその権利が相続され、一六世紀末まで、あるいはもっと後まで続けられている。こうして征服に関わったスペイン人兵士たちとその末裔は、税を現金という形でメキシコ先住民から征服戦争の成功報酬として吸い上げていた。現金をつくるためにきつい肉体労働を強いられ、メキシコ先住民の肩にその負担が重くのしかかっていたのだ。

「人口破壊」ということ

先述したが、征服後約一年半の、スペイン人兵士たちがまさに「法」であった時代に、メキシコ先住民は彼らの重圧の中に生きていた。エンコメンデーロとなった兵士たちは、自分の住居を建てるために先住民に無報酬、あるいは低賃金の労働を強制し、あるいは荷役の仕事を押しつけていた。先住民たちは自分の小さな畑さえも耕作する時間を与えられず、秋には収穫のない畑を眺めなければならなかった。命をつなぐのもやっとのことだった。

アメリカ人メキシコ歴史研究家ボラー氏とクック氏の研究によれば、今日のグアダラハラ州、ミチョアカン州を含むメキシコ中央高原地域、ユカタン半島を除くテウアンテペック地峡、地図上、クジラの尾のつけ根に見える地域の西部オアハカ州、そしてグアテマラ国を含めた全体の一五一八年、つまり、征服直前のメキシコ先住民の人口は、今日の東京都の人口のほぼ二倍、二五二〇万人だった。征服から一〇年後、第二次高等司法行政院が設置された後の一五三二年には一六八〇万人、そして征服から半世紀もたたないうちに二六五万人に人口が激減している。この数値は征服以前の人口のほぼ一〇パーセントに匹敵する数値だ。さらに一五九五年には一三七万人に、そして一六二二年にはついに七五万人に人口が落ち込んでいる。

一五三一年に最初の疫病、黒死病がメキシコで蔓延した。今日でさえメキシコに住むスペイン人のある末裔は、先住民の「人口破壊」の原因は、アメリカ大陸に持ち込まれたこうした疫病だったと主張する。だが、もし先の征服戦争と空白の一年半、そしてコルテスが総督として統治した約五年間がなければ、一〇年間で八四〇万減、ホロコーストのユダヤ人犠牲者数をはるかにしのぐ歴史的な犠牲を払わずにすんだのではないだろうかと悔やまれる。コルテスの征服戦争で多くの先住民兵士や住民が殺害されているから、その数には戦争犠牲者が含まれている。それに加えて、食糧を持たずにメキシコの地に侵入したスペイン征服者たちが、武器をかざして先住民の村に押し入り、櫃《ひつ》から食糧を奪いとり、収穫間近のトウモロコシ畑を荒らしていたことにも原因がある。実際、戦いを交えたアステカの戦士ばかりでなく、小さな集落で息を殺して生きていた多くの農民たちも、糊口を絶たれていたのである。

アステカ帝国の崩壊とともに、すべての地方都市が素直にコルテス総督のスペイン国に服従したわけではなかった。しかし、スペイン人の絶対的武力による圧力に加え、同盟関係にある地方都市（小国）を巧みに操作して、くすぶり、蜂起をくり返す反抗勢力の芽を摘んでいた。メキシコはまさに政治に皆目無知な軍人たちによる私利私欲の劇場と化し、先住民たちは無法状態におかれていた。

いっぽう、アステカ帝国征服を知らせるコルテスの書簡を受け取ったスペイン国王は、その話の真贋に戸惑い、数千キロメートル先の想像すら不可能な未知の新領土の扱いに困惑していた。あまりにも唐突であり情報が少なすぎた。新領土をどのように統治すべきかのアイディアも浮かばないまま、長い間、国王の新臣下、メキシコ先住民を置き去りにしていた。その間、先住民にとっての法は、強欲で残忍なスペイン人兵士たちだったのだ。

「黄金の夢」に取りつかれた総督コルテスは、アメリカ大陸でいまだに発見されていない土地、グアテマラ、ホンジュラス、カリフォルニアに遠征隊を送り込み、あるいは自らも軍隊を編成して探検に出かけていたが、首都メキシコを留守にしている間に本国から内偵に訪れていた監察官の報告で、国王はコルテスの統治能力を疑問視することになった。その後すぐのこと、本国スペインの植民地政策が変化をみせていた。

一五二八年、メキシコ市に第一次アウディエンシア、高等司法行政院が設置されている。このことは植民地メキシコの主権がコルテス総督から高等司法行政院に移行され、彼がメキシコ統治の任務を解かれたことを意味している。翌年コルテスは、メキシコ征服の貢献に対する報償として、「オアハカ谷の侯爵」の称号と今日のモレロス州、そしてメキシコ州トルーカ、チアパス州との州境のオアハカ州テウアンテペック、さらにテスココ湖西岸の町コヨアカン、タクバヤなど、広大な領地を国王から譲渡されている。こうした土地は征服時に実際に訪れて目をつけていて、国王が知るよしもない肥沃で有望な土地だった。しかし、それと引き替えに、彼はメキシコの主権者として君臨する夢を絶たれてしまったのだった。

先述のように、一五二八年にメキシコ市に第一次高等司法行政院が設置されることになった。この時点でスペイン本国の法体系が導入され、メキシコは新しい法の下に統治されるかにみえた。一五三〇年には早くも第二次高等司法行政院が設置されているが、植民地メキシコに関する本国スペインの混乱の様子が透けて見える。その混乱はさらに、一五三五年の副王領制度を生んでいる。征服後一五年弱で、統治の形態が数度にわたって変更されている。

メキシコが副王領になるまでの間のメキシコ先住民は、大きな混乱の中に生きなければならなかった。住民を保護し、管理しなければならない役割を放棄して、エンコメンデーロ、収税領主たちは税金の容赦ない取り立てに没頭し、さらに先住民たちに都市建設や道路整備、はたまた私邸建設で無料労働奉仕を強いていた。その間、先住民たちは自分たちの窮状を訴える先も持たずに、まったくの放置状態にあった。

後にくわしく述べることになるが、一五三五年にメキシコ植民地がヌエバ・エスパーニャ副王領という名称に変更され、初代副王としてアントニオ・デ・メンドーサがスペイン本国から着任すると、先の「高等司法行政院」とコルテスの「オアハカ谷の侯爵領」が、副王の統治に微妙な影を落とすことになるのである。

「インディオは人間か」

そうする間も、スペイン本国では新領地のメキシコ先住民に関する論争が起きていた。誰も彼らが人間であることを疑わなかったのだが、皮肉なことに征服者や入植者にとって労働力であってそれ以上のものではなく、ついには労働家畜のごとく扱っていた先住民女性に性的な関係――当時、キリスト教の教理で獣姦罪として厳しく罰せられた――を求めていたのである。関与した者たちの誰もが、その獣的な罪を犯しながらも、メキシコ先住民が魂を持ち、キリスト教徒になりうる存在かもしれないとまじめに考察を巡らすことも、またなかったのである。

一五三七年、先住民の取り扱いに関する尊重すべき教書が、先の疑念を吹き飛ばすことになった。右記の討議内容が中心に据えられたことで、「インディオ」たちの以前の支配制度がメキシコ先住民にも転用されることになった。

もし、彼らの能力と性格が下等なものであったら、彼らに封建制の裁判制度をあてがわなければならない。彼らがもっと緩やかな管理の下におかれ、あるいはスペイン人後見人の下に定住する形式をとらなければならない。

もし、彼らの能力と理解度がスペイン人と遜色のないものであれば、その選択肢は、十分なキリスト教徒の統治形体の下におかれなければならない。スペイン人がわずかな金を払って彼らを手軽に使ったり先住民の慣例を棄損したりすることを禁止し、彼ら独自の慣例や習慣を完全に認めた環境のなかにおいて、最小限の変化にとどめて彼らを導かなければならない。

このように、先住民の社会習慣の改ざんや損傷を最小限に抑えようと模索する王室官僚の姿勢がみられたが、宗教界の多くの人間たち、とくに修道士たちは乱用から先住民を救済しようと情熱を傾け、注意喚起していた。そのなかでもドミニコ修道会のバルトロメ・デ・ラス・カサス神父は改革の先鋒に立ち、直接王室に訴えるという行動を起こした。彼のこうした態度は「行動の神学」と呼ばれていた。実際の先の先住民統治に関する論争は、「一つの社会か二重社会か」という論争の間で揺らいでいた。

統治で、明確な形を示すことができなかったのは、先住民の本質や行動様式を根本的に理解することが困難だったという理由によるものだった。王室は次から次へと湧き出てくる事例や難題を、何の脈絡もなくそのつど判断して決めていた。そしてこのような細切れの判断が後年、アメリカ大陸内の全スペイン領地に一つの前例として定着してゆくことになる。

三つの修道会と統治

そのかたわら、植民地メキシコで宣教を許されたフランシスコ会、アウグスティヌス会、ドミニコ会の三つの修道会は、メキシコ中心部に活動拠点を組織していた。それは民族的に完全に分離した二つの社会、「スペイン人社会」と「先住民社会」の理念を基盤にしたものだった。全一六世紀を通してけっして根本的な解決に到達することはなかったが、王室はその理念を受けて、民族的に分離した二つの社会を支持する多くの勅令を発布している。国王は修道士たちの真摯な態度に望みを託していたのだった。先の勅令の中にはエンコメンデーロ、収税領主に対して先住民集落の中に住むことを制限したものがあり、実際、疫病対策も含めてスペイン人やアフリカ系奴隷が先住民の村に定住するのを禁止していた。彼らは先住民にヨーロッパの悪習を教え込んだり、はたまた先住民を安易に労働力として求める傾向が強かったためで、とくにスペイン人独身者や商人に対する法令はかなり厳格なものだった。特別に許される場合でも三日以内というもので、仕事を事由とする場合に限られていた。ところがスペイン人たちは、自分たちの急ぎの仕事に就かせる必要があるといって、先住民を彼らのそばに住まわせるように国王に求めるようになっていた。メキシコ市ではその結果、スペイン人たちの豪華な屋敷がひしめく首都に、先住民を四つのバリオ、地区に分けて集住させることになった。そのバリオはそれぞれ自分たちの行政機関をもっていて、一つの自治体の形をなしていた。一六世紀末、スペイン王室は収税業務や統治の効率化のために先住民集住政策を推し進め、より狭い地区に多くの先住民を定住させようとした。その結果、メキシコに疫病が襲いかかると先住民の「人口破壊」を加速し、悪化させることになったのだった。

先住民の神殿ピラミッドの石を使ってプエブラ州チョルーラの町の中心に建てられた、フランシスコ修道会の要塞型教会。

この先住民集住政策は、地方の自治体でも同じように推し進められている。かつてのメキシコ先住民のピラミッド神殿、テオカリを中心にした集落の景観が跡形もなく破壊され、広いソカロ、中央広場を中心に巨大な修道院や教会、行政府の建物、スペイン人屋敷が建設され、チェス盤のようなヨーロッパ風の町が突貫工事で建設されていた。冷酷にも、先住民の心のよりどころになっていたピラミッド神殿の破壊も、ソカロを中心としたヨーロッパ風の都市建設も、武器を手にしたスペイン人為政者の監視の下に先住民の賦役によってなされたもので、前述したがメキシコ先住民の「人口破壊」の大きな要因となっていた。

かつては自分の畑の中の粗末な小屋で、自分の畑を守るためにばらばらに住んでいた先住民たちは、先住民統治やキリスト教への改宗を理由に、新しい町に定住するように求められた。そこには町の中心のスペイン人屋敷を外敵から護る意図も透けてみえてくる。今日、メキシコの地方都市を訪ねれば、こうした植民地時代の都市設計プランを確認できる。初期のこうした地方都市は巨大な修道院や教会が町の中心に鎮座し、そこに数名の修道士、そして数名の地方官僚が常駐していたが、スペイン人がわずかだったために、先住民の蜂起を懸念し、いざとなれば逃げ込めるように、教会は胸壁や銃眼のある厳つい要塞型の建物だった。なかには、ソカロのスペイン人屋敷と教会が、秘密の地下道でつながっていた町も建設されている。くわしくは拙著『メキシコ歴史紀行――コンキスタ、征服の十字架』（明石書店）を参考にされたい。

第二章　混乱のメキシコ植民地

二つの社会の分離政策の失敗

メキシコから帰国した兵士たちの成功物語を耳にした後続のスペイン人入植者たちは、先住民集住のために与えられた新しいヨーロッパ風の町の周辺に定着しようとしていた。その結果、まもなくスペイン人社会と先住民社会という二つの社会の分離政策は不可能となった。というのも、スペイン人入植者には自分たちが生きるために先住民の労働力が必要不可欠で、日常的に接触を求めていたからである。このような経緯で長い間、分離状態で成熟してきた二つの社会は、まさに独立して生きてゆくことができなくなっていた。後に、多くのスペイン人たちは、先住民の町中に住み着くようになった。それは店を開くためであったり、あるいは彼らの所有財産管理のためであったりしたが、ついには町の中心に自分たちの屋敷をもつまでになっていた。そうしたスペイン人の屋敷で、先住民は終身の召使いや労働者として住み込んで働いたために、二つの社会の分離政策は完璧に過去のものとなり、キリスト教を基盤にした理想郷、布教村づくりという修道士たちの努力は、残念ながら報われることはなかった。

あいまいな土地分譲政策

今日までメキシコ先住民に貧困を押しつけている元凶として、前記のほかにも、二つほど追加しなければならないことがある。一つが土地分譲の問題で、もう一つが公務職の売買である。

エルナン・コルテスに征服されたアステカ帝国は、その領土すべてがスペイン国王の所有物となったが、先住民が耕作している畑や家の敷地は、彼らが所有し、征服以前のように耕作が認められていた。さらに集落の共有地やテオカリと呼ばれた「神の家」の土地も保有されることになった。

メキシコ先住民の経済活動は基本的に農業中心だったが、彼らは元来、労働家畜をもっていなかったために耕作規模が小さく、そのために占有する土地面積も限られていた。

一方、ヨーロッパではこの時代、牛や馬、ロバ、ラバを使役動物として使う習慣が確立していた。アメリカ大陸にスペイン人が持ち込んだ最初の家畜は豚で、それは食料のためだった。が、後に征服戦争で有益なことが判明した馬と同様に、荷役用に牛やロバ、ラバが持ち込まれることになった。

メキシコ植民地に入植したのは、エンコメンデーロ、収税領主となった征服戦争に参加したコルテスの部下たちと、戦後、コルテスの噂話を聞いたイベリア半島から入植したスペイン人たちであったが、彼らはトウモロコシを主食とする先住民の食文化になじまず、自分たちが食するパンのための小麦生産を早急に取り組まなければならなかった。

スペイン人入植の最初の一〇年間、もちろん先住民の労働力を使ってのことだったが、少人数ながら彼らは小麦の耕作に従事していた。一五二五年、総督コルテスは二つの新条令を公布し、現状の分析と西インド諸島での経験をもとに、エンコメンデーロを通して先住民に、ヨーロッパの多くの作物を植え付けさせようとした。なかでも先住民一〇〇名につき、一〇〇〇本のブドウの苗木を植え付けさせ、ワインの生産に力を入れるように促したほか、小麦、野菜、そしてスペインで食されているほかの作物を

スペイン人農民に二カバジェリアの耕作地が分譲されて始まったプエブラは、今日メキシコ第三の都市に成長した。

育てるように求めたのだった。

スペイン人に対し最初に土地が分譲されたのは、プエブラ市でのことであった。当時、国王は先住民保護を強力に訴えた修道士バルトロメ・デ・ラス・カサスの主張に立ち返って「インディアスは、与えられた土地を先住民を使わずに、定住農民（スペイン人）によって耕作されるべきだ」とした。しかもその土地は農民自身で耕作可能な「適度な広さの土地で」とのことだった。

このような初期の農業に関する法の精神の下で、第二次高等司法行政院はメキシコ市からベラクルスへ向かう街道に近い未開拓地に、スペイン人のための町、プエブラ建設を決定している。一五三一年から三二年にかけて、新プエブラ市の定住者たちは、二カバジェリアほどの土地の分譲を受け取っていた。その土地は、彼らの永久財産、相続財産となった。この「カバジェリア」の土地の定義は、このとき、国によって正確に行われていなかったが、単純に「小麦・穀物が一〇ファネガ（袋）収穫できる広さ」とされていただけで、その畑の広さは六から七ヘクタールの土地に相当していた。この面積はラス・カサス神父の主張した「適度な広さの土地で」という意見を反映したものだったが、後にメキシコ北部に広大な未使用地が発見されると、その一単位の面積は一気に四三ヘクタールとされている。

「カバジェリア」と「ペオン」

「カバジェリア」と「ペオン」の語源について、ここで少々説明しておこう。スペインの伝統に従えば、戦争の報償としての土地の分譲に二つのタイプがあった。騎士を意味する「カバジェリア」と、労働者を意味する「ペオン」の二つである。前者は騎士として戦っていた者たちに与えられる土地の単位で、後者は歩兵に対するもの、前者は後者の五倍の広さをさしていた。

メキシコ植民地への入植者たちは、たとえ征服戦争で歩兵として参加していても、自分たちが勝手にそう思っていることなのだが、イダルゴ、小貴族であり騎士で、下層階級を意味する「ペオン」に属することを強く否定していた。その言葉は彼らにとって、先住民以外には用いられることのない屈辱的な言葉だったのだ。事実、彼らは貴族特権を理由に、行政的に何の確認も求められることなく、当然のごとく平民が納めるべき納税義務を免れていた。メキシコ副王領に限定していえば、こうしたスペイン人は租税をけっして払うことはなかった。

先のような理由で、メキシコでは「ペオン」の地位に属するスペイン人は、まったくいなかった。言い換えれば、どんなスペイン人征服者も武器を持って血なまぐさい行為に関わっておきながら、自分の手を汚して生活の糧を育てる農作業を軽蔑していたのだ。

スペイン人農民の入植地、サン・ミゲルとノンブレ・デ・ディオス

メキシコ市やほかのわずかな例外を除外すれば、プエブラの入植者たちは、メキシコの最初のスペイン人農民たちだった。彼らの農業はほとんどは控えめな規模のもので、当初は先住民労働者なしでも耕作できていた。

プエブラ以降、スペイン人農民集団の定住は、一六世紀後半にメキシコ市からはるか遠方にある北部の銀鉱山地帯へ向かう「銀街道」沿いに出現するまで、ほとんどなかった。一五四二年にグアナファト州アカムバロの修道院長だったサン・ミゲル神父によって開村された、今日の神父と同名のグアナファト州サン・ミゲル（ビエホ）の村内の入植者たちは、副王の代理人によって、自身の名前で入植許可書を与えられ、土地の分譲を受けていた。それには通常、住居や庭、耕作用の土地二カバジェリアほど、さらに村の周辺九・六平方キロメートルの羊のための牧草地も含んでいた。その代わり、入植者たちは住まいを自分の土地に建てること、さらにその土地を一〇年間転売しないこと、そのほかに馬一頭と武器所持を約束もしていた。長期にわたって、定住者たちは不安定な状況におかれていた。その土地が遊牧民チチメカ族の行き交う危険な地域にあるという理由だけでなく、スペイン人入植者は助っ人として十分な先住民労働力を手に入れることができなかったためである。彼らは労働者を、人口密度の高い遠方から連れてこなければならなかった。

私はこのサン・ミゲル（ビエホ）村を二〇一一年に訪ねている。突然の異邦人に対する犬の威嚇に一

瞬縮み上がったが、きわめてのどかで、近くに大きな湖があり、水利に恵まれた肥沃な耕作地をもつ村だった。先のアカムバロの修道院長サン・ミゲル神父が布教村設置のためにここを発見し、近隣を回遊するチチメカ族の改宗を試みている。祝日以外に扉を開くことのない小さな教会が、広い耕作地を前にして息を潜めて立っている。たが、この村はその後、何度もチチメカ族の襲撃に遭い、結果として、三キロメートルほど東の丘のサン・ミゲル・ヌエボ、今日のサン・ミゲル・アジェンデに移転している。

かつてのアカムバロの村は被征服後、ソカロを中心に修道院や協会、庁舎が建設され、チェス盤のような街がつくられた。

アカムバロの修道院長サン・ミゲル神父によって、チチメカ領域に布教村としてスタートした旧サン・ミゲル村。

北部ドゥランゴ州ノンブレ・デ・ディオス。豊富な湧水によって優良な耕作地となった。

さらに北部ドゥランゴ州ノンブレ・デ・ディオスが発見された六年後、一三〇カバジェリア、なんと五六平方キロメートルの土地が、数十人の入植者に分譲されている。水源となっている湧水池を二〇〇〇年に訪ねたことがある。ごつごつした岩だらけの小さな丘の麓から水が滾々《こんこん》と湧き出ていた。その湧水地点は大きな池になっていて、その底の水草が透けて鮮やかに見えている。その池の側には白い清楚な教会があり、水面にその瀟洒な姿を映していて、一幅の絵を見ているようだった。焼けただれたような荒野に突如として現れたオアシス、まさに神の仕業の桃源郷だった。それにしても不思議である。流れはホテイアオイのある小川を流れ下り、耕作地に潤いを与えていた。

土地分譲のしくみとそのプロセス

土地分譲の権利を有していたのは国王だった。彼は新領土の事情をまったくつかめなかったために、メキシコ植民地にいる代理人に任せきりにしていた。そのため入植者に、いとも簡単に分譲が行われることになった。通常、入植者が住んでいる地区内が原則だったが、ときにはまったくの遠隔地の土地が分譲されることもあった。先の国王の代理人というのは、地方の統治に関わる地方官僚、行政官、そして分譲された土地に入植した者たちの中から選ばれた議員たちだった。

「二つの社会」が実質的に機能しなくなると、地方の町の重要な公務職はあっという間に、その地方の少数のスペイン人有力者の手に落ちた。その結果、長い間、プエブラ、サン・ミゲル、ラゴス、ノンブレ・デ・ディオス、サン・フェリペの議会は、その議員より高位の権威によって承認されることのない土地所有権証書を乱発することになったのだった。こうして一六世紀末までに、有望な土地分譲は、副王によって取り扱われた多くの許可と合わせて、地方議員のなれ合いによって行使されていたのだった。端的にいえば、初代副王アントニオ・デ・メンドーサは土地分譲に大いに貢献していた。その正式なプロセスは次のようである。

副王はまず、分譲を望んでいる入植者が、どこの土地を耕作したいか、あるいはすでに耕作しているかを具体的に述べるように求め、もし十分に意味のあるものだと判断すれば副王は、それに応じて申請許可証を発行する。それによって入植したその地区の市長や行政官は、他人、ここではとくに「インディオ」に対して損害を与えないで土地分譲が可能かどうかを捜査するために捜査官を派遣する。もし、最終的に好意的な判定がなされれば、市長か行政官がその土地の所有権証書を発行した。それは「メル

「牛の丘」から望むレルマ川以北のアカムバロの広大な土地。ボカネグラの探検によって彼に分譲されていた。

セド」と呼ばれたが、国王の名において行われ、メキシコ植民地ではけっして「ペオン」、労働者用でなく、「カバジェリア」、騎士用だった。

「カバジェリア」の土地取得申請はまもなく、先述のスペイン人町の周辺に対して行われている。つまりすでに町の中には、分譲するべき土地がなくなっていたからだった。いっぽうで先住民の町や村を管理するエンコメンデーロ、収税領主たちはめざとく、先住民が居住し、耕作している畑の近辺の土地に分譲を要求していた。一五三八年以前に、たとえば、グアナファト州アカムバロのエンコメンデーロ、エルナン・ペレス・デ・ボカネグラは、自身のエンコミエンダの周辺、ミチョアカン州北辺のアパセオやアカムバロ周辺でかなり広い土地の分譲を受けていた。ここは大量の水を太平洋まで放出することが可能なレルマ川を挟んだ広大で肥沃な土地で、アカムバロ市の西にある「牛の丘」を意味するセロ・デ・バカから望めるほとんどの土地が彼に分譲されていた。

いっぽうで、労働力確保できわめて困難な地域、たとえば北部の鉱山地帯では、奴隷や先住民労働者を養うためのトウモロコシを育てるために、耕作地を必要とする鉱山主たちがいた。

分譲は農業や鉱業の経済的な理由以外にも、多くのケースで行われている。興味深いことに、複数の副王は、植民地の発展のために行った奉仕に対して報酬として「メルセド」、恩賞証書で応えている。とくに、その奉仕が軍隊に関係あるときにはそうで、有効で可能性のある方法だった。元来、コルテスをはじめとする征服戦争に参加して生き延びた者たちは、自分のもともとの職業や階層にかかわらず、それぞれ二カバジェリアの土地所有の権利を持っていたばかりか、エンコメンデーロとなり、さらには行政官のような公務職を約束されることもあった。植民地の有力者や王室官僚、そして副王のファミリーや取り巻きがそうした公務職に就いて恩恵を受けていたばかりでなく、自分が望む土地の分譲も報償として手にしていた。彼らは「汚い手口」で、何度も分譲をくり返して土地を増やしていたほかに、征服者の未亡人やその子女の相続分、あるいは貧困の男たちに分譲された土地を安く買い求めたり、借金を抱えた先住民から土地を買いたたいたりしていた。砂糖のプランテーションを除外すれば、初期の副王によって行われた分譲は、かなり控えめだった。それでもそれは一六世紀が変わるまでのことで、その後、それはしばしば顕在化し巨大化していた。

スペイン人のための奴隷労働者

分譲によってスペイン人の耕作地があちこちにでき、メキシコ植民地の経済発展のために有効と思われた。しかしその土地で必要だったのは、十分な労働力確保だった。一五四五年の「新法」の発布後、先住民の奴隷制は廃止され、先住民に求めていた労働奉仕は禁止された。その結果、実際には多くの分譲地は休耕地になっていた。そして土地分譲は農業発展と関係なく、ほかの産業と複合して続けられることになったのだった。

話は少々横道にそれるが、メキシコにはアフリカ系の奴隷がかなり早い時期から輸入されていたが、先住民の奴隷も存在していた。この場合、スペイン人の征服戦争で戦争犯罪者とみなされて捕縛され、頬にG《ゲリラ》の焼印を押された先住民のほか、犯罪で投獄された先住民が奴隷状態におかれることもあった。前者の例で、メキシコ北部のチチメカ領域で回遊する攻撃的なチチメカ族の一派パメ族のいる地帯では、一七四〇年ごろまでケレタロ州東部のゴルダ山脈でスペイン人は平定をてこずっていたが、そこで捕縛され、奴隷にされる先住民がいたから、「新法」発布後も先住民の奴隷がなくなることはなかった。そしてもう一例、ヌエボ・レオン州の探検を自前の資金で行う契約をスペイン国王と結んだある探検家は、その探検費用を捻出するために、恐ろしいことにその地区で男も女も子どもも一網打尽にして奴隷とし、メキシコ市で売りさばいたりしていたとしているから、一八世紀まで先住民の奴隷がいたことは確かである。

ライブ・ストックの意味

スペインの習慣に従えば、作物が刈り取られた畑は家畜のために草を食ませることができるとして、王室の命令に従って家畜に畑が解放されていた。ところが一五六五年、副王によって発布された条例は、この命令を無効としていた。すでに放牧がどこでも可能になったメキシコの広大な景観の中にあっては、多くのそうした土地が耕作用に使われるようになるまで、先の命令が意味をなさなかったからだ。スペインのその習慣は、収穫後、どこでも家畜を放牧する権利を保障することで、貧困者や放牧地を持たない家畜保有者を保護する目的があったのだ。

ミレーの『落ち穂拾い』は誰でも知っている有名な絵だが、夕暮れ時の美しい農村風景とそこに生きる農民を讃美する絵だと思って見ていた。だが、それが、貧しき人たちへ畑に入ることを許した、ヨーロッパの慈愛の精神、あるいは社会風刺の絵だと知って、無知を恥じることになった。そこにはキリスト教の精神に通じるものがあったのだ。ところがメキシコ植民地では一五六五年まで、裕福なスペイン人に対して貧困者である先住民が自分の畑を彼らの家畜に開放しなければならないという、なんとも皮肉な風景が広がっていたのであるから驚きである。

さて、メキシコには七面鳥のような家禽がいたことが知られている。が、ヨーロッパ人が飼育している馬のような大型の家畜はいなかった。征服戦争では、二つの頭を持ち、槍をふるって自分たちに襲いかかる見たこともない大型動物に先住民は恐怖を覚え、戦意を失ったことを、コルテスの一兵士ベルナール・ディアスの『メキシコ征服記』が我々に伝えているが、メキシコ先住民が馬を見たのは、そのときが初めてだった。こうした大型動物が人間のために、戦争や労働家畜としてヨーロッパで広く利用されていたのに、メキシコでは、あくまでも人力がすべてだった。アステカ帝国時代、「神の家」テオカリの神殿で神々のために人身御供をしていた彼らは、人間も全宇宙の創造物の一部であると考え、すべての生き物の頂点に立つことを辞退していた。こうした宗教観は、両者の規範に根源的な差異を生じさせていたことは疑いない。

英文の資料を読んでいて、「ライブ・ストック」(家畜)という言葉の強力なメッセージに、不勉強な私は大いに驚いたことがある。たぶん、家畜という日本語はこの「ライブ・ストック」から日本語に訳したのだと思うが、直訳すれば、「生きている貯蔵物」となろうか。先述したように、ヨーロッパ人にとって家畜は人間のための使役動物であるとともに、生きた保存食料となっていた。私は、征服戦争ではスペイン人たちがあのバカラオと呼ばれる鱈の塩漬けか、豚肉の塩漬け、あるいは干物をてっきり持ち歩いていたとばかり思っていたが、馬のほかに生きた豚を引き連れて進軍し、食糧が尽きようとしているときには新鮮な豚肉を食していたと知って驚いたのだった。まさに「生きている貯蔵物」を引き連れて進軍していたのである。ベルナー・ヘルツォーク監督の映画『アギーレ・神の怒り』に、そうしたスペイン人探検隊の進軍の模様が描かれていて興味深い。このヨーロッパの「ライブ・ストック」という言葉は、メキシコのスペイン人牧畜業者にとって、貯蓄であり、金銀宝石、あるいは土地不動産の収集と同じように、財産の一つの形態になっていたことは特記するべきことである。そして家畜はスペイン人牧畜業者に毎年、子を産むことで配当を用意してくれる利殖でもあった。残念ながらメキシコ先住民には、そうした概念がまったくなかった。

家畜天国

先述のように、スペイン人がアメリカ大陸に上陸したとき、彼らは先住民がほとんど家畜らしい家畜を持っていなかったことを知って驚いている。そうした初期の時代に征服者たちの新鮮な肉の供給源はただ一つ、西インド諸島から連れてきた豚だった。豚の飼育は大陸でも問題なく、面倒いらずで、養豚業者でなくても飼育が可能で、子だくさんの群れはあっという間にその数を増やしていた。鉱山や都市、エンコミエンダとなった村周辺で、豚飼育のための牧草地や森林が不足することはなかった。心が痛む話だが、先住民たちは租税として彼らの主食であるトウモロコシをスペイン人に納めていたが、罰当たりにもスペイン人たちはそれを豚に餌として与えていた。スペイン人たちはしばしば、パンのない生活を続けている間、腹の足しに豚肉を食していたことで壊血病にかかっていた。

牛や馬などの大型動物はわずかずつ増えていた。征服者たちは進軍のさい、数は限られていたが大型家畜を連れてきていた。それらは荷を運ぶために有効であった。とくに馬はそうで、野営具や大砲のような武器などの運搬目的と戦闘用に、数が十分ではなかったがつねにスペイン人とともにあった。当時すでにキューバ島に根づいていた牧畜業は、アメリカ大陸に馬を供出可能なほどになっていたが、牧畜業者は船による運搬中の事故を懸念して、輸出ではなくメキシコ植民地での家畜飼育を企んでいた。幸いにして、メキシコの生育環境や条件は良好だった。この新天地でも家畜の柵が望まれてはいたが、それでもほとんどその対策はいらなかった。土地が広大だったために、一人か二人の先住民と奴隷や専従のスペイン人で、相当数の家畜の面倒をみることが可能だったからである。鋤で畑を耕す仕事や種まき、収穫の仕事と同様に、その仕事は、白人のような熟練した技術が求められることもなかったからだった。二〇年後には、家畜の頭数は目を見張るほどになった。

「エスタンシア」

新しい言葉、エスタンシア（放牧地）は西インド諸島でつくり出された言葉で、徐々に広まり、回遊する彼らの家畜の群れが最終的に休息のために集まる地点を示す言葉となった。当初、その言葉はときにあいまいで、メキシコ市が一五二七年と三〇年の間に示した記録によれば、冠詞のない言葉として単に「エスタンシア」として使われたとき、それはすぐに家畜のための用地、放牧地を意味していた。

牧畜業者は、家畜が草を食む土地の明確な権利証書を手にしたいと願っていた。首都メキシコ市に住居を構える彼らは、地方都市の議会や議員の権威がさほど認められていなかった時代、遠隔地での放牧の権利を入手することはさほど困難なものではなかった。当時もっとも権威があり重要視されていたメキシコ市議会は、住宅の敷地と放牧地の分譲の領域を首都の周辺だけにとどまらず、より遠いミチョアカン州や太平洋岸にまで押し広げていた。それは首都に住む有力牧畜業者が、自分の管理人を使って遠隔地に放牧に適した未使用地を発見させ、権利証書を手にする前に家畜を移動させていたからである。そのために放牧地の分譲はしばしば、後追い状態になっていて、違法な土地使用が平然と行われていたのである。

メキシコ市で一五三七年に家畜組合が結成され、最初の会合が開かれている。組合員は牧畜業者だったが、同時に彼らは各地の町議会の議員でもあった。ところがその組合定款には「カバジェリア」、耕作地の面積四三ヘクタールが規定されているのに、「エスタンシア」の面積の書きこみがなかった。その理由は、申請資料や登記のさいの測量基準が、いまだに国王から示されていなかったからだった。一方で国王も、海外も遠方にある森林や牧草地を、公共物とすべきか個人へ分譲すべきかをいまだに決めかねていた。

その数年後、牛男爵と呼ばれていた大牧畜業者は、登記なしに、すでに物色していた土地を勝手に使っていることが副王の耳に届いた。初代副王はもはや、牧畜業者の土地使用を阻止することは不可能だと知って、できるだけ最小限に抑えて今の状況を堅持しようとした。そのために彼はまず地方役人の関与を排除して、国王の名で放牧地を分譲する準備を進めていた。現実には、すでに手渡されている放牧許可、承認は牧畜業者に土地所有を許しているのと同じだった。一五四二年から四四年にかけて行われた最初の放牧地の分譲地は往々にして、すでに一〇年、あるいはそれ以上の長い間、被分譲者の家畜が草を食んでいた土地だった。分譲を確認する副王の所有権証書は、もともとは不正の匂いがする地方役人によってつくられたもので、誰にも手放したくない優良な放牧地だったのだ。

繁殖する牛の暴挙

征服に続く二〇年の間に、豚や羊に立ち後れて入ってきた牛が、町の周辺に増え始めていた。そして一五三八年ごろには、メキシコ中央高原を群遊していた。

結果として、牛肉を適正価格にとどめておく努力をしたにもかかわらず、メキシコ市では底値に下落していた。一五三八年には、牛肉一キログラムあたり〇・二九レアル（一ペソ＝四〇レアル）だったが、四二年には〇・〇七レアルに落ちていた。この価格は同じ年の本国アンダルシアの価格の七分の一か八分の一の価格だった。メキシコ植民地ではほかの物が何もかもが高価であったのに対して、牛肉は右記のように安価だった。メキシコ市政府は、公定価格より低い価格で牛肉を売ることを何度も禁止していたが、その後価格は最低レベルで落ち着いてしまった。一五五五年、牛肉の公定価格は、消費税を加えて〇・〇八五レアルだった。当時のメキシコの下級公務員の給料から一ペソを今日の日本の一万円と見立てて換算してみれば、一キログラム約二一円というところだろうか。これに対して羊肉と豚肉の価格は間違いなく上昇傾向にあった。

頭数が一五か月でほぼ二倍になるという牛の繁殖能力は、アメリカ大陸における驚くべき生物学的現象を引き起こしていた。もう制御することが不可能となり、あちこちにあふれ出て、先住民のトウモロコシ畑を踏みつぶしていた。メキシコ市から西に六〇キロメートルほどのトルーカ盆地では、一五五五年ごろ、一五五〇平方キロメートルを超える牧草地に、約一五万頭の牛と馬が彷徨っていた。後にふれることになるが、こうした家畜のほとんどが、王室官僚のような少数の金持ちや有力者の所有物だった。フランシスコ会の修道士たちは、牧畜業者に対して「先住民がそこに暮らしているのに、家畜が彼らの土地に侵入していると叱責した後、先住民は種を撒けず、そのためにトウモロコシ一袋が二分の一レアルから四レアルに跳ね上がっている。行政官は無能で、牧畜業者の財産を守るために生きている人間じゃないのか」と猛烈に批難していた。

初代副王アントニオ・デ・メンドーサの後追いの命令は、結局、効果を発揮することがなかった。国王の監察官が一五三三年に実態を把握するためにメキシコに姿を見せていたが、その損害は副王メンドーサが牛の放牧を廃止するように命令したメキシコ南部オアハカ州でかなり激しかった。一五五〇年に彼は後任の副王ルイス・デ・ベラスコに次のように手紙を書いている。

閣下、私はそれが哀れむべきことだと確信しています。だが、私はほかに何もすることができませんでした。閣下、もし牛の飼育がこのまま許されるなら、インディオは破滅させられていると思います。

書簡を受け取った副王ベラスコは、先の忠告を聞き入れ、メキシコ中央地区から家畜の群れを人口の少ない地域に移動させることによってその解決を試みた。一五四二年から四五年にかけて、牛の飼育は北部チチメカ領域と温暖な海岸線沿いの大草原に移動し広がっていった。そこは大型草食動物を受け入れたことのない処女地だったために、牛は信じがたいほどの勢いで繁殖していたのである。

牛と馬と羊は、一六世紀中葉にかなり急激に増殖している。そのほんのつかの間に、アステカ帝国の北の最前線となっていたサン・フアン川以北の、今日のケレタロ州サン・フアン・デル・リオの町とケレタロ市との間に横たわる牧草地には、数万頭の馬が放牧されていた。メキシコ市西部のタクーバ地区は、同じくメキシコ市西部のトルーカ盆地から薪とトウモロコシを運ぶための三〇〇〇頭の荷役馬を飼っていた。こうして家畜が増えた結果、慎ましやかな生活に身をおいていた困窮状態にあるスペイン人とメスティーソ（スペイン人と先住民の混血）たちも、自分の馬を持つことができるようになったのだという。メキシコ社会にあってその家畜は、「インディオ」から自身を区別するのに実に単純で明快な証であった。先住民に馬やロバの所有が許されるのは、そのずっとずっと後のことである。

牛を追って銀鉱山

大量のスペイン人入植があった時代、牛飼いたちは前述のサン・フアン川以北の広大な空間に広がっていった。そこには勇猛果敢で危険とみなされていたチチメカ族が怒りをもって待ち伏せていたのだが、

州都グアナファトは銀鉱山で発展を遂げたが、もともとは牧草地として分譲された土地だった。

じつは牛飼いたちは、北部の広大な土地で牛を追いつつも優良な銀鉱山を発見して、メキシコ植民地でもっとも早くチャンスを手にした者たちだった。有望な銀鉱床が発見されるずっと以前に、サカテカスもグアナファトも牛の放牧地としてすでにスペイン人に分譲されていた土地だった。

銀が発見されたことで放牧地グアナファトは、牛飼いたちが牛を追いかけていたときよりも人口が密集し、植民地化が大いに進んでいった。山がちな地形は鉱山入植者や家畜の増加で、水不足に見舞われ、乾期には牧草地を不毛の土地にしていた。結果、牧畜業者はアゴスタデロ（八月の牧草地行）を実行しなければならなかった。一五七九年ごろから、毎年九月に二〇万頭の羊がグアナファトやケレタロ地区から三〇〇から四〇〇キロメートルも離れた西部のミチョアカン州の緑の放牧地に出かけ、そして翌年の五月に肥育し子を引き連れて自分の土地に戻ってきていた。

一五七四年に出された条令は、先住民保護対策として耕作地のための運河や灌漑と特別に羊用の通路掘削を計画していた。にもかかわらず、家畜の大集団の移動によって、通過後の近隣集落の損害は、想像を絶するものだった。羊の群れは人間の意に反して、未耕作の土地やウチワサボテン、柱状サボテンの林立する平原や乾燥した山岳地帯をめざすことなく、なんと耕作され、灌漑された村をめざしていた。かつて国王は、メキシコ植民地のすべての土地に共有用地義務を課し、作物収穫後の畑地で家畜に草を食ませる権利を、家畜所有者に与えていた。だが、その義務は貧しき者を助ける代わりに、先住民に不利に作用していたのだ。先住民は家畜所有が禁じられていたし、持っていたのはトウモロコシ畑と少々の野菜畑だけだったというのがその原因である。また、小麦を主食とするヨーロッパとトウモロコシを主食とするメキシコ植民地の植生に対するスペイン人の無知もあった。麦は初夏に刈り取りを終えるが、トウモロコシは早くても晩秋、一一月に収穫することになる。そのことへの無理解があったのかもしれない。いずれにしろそれは、貧しい先住民に対する悲惨で無慈悲な法律だった。

放牧地の分譲

牛と羊の急激な増加にともなう耕作地への侵入は、植民地にとって深刻な問題だった。国王は、すべての放牧地は、共有地として保持され続けることが望ましいと思っていた。それでも初代副王メンドーサは、放牧地の問題を放置しないために、現実と妥協することが必要で、地方役人による牧草地分譲の権利の放任を避けるためにも、そして金持ちの有力者が、先住民集落にとって不利となる取り引きで土地を買い占めるのを防止するためにも、国王の名で放牧地を分譲しなければならないと考えていた。

ほとんど誰も関心を示さなかった家畜のための放牧地として分譲されていた土地だったが、結果的に、家畜の飼育が軌道に乗り、植民地経済にとって重要な天然資源、銀鉱床の発見につながったことで、放牧地の所有権に何らかの有効性をみることになった。

副王の始めた分譲の多くは、分譲前にあたかも自分のもののようにして使っていた犯罪者に対していっさい罰則などなく、放牧地の所有をそのまま許すものだった。つまり、国王から盗み取ったものが、正式に自分のものになったという皮肉なものだった。

放牧地の分譲が認められたことで、反対に今度はスペイン人が家畜を養える放牧地なしに家畜の所有が禁止されることになった。それでもスペイン人にとって重要なステップは、放牧地を個人資産とすることができたことだった。ただ、家畜所有を認められていない先住民たちに、一片の放牧地も分譲されることがなかったことに、改めて強い怒りを禁じえない。

先の制限は、いまだ広大な一塊の土地を鷲づかみにしている少数の金持ちに不利になることは何もなかった。コルテスの通訳兼妾としてアステカ帝国征服に荷担した先住民女性マリンチェと結婚した、というより上司コルテスがスペインのベーハル公爵の姪ファナ・デ・スニガと再婚するにあたって身辺整理のために結婚させられた部下フアン・ハラミージョ、彼はヒロテペック（メキシコ州）という町のエンコメンデーロとなった兵士だったが、一五五〇年に今日のケレタロ州サン・フアン・デル・リオに一六エスタンシア、一二三・三平方キロメートルの放牧地を手に入れた。もう一人、アステカ帝国とのテスココ湖上での最後の決戦の折に小帆船の指揮を執ったルイス・デ・モタは、先のヒロテペックで七エスタンシアの放牧地を手に入れていた。それらは実際、彼らが無断でそこを占領してそれを長期間使用していた地所で、ルイス・デ・モタの七エスタンシアの放牧地は彼のエンコミエンダ領内にあったものだった。

こうした征服戦争に参加した兵士ばかりではなく、征服後に植民地の任務に就いた高級官僚とそのファミリーや取り巻きたちは、ときとして重要な分譲を受けとっていた。その典型が第二代副王の弟フランシスコ・デ・ベラスコの一件で、一五五二年に「銀街道」の中継地の町サン・フェリペに一二エスタンシアの放牧地を分譲されていた。ただ、このフランシスコの場合、その分譲地は、北部の鉱山地域の土地で、好戦的なチチメカ族の「銀街道」への攻撃を防衛するために、彼が最前線に常駐したことへの報償として正当化されていた。

北部にサカテカス鉱山が発見され、町が形成されるほどの発展をみたことは、牛の大群の北部移動をはからずも援護することになった。それを契機に副王ルイス・デ・ベラスコは一五五〇年と五五年にヌエバ・ガルシア管区（ハリスコ州、アグアスカリエンテス州、サカテカス州）周辺で多くの放牧地を分譲している。そしてその翌年には副王は、それとは反対にメキシコ市周辺の人口密度の高い地域で、放牧地の分譲を制限していた。

家畜の大群を収穫後の畑に送る旧態依然とした権利は、なおも先住民に深刻な問題を引き起こしていたが、先住民たちには何の弁償もなかった。牧畜業は完璧にスペイン人の手中にあり、なぜか先住民には許されておらず、スペイン人たちはその特権を享受し、先住民を尻目に金持ちになっていた。このときすでにメキシコ先住民「インディオ」の人口は、征服前の半分かそれ以下だった。彼らが口にできる一枚のトルティーヤ（トウモロコシ製クレープ）さえもなくなっていた。

ついに投機目的の分譲が始まった

副王ルイス・デ・ベラスコは、最終的な対策として、放牧地の所有権証書に厳密な制限を設けた。牧畜業者から猛反発のあった頭数制限、家畜の量に対する牧童数の規定、家畜柵の設置がそれだった。同時に、次の条項が書き込まれた。「最初の四年間の分譲地の売買を禁ずる」。その規定は、土地を投機に利用することを禁じたものだった。

副王ベラスコは、一五六四年にメキシコ市で逝去したが、彼はその数か月前から前記のような内容を成文化する準備をしていた。彼の後継者ファルセス侯爵がメキシコ植民地に着いた後の一五六七年五月、その命令書は発布されている。放牧地の所有権証書の中に書き込まれた土地は、先住民の村から八〇〇メートルより近づいてはならないとされていた。このときに牛に対する一エスタンシアの面積は、一七・五平方キロメートル、羊が七・八平方キロメートルに規定されていた。後世におけるすべての所有権証書は、この規定をもとにして発行されている。

一五七一年に副王マルティン・エンリケスは次のように書いている。「この広大な領土は分譲地で斑点ができた状態だ。それぞれが牛や羊、あるいは小麦やトウモロコシなどのために最良の土地を選んでいるからだ。私は分譲された土地が領地としてつながり、無駄な空間が残らないようにするべきだと思う」。彼はさらに先住民に配慮して「ほうっておけない最悪事態は、充分な土地がインディオ集落のまわりに残されていないこと、そして決められた司法制度があるのにインディオたちが沈黙を保っていることである」。この言葉はメキシコ植民地の先住民集落周辺のいたるところが、スペイン人によって土地はすっかり登記されて飽和点に到達していたことを示している。スペイン法に疎い先住民の嘆きの声は、スペイン人の土地争奪の喧噪にかき消されていた。先住民たちの土地に関する訴訟問題は、第四章でふれることにするので、ここでは割愛させていただくことにする。

家畜による環境破壊

半世紀の間に、先述のとおり先住民の人口は征服以前のなんと一割に減少していたが、スペイン人にとってのメキシコ植民地は何事においても驚きとともに急速に発展していた。何度もいうようだが、それはその間に姿を消した二二六八万人の「インディオ」と引き替えでのことであった。

家畜の群れのめざましい成長は、かろうじて三〇年続いていた。ところがそれ以降、それを始めたときと同じように急速に止まってしまった。

メキシコ中央部と南部では、その世紀末にその頭数減少があり、一五六五年と七〇年の納税記録がそれを証明しているそうだ。その原因は、牛泥棒を引き合いに出しているそうだ。それでも、畑への侵入牛はめったに減ることはなかった。先の牛泥棒たちは皮革を売るために牛を殺し、皮を剥いだ。それらはスペインで需要が高い品物だった。皮のほかに彼らは獣脂を切り取り、コヨーテとヒメコンドルには肉と骨を残して去った。一方、牛飼育業者は自分の牧草地で一度に一〇〇〇頭を超える牛を屠殺していた。そうした大量屠殺は、たぶん再生可能な牧草地の面積を頭数が大幅に超えていたためと思われる。平原を駆けめぐるオオカミの集団は牛を攻撃したが、それにも呪われた。加えて北方の遊牧民チチメカ族はすでに優れた馬乗りになっていたが、彼らは牛を槍や弓矢で撃ち殺していた。

大量の家畜が半世紀にわたって増殖を続けたために、必然の結果として完璧で人の手に触れられることがなかった放牧地の自然環境を破壊していた。人間の要求と植物の能力との間で、均衡が揺らいでいたのだ。それは新しい土地の極度な生物学的疲弊をきたし、生物の再生不可能、絶滅を引き起こす可能性を秘めていた。なんとも恐ろしいことに一五七〇年から八〇年までに、家畜はメキシコ植民地をほとんど完璧に占領していたということができる。

植民地の高額所得者、公務員、そしてエンコメンデーロ

メキシコ植民地の金の埋蔵はわずかだった。征服者とすでに多数上陸していた入植者たちは、母国スペインとメキシコ植民地との交易で交換できる物産が、そこにはほとんど何もないことを知ることになっ

た。加えて彼らに必要なものすべては、本国からの輸入に頼っていた。当時、とくに道具と動物は、農業や物流、食糧生産にとって必需品だった。入植スペイン人はそれに見合う十分な金を持っていなかったが、銀鉱山の発見で、銀という形で資金を手に入れることになった。銀生産が急激に伸びていたにもかかわらず、先の理由で、銀はメキシコ市を通過して、スペイン本国にいともたやすく流れていった。

このようなメキシコ植民地で、定収入のある人間は、征服時の兵士から成り上がり、大きな集落を支配する有力なエンコメンデーロと北部地帯の鉱山主、そして政治に大きな影響力を持つ何人かの公務員だった。どんな職業でも収入がわずかだったこの植民地で、彼らの収入はずば抜けて高額を示していた。

一六世紀のなかごろ、国王はメキシコ植民地の会計官フアン・アロンソ・デ・ソーサ、主任会計官ロドリゴ・デ・アルボーノス、そして捜査官ペラルミンデスの収入総額は、六七五七ペソ、一万一二八八ペソ、そして一万三一三八ペソであることを知った。ちなみに、当時のスペイン人下級役人の年収三〇〇ペソを目安にすれば、その金額はその時代ではかなり高額だったことがわかる。ソーサはエンコメンデーロでなかったが、前述したヒロテペックでは有名な牧畜業者だった。主任会計官ロドリゴ・デ・アルボーノスは、コルテスと一緒に、メキシコ植民地に最初の砂糖工場を建設した人物だったが、メキシコ湾に面した町センポアラのトウモロコシ畑に強制的にサトウキビを植え付けさせ、近隣の山からボイフー用の木材を切り出させて、先住民に重い搾汁機の仕事をあてがって町を荒廃させて破壊したことで、国王は一五五三年、アルボーノスの犯罪行為を公然と批難していた。いっぽう、ペラルミンデスは国王に対して、自分が欲する多くの土地を先住民から買うための許可を、職権を利用して取り付けていた人物だった。

それに対してエンコメンデーロは一五六〇年代、メキシコ植民地に約四八〇の大小さまざまなエンコミエンダを委託され、「オアハカ谷の侯爵」領を含めて総計で三七万七七三四ペソの租税を集めていた。平均すれば、七八七ペソになるが、先ほどの下級役人の年俸に比べてもかなり高額だった。

さて、ここで少々エンコミエンダについて補足説明しなければならない。たとえば征服戦争で騎士や隊長としての地位や貢献度が高ければ人口の多い村から税を集める権利が与えられ、そうでなければ小さい村が授けられた。一五六〇年、エンコメンデーロの集めた租税が二万ペソに及ぶ者がいる一方で、不条理にも雀の涙ともいえるわずか二〇ペソしか受けとっていない者もいた。

先述したが、コルテスの通訳兼妾だった先住民女性マリンチェと結婚した兵士フアン・ハラミージョの大エンコミエンダ、ヒロテペックの町は、一万七〇〇〇ペソの租税を彼に納めていた。この破格の待遇は一兵士フアン・ハラミージョに対するものというより、むしろコルテスの妾だったマリンチェに対する賞与とか温情というべきものだった。メキシコの歴史に翻弄されたマリンチェのくわしい足跡に関しては、拙著『メキシコ歴史紀行――コンキスタ・征服の十字架』(明石書店)と『銀街道』(未知谷)を参考にされたい。先のハラミージョは一六エスタンシアの放牧地を初代副王より分譲され、そこで彼は多くの家畜を飼っていた。マリンチェは娘マリアを残して二七歳で早世したことで、ハラミージョはベアトリス・デ・アンドラダという女性と再婚している。だがその彼も後年死去したことで、彼の全財産はベアトリスの手に渡ることになった。ベアトリスはその後、先述した二代目副王の弟フランシスコ・

テスココ湖に浮かぶテノチティトランを想起させる広い貯水池。奥がラ・ジャベのアシエンダ。

デ・ベラスコと結婚している。ベアトリスが受け継いだ全財産は、彼女の相続人ルイス・デ・ケサダとマリンチェの娘マリアで等分することになったが、先住民の血を受け継いだマリアはルイス・デ・ケサダとの相続に関する訴訟に敗れ、財産を失っている。その土地は巨大なアシエンダ、「ラ・ジャベ」となり、サン・フアン・デル・リオ市の北五キロメートルの地に残された。先述したがベラスコは北部のチチメカ領域に、一八エスタンシアの放牧地を分譲され、所有していた。こうして、両貴族の二つの所有財産は一人の相続人にまとめられてしまっていた。先の土地相続に関するルイス・デ・ケサダとマリンチェの娘マリアとの訴訟の結末は、母親マリンチェが先住民女性だったことと関係があった。先住民の血を引く者は、土地相続から除外されていたからだった。先住民はこうして蚊帳の外に追いやられていたのだった。このことはコルテスの念力はすっかり消え失せ、彼の時代が終わったことを示している。

少々横道にそれるが、一五六〇年代、先住民がエンコメンデーロに支払っていた租税の金額は年額一ペソ（後に一・五ペソに増税）だった。税の対象は家族持ちの成人対象であったから、五人家族一ペソと想定して、先の租税の総額三七万七七三四ペソから一八九万人というおおよその人口が割り出せる。この数値は、前述のボラー氏とクック氏の人口に関する研究にそれほど遠くない数値である。租税額からみても、先住民の人口は征服前の人口の一割を切っていることがわかる。

伝染病が先住民の多くの命を奪ったと主張するスペイン人は、自分たちの犯した先住民虐待の罪を認めず、先住民の人口減少は伝染病が原因だったとうそぶいている。だが、征服後の三〇年間に先住民の町が徹底的に破壊され、新しいヨーロッパ風の町建設のために毎日のように手弁当で駆り出されていたために、先住民の体力が極端に疲弊していたことを引き合いに出さないのは公平ではない。先住民は町の建設に携わっている間、自分たちの畑の手入れを怠ることになり、結果、満足な収穫を得ることができなかった。スペイン人が土地争奪に熱心になっている間に、先住民たちは満足な食事もできずに体はボロボロになり、命を落としていたのである。地方の町のソカロに巨象のように横たわる古びた教会を見るたびに、意味もわからずにその建設に汗と涙を流していた先住民たちの「嘆きの壁」のように思えてならない。

二五二〇万人の先住民の人口は、一六世紀が終わろうとしているときにはすでに七五万人、じつに三パーセントに向かって減少していた。これまで左うちわで暮らしていたエンコメンデーロたちは、人口減少によって租税が目減りし、安定した収入はもはや過去のものとなっていた。それでも彼らは徴税監査が自分の村にやってくることを察知すると、友人のエンコメンデーロから道普請か何かの理由をつけて村人を借り受け、人口の水増しを図っていた。スペイン語が理解できない村人にそのからくりは理解できなかった。結果、人口減少を起こした集落の先住民にとっては、一人当たりの負担が増えたことで租税は重税となり、租税免除の先住民からの誓願と抗議が副王に多数出されることになった。

エンコミエンダの終焉、エンコメンデーロの方向転換

先住民の人口減少により、エンコメンデーロたちはこれまで間断なくあった収入源を失い、活力を失ったいっぽうで、その世紀最後の三〇年間でいえば、メキシコでもっとも裕福な男はアロンソ・デ・ビジャセカだった。彼は先住民の臣下を持たない、つまりエンコメンデーロでない大鉱山主であり、大商人だった。

一七世紀には先に示した理由で、概してエンコミエンダから徴収される税はごくわずかになっていた。それでも、メキシコ植民地初期の数十年間、農業と家畜飼育事業に資本を提供したエンコメンデーロの役割は、過小評価されることはなかった。一五四四年に高等司法行政院の検察官が書いたように「すべてのこうした新事業は、エンコミエンダ制度の下にあるインディオを抱えている裕福な男（エンコメンデーロ）に依存していた。インディオはいまだに、農場や工場の源泉である。インディオなくば、農場も

工場も滅びるのだ」。

当初、エンコメンデーロたちは土地所有に消極的であった。理由は彼らが一兵卒だった時代の惨めさを忘れ、まぎれもなく貴族のようにふるまいたいという強い願望があったからだった。ところが、収入源を断たれた彼らはすぐさま牧畜業者を手本にして、国王が共有地と主張する牧草地を自分のものにしようと試みていた。もし、その地形が好みのものならば、彼らは当然、先住民の労働奉仕を期待して、先住民集落に近いところに彼らの放牧地分譲申請を出していた。一五三二年という早い時期、高等司法行政院の院長ラミレス・デ・フエンレアルは放牧地の分譲に関して、とくにエンコメンデーロによる土地の横領を阻止するように国王に進言していた。フエンレアルの報告によれば、某エンコメンデーロは自分の管理する地域に入植したスペイン人に対して、二カバジェリア以上の耕作地の譲渡を認めないようにしているのに、そのエンコメンデーロは、自分の言い値で、自分の支配地と村の共有地の両方を意図も簡単に手に入れていた。そして、ときにはそれに一セントも払うことがなかったのだそうだ。

エンコメンデーロたちは国王の圧力を感じ始めると、自身のほかに子、孫、兄弟、そして家令のために放牧地分譲を申請し、所有権証書を手にしようと試みていた。たとえば一五四二年のこと、副王メンドーサは、エンコメンデーロ、フアン・デ・ビジャセニョールに対して、ミチョアカン州はウアンゴ地方の彼のエンコミエンダ内の三エスタンシアの放牧地の正式な所有権を保証していた。じつはそれはそのエンコメンデーロではなく彼の家族の名前を使って申請したものだった。

その同じ時代、よく知られたエンコメンデーロ、ペドロ・デ・メネセス、アントニオ・デ・アルマゲール、そしてマエストロ・デ・ロアは、土地の分譲を受けとっていた。

この後者のマエストロ・デ・ロアは外科医で、侯爵コルテスが落馬して右腕を折ったことで、わざわざスペインから招かれた男だった。この男はじつに語り上手で、ある貴族の奥方マリア・デ・メンドーサが不妊で悩んでいることを知って、子どもが生まれる薬をつくってあげましょうと約束していた。彼女もそれに同意し、その謝礼として二〇〇〇ドゥカード（古金貨）と、メキシコにエンコメンデーロとして先住民の村を与えてくれるようにインディアス諮問会議の議長に口利きを約束したのだという。こうして彼はメキシコのエンコメンデーロとなったが、コルテスの負傷した右腕が治らないどころか以前より悪化し、マリアに処方した薬もちっとも効かず、子どもが授かることはなかったという。仲間内で「マエストロ・デ・ロア」、嘘つき名人と揶揄されていた。

チチメカ族の領地に食い込んだエンコメンデーロ、ボカネグラ

ミチョアカンとグアナファトの州境に位置するアカムバロ、アパセオ地方での事例は、ボカネグラ家によるものだ。一五五七年、アカムバロ、アパセオの二つのエンコミエンダからエルナン・ペレス・デ・ボカネグラは年間四〇〇〇ペソの税を集めていた。このボカネグラという男は、コルテスが一五二四年、黄金を求めてホンジュラスへ遠征したときに同行していた兵士で、きわめて印象の薄い人物だった。彼が与えられたエンコミエンダは、そのためかアステカ帝国時代の北の辺境の砦となっていたアカムバロ

レルマ川（中心の緑の帯）。北側（左岸）に先住民の村があったが、ボカネグラによって南側（右岸）に移転させられた。

で、勇猛果敢なチチメカ族の攻撃にさらされる危険な場所だった。当初それほどの税を徴収できるところには見えなかった。だが、彼が手にしたエンコミエンダは「金の卵」となった。アカムバロを東西に悠々と流れるレルマ川の北側、いわゆるチチメカ領域はスペイン人には未知の領域だったが、彼は先住民の案内人を使って探検し、肥沃な耕作地や放牧地を探し歩いていた。アカムバロの北七〇キロメートルにあるアパセオは、彼がアカムバロの住民を移住させて設置した村だ。

少々横道にそれるが、今日、めざましい経済発展を遂げて世界遺産に指定された中世都市ケレタロ州ケレタロ市の先住民の始祖コニン、改めエルナンド・デ・タピアも、先のボカネグラと友好関係を築き、チチメカ領域の探検で水先案内人として貢献していたといわれている。先住民でありながらエルナンド・デ・タピアはケレタロの領主となったが、先住民への土地分譲が認められていなかった時代に彼が土地を手にしたのは、先のボカネグラのさじ加減があったのだと推測する。先述したがマリンチェの娘マリアがそうだったように、相続したタピアの息子ディエゴが死去すると、限嗣《げんし》相続する者がおらず、一人娘ルイサの得度のためにその土地財産は教会や修道院に寄贈されている。

話をボカネグラに戻そう。アパセオ地区の大農場は毎年彼に六〇〇〇ペソ以上の収入を彼にもたらしていた。その農場は「川の傍にあり、住宅、納屋、穀物倉庫、家畜の囲い場、脱穀場、さらに水路と灌漑用水付きで、その全耕作地はアパセオの塁の中にあった」。ボカネグラはほかに広大なブドウ畑を持っていた。さらに彼はその北に三つの水車と、二つの地域に牛と羊のための目を見張るようなひと続きの放牧地を持っていた。

このアパセオにあるアシエンダ、マンドゥハノの遺跡をぜひこの目で確認しようと、私は二〇一九年の秋に訪ねようと計画していた。その前日、ケレタロ市でタクシー運転手にアパセオ行きのバスがどのターミナルから出るかたずねたら、それに答える前に「ヤバイよ、アパセオは今ヤバイ、殺人事件が毎日のように起きてるんだぞ」と脅す。地元のマフィアどうしの抗争だろうと思ったが、「日本人高齢者、メキシコはアパセオの町で殺害さる」のニュースが流れるのではという妄想にとりつかれ、肝っ玉の小さい究極の意気地なしはすっかり怖じけつき、アパセオ行きを泣く泣く取りやめたのだった。そのために残念ながら、アパセオを紹介することはかなわない。

ボカネグラ家の全所有財産は、二人の副王によって保証されていた。それはボカネグラ自身の名前ばかりではなく、自分の五人の子どもたちの名前のものも含まれていたし、第三者への分譲分もあった。

郵便はがき

料金受取人払郵便

神田局
承認

6430

差出有効期間
2022年12月
31日まで

切手を貼らずに
お出し下さい。

101-8796

5 3 7

【受 取 人】

東京都千代田区外神田6-9-5

株式会社 明石書店 読者通信係 行

お買い上げ、ありがとうございました。
今後の出版物の参考といたしたく、ご記入、ご投函いただければ幸いに存じます。

ふりがな お名前	年齢	性別
ご住所 〒 -		
TEL ( ) FAX ( )		

メールアドレス	ご職業（または学校名）

＊図書目録のご希望 □ある □ない	＊ジャンル別などのご案内（不定期）のご希望 □ある：ジャンル（ □ない

書籍のタイトル

◆本書を何でお知りになりましたか？

□新聞・雑誌の広告…掲載紙誌名[ ]

□書評・紹介記事……掲載紙誌名[ ]

□店頭で　□知人のすすめ　□弊社からの案内　□弊社ホームページ

□ネット書店 [ ]　□その他[ ]

◆本書についてのご意見・ご感想

■定　価　□安い（満足）　□ほどほど　□高い（不満）

■カバーデザイン　□良い　□ふつう　□悪い・ふさわしくない

■内　容　□良い　□ふつう　□期待はずれ

■その他お気づきの点、ご質問、ご感想など、ご自由にお書き下さい。

◆本書をお買い上げの書店

[市・区・町・村 書店 店]

◆今後どのような書籍をお望みですか？

今関心をお持ちのテーマ・人・ジャンル、また翻訳希望の本など、何でもお書き下さい。

◆ご購読紙　(1)朝日　(2)読売　(3)毎日　(4)日経　(5)その他[新聞]

◆定期ご購読の雑誌 [ ]

ご協力ありがとうございました。

ご意見などを弊社ホームページなどでご紹介させていただくことがあります。　□諾　□否

◆ご 注 文 書◆　このハガキで弊社刊行物をご注文いただけます。

□ご指定の書店でお受取り……下欄に書店名と所在地域、わかれば電話番号をご記入下さい。

□代金引換郵便にてお受取り…送料+手数料として500円かかります（表記ご住所宛のみ）。

書名	冊
書名	冊

ご指定の書店・支店名	書店の所在地域 都・道 府・県　市・区 町・村
	書店の電話番号　(　　　)

それはボカネグラ家が買ったもので、彼らはほかにいくつもの細切れの土地をアカムバロの先住民とカシーケから買っていた。一五四二年、ボカネグラは彼が管理する村との間で取り決めを交わし、レルマ川の北岸を完全にボカネグラ家に明け渡し、先住民たちを南岸に移住させるという同意書に署名している。土地の分譲と購入は、一六世紀を通して行われていた。こうしてほとんど完全にもともとのエンコミエンダ領域の土地を掌握し、それは近隣に広がりをみせ、目もくらむような規模の相続財産が形成されていた。

中央の公務職の犯罪

エンコミエンダ以外で、メキシコ植民地での手っ取り早い収入原は、公務役人と裁判関係の職務だった。初代副王アントニオ・デ・メンドーサが一五三五年にメキシコ市に着いたそのとき、メキシコ市の最高官僚は高等司法行政院の職員たちだった。一人の院長と八人の裁判官、四人の刑法の刑事、そして二人の執行官、主任巡査。加えて、国庫の財政委員の主任会計官、一人の検察官、補助する仲介人で構成されていた。それに加えて地方の国庫管理人、助役、さらに下級公務員がいた。現在のグアテマラ国、コルテスの腹心アルバラードが南の最前線に設置したグアテマラ高等司法行政院と一五四八年に北部ヌエバ・ガリシア管区に設置されたグアダラハラ高等司法行政院の二つの小さいそれは、メキシコ高等司法行政院の業務の一部を補完する役人をおいていた。このほか国王は各地に王室官僚として、市長、行政官、そして執行官を派遣していた。公務員と司法関係者のこうした一群は、日常業務と訴訟や裁判をこなしていたが、彼らの安定した収入、そして国家を後ろ盾にした権力は、彼らの影響力がその地方で大きかったことを示唆している。

一五四二年の植民地統治の規範となる衝撃的な「新法」が発布されるまで、スペイン国は植民地対策のための財源がきわめて乏しかったために、安易なエンコミエンダを征服者ばかりでなく官僚にも与えていた。そのためにメキシコ植民地の官僚たちはエンコメンデーロでもあったのだった。それもかなり大きな先住民集落を与えられ、大きな収入源になっていた。しかし一五四四年、国庫の会計官や検察官のエンコミエンダが解消されて、給料によって支払われることになった。そうした時代に、メキシコ市の裁判官の年俸は二四〇〇ペソだった。それは一五五七年ごろには三〇〇〇ペソ近くに跳ね上がっていた。それも副王宮殿か公共建築物に住居が用意されていたにもかかわらずである。

三三年後、生活費がかなり上昇し、公共住宅をあてがわれることがなかったのに、給料は変わっていなかった。ほとんどが粗暴で文字も書けないような無学の征服者とは異なって、本国スペインから派遣された高級官僚は、大学卒で、学士号や博士号の取得者たちだった。特別に、彼らは何ごともそつなくこなすエリートで金持ちだった。到着した時分には殻の中に閉じこもって慎ましくあったが、そのことで軽蔑されることはまったくなかった。公務職を歩んだという経験は、結果的に個人事業の立ち上げの邪魔にはなることは何もなく、時間とともに彼らは金もうけにのめり込んでいった。

しかしながら「新法」の精神と国王の書簡の内容は、王室官僚たちのサイドビジネスと対立するものだった。高等司法行政院の裁判官や職員たちが、かなり高い給料を受け取っていたのが表沙汰になると、一五四九年、国王は公務員に対して正式に牛や羊の放牧地、耕作地、鉱山、あるいは貿易会社の所有を禁止した。その命令は翌年にもくり返され、その後も一七世紀まで、何度もくり返し出されている。つまり、違反がくり返されていたことを示している。実際にメキシコ高等司法行政院の職員で有罪になった者はいなかったが、その理由は自分の子どもや家族を替え玉にして土地の分譲申請が行われていたからだった。そしていつの間にか巨大な放牧地を所有する牧畜業者や大富農になっていたのだ。先住民の知らないところでこんな不正が堂々と行われていたのである。

「新法」が発布される前と、そしてその後でさえもメキシコ植民地の最高責任者副王アントニオ・デ・メンドーサは自身で多くの放牧地を所有し、メキシコ内のいたるところで大きな砂糖工場を職務の傍らで経営していた。彼の任務終了時、事業経営に関する課税金額が提示されたときに、彼はその事実を否定しなかったという。しかし彼は巧妙に自己防衛に走り、家畜と穀物生産で十分な収益が上がらなかったのは、大枚をはたいてメキシコ植民地に適合するメリノ種の羊を輸入したためで、それはこの植民地のためを思ってしたことだと申告し、よき信用を得ていたという。ある証言者は加えて次のように断言していた。「副王の家畜は多くのカウボーイや牧童、そして貧乏人に職を提供していた」。

しかし、この副王メンドーサが行った行為は、彼の功績に傷をつけることになった。その同じ時代、少なくとも、二人の高等司法行政院の裁判官、ロレンソ・デ・テハダ学士とサンティジャン博士は高収入の農業事業とベンチャー事業に乗り出していたからだ。そのことがわかったのは一五三七年に、裁判官の任期を終えたときだった。テハダ学士は事業に尽力し、メキシコ市にアパートを含むいくつかの石の建物を建てて、スペイン人市民から賞賛を受けていた。彼はまた農業主でもあり、副王よりたくさんの土地の分譲を受けて所有していた。さらに彼は国庫の会計官アロンソ・デ・メリダと一緒に、四四カバジェリア、一八・九二平方キロメートルの耕作地に灌漑するために大運河を掘削していた。それはすぐに成果を表し、それによって彼は一万ファネガ（袋）の小麦を収穫できたと主張していた。

先の裁判官は桑の木、ブドウ、そして果樹を植え付けた。いくつかの水車小屋を建て、そして牧畜業にも手を出していた。一五五二年の彼の帰国時に、彼は衰えをみせるどころか精力的に活動していたのだそうだ。しかしながら、彼のために働いた先住民たちは、そのために無傷でいることはできなかった。先住民の人口が征服前の五割を切っていたことをみれば、その事実が納得できよう。彼は自身を擁護して、彼の裁判官としての任期の終わりにもたらされた巨額の金に言い訳し、自分の事業を成し遂げたことは、メキシコにとってきわめて有効だったと自慢していた。首都での果実の価格は、彼のおかげで大きく下落し、メキシコ市のスペイン人を喜ばせた。こうして多くのスペイン人は、彼のやり方をまねることになった。彼は自分が刑事裁判官であるよりもむしろ、賞賛に値するよき市民だったと結論づけていた。彼は自分のポケットに大きな幸運を突っ込んでスペインに向かう船に乗った。彼のメキシコの資産は一〇〇万ペソで売られたのだという。

サンティジャン博士もまた、一五五一年の任務終了後にかなりの財産を放出していた。一万頭の羊、数エスタンシアの放牧地、耕作地、家屋、それから奴隷と牛付きの鉱山、そしてそれに付随する土地。その総計は約八万ペソだった。

ある地方公務員の犯罪

さて、中央では先のような状態だったが、では地方ではいったいどうだったのか。じつは地方においては、まさに喜劇というか悲劇のような状態だった。南のグアテマラ国境の最前線にある小高等司法行政院の公務員たちは、ほとんど地方勤務の王室官僚で、エンコメンデーロやプランテーション経営者の関係者、義理の父親、義理の兄弟あるいは義理の息子たちが務めていた。メキシコ高等司法行政院の事務員の証言によれば、特別な一人、秘書官レボジェドは「強力な大富豪」だったそうだ。彼は有力なあるファミリーと結託して、その地域をほとんどまるごと手中に収めていたというのだ。ほかにもその男は高価なカカオの商取引の権利を買い占めようとしていた。その状況は、北のグアダラハラ高等司法行政院でもそれほど違わなかった。

メキシコ市に高潔なジェントルマン、副王ルイス・デ・ベラスコが登場する。彼は、彼の給料以上の仕事をして、ついには借金をつくるような人物だったようだ。そして貧しくして死んだ人物だった。彼は主要な職務に彼が信頼する人物を配置することで最善を尽くした。彼の公務の一三年間（一五五〇～一五六四）はたぶん、スペインによるメキシコ植民地統治の最高の期間だったことを表している。しかしながら低階層のスペイン人にとってそれは、悲運をあてがわれる結果となった。行政職や裁判所の低い地位の職は、征服時の兵士の俸給に見合わないものだったが、貧乏な征服者に手渡されていた。こうした地位は、心付けや恩給として与えられていたのだった。国王にとってそれは、エンコミエンダを与えるよりも経済的であったからだ。その職務の年収は、二百ペソ以上であることはまれで、受給者は当然、自分の公務員としての権力の及ぶ範囲で土地の取得や家畜の飼育、はたまた事業を先住民に指導することで、自身の影響力を現金に振り替えていた。

副王ベラスコの死後､国王は各地方にもっとよく出向いて監察し､対策を練るように求めていた。その目的は裁判所の職員、行政官、そして市長による着服防止だった。直接、あるいは替え玉を通して、かなり多くの耕作地や放牧地、そして水車小屋の権利を着服していた。高等司法行政院の多くの職員は立場上、明確にそうした行為が犯罪であることを知っていたが、彼らは自分の土地拡大のために、スペイン法に無知な先住民の土地を横領していた。それに対して先住民は、誰も抵抗を示す勇気を持っていなかった。

高等司法行政院の裁判官ビジャヌエバ博士は、ある先住民集落の入り口付近に大きな農場を設立して、村の入り口をふさいでいた。後に彼はそれを一万ドゥカード（古金貨）で売り払ったという。秘書官フアン・デ・ラ・クエバとサンチョ・ロペス、土地管理人オルトゥーニョ・デ・イバーラと数人の法律家、そして主任巡査副官も同じような犯罪行為をしていた。

そうした犯罪で厳しい罰金が科せられることもあった。高等司法行政院の学識ある委員ディエゴ・ガルシア・デ・パラシオ博士、有名な著書を持つ人物だったが、彼のそうした名声にもかかわらず、王室議会によって一五八九年から九年間、執行停止を申し渡され、厳しい罰金が科せられていた。その起訴事由は、先住民や貧困の民、そして裁判官や下級公務員に武器をちらつかせて土地を奪い取ったというものだった。このパラシオ博士は弟と息子と叔父といとこ、ほかの親戚、そして書生を使って、数々の土地の分譲を手にしていた。じつは先に列挙した人間はすべて、彼の替え玉であった。ときには自ら変装して、わずかな金額で土地を売るように先住民を脅迫していたというから、滑稽を通り越して狂気としかいいようがない。

先の高級公務員はかなり精力的な男で、抜け目なく、そして起業家としての才能を発揮し、金儲けして大資本家になっていた。そうした彼のような人間は相変わらずメキシコ市で見受けられたが、彼はメキシコ市エリアに、四つの耕作用の農場を設立し、大きな水車小屋を建設した。さらに南部地区ではいくつかの土地で家畜飼育の牧場を立ち上げ、西部のミチョアカンでは重要な精糖工場を建て、サトウキビ畑のために二四カバジェリアスの耕作地を用意した。価格の安い南部タバスコ地方から船で牛を輸入し、チアパス地方からはロバを輸入し、アシエンダを設立していた。ユカタン地方では水産業を立ち上げた。このすべての事業は彼自身の創業で、すべては彼個人の財産だった。所有権のほとんどはパラシオ博士のものだったために、家族と書生が刑事訴追されたときにはっきりと、「自分たちに残される資産はまったくありません」と答えたという。それにしてもただただ、呆れるばかりである。学識のある人間も、金の魅力に常識を失っていたのである。

厳格で恐れられていたフィリップ二世がいまだに王座に着いていたがために、ガルシア・デ・パラシオ博士は厳しく罰せられたのだという。巷ではその後も、同じような違反行為が起きていたという。スペインの国庫破産宣告によって、増え続ける多くの公務職の販売とその給料切り詰めがなければ、このような事態にはならなかったかもしれない。

コルテスの「侯爵領」物語

メキシコ植民地でもっとも偉大なエンコメンデーロで資産家のエルナン・コルテスは、他者から抜き出た存在だった。征服後、コルテスはもっとも大きな幸運をアメリカ大陸で手にしていた。それもあっという間に。彼は一五二九年七月九日の王室勅書による恩賞で、先住民二万三〇〇〇人を臣下として与えられ、侯爵の称号を授けられた。それらは普通の待遇を大きく超えていた。そして彼の支配下の先住民が急激に人口減少を起こしていた一五六〇年代になっても、彼に租税として三万六八六二ペソを支払っていたという。

コルテスがマルケス・デ・バレ・デ・オアハカ、「オアハカ谷の侯爵」の称号を授かったとき、彼は彼の領地内の町と村の住民から徴税できる権利を授かった。「侯爵領の土地と全集落、そしてその領内の市民裁判権、小犯罪刑事裁判権、財政権、公務員指名、税査定、森林、牧草地、そして水路」。すべては、相続権のある永久権利だった。彼は、アステカ帝国を平定する間、メキシコ植民地で目星をつけていた最高の土地の目録を王室勅書中に書き込ませることも忘れていなかった。結果、「侯爵領」で国王に残された特権は、刑事裁判権、鉱山許可権と造幣資格だけだった。彼の領地は気の遠くなるほど広く、大きく分けて五つか六つの地域に点在している。もっとも重要な一つは、モレロス州クエルナバカを中心とするあたりで、ほかにも飛び地になっているメキシコ市周辺の、タクバヤとコヨアカン、そしてその西のトルーカ盆地もそうだった。これに加え、南部チアパス州に隣接するオアハカ州テウアンテペックのイストウマス、オアハカ市内にあるアンテケジャとオアハカ市周辺の「四つの町」という、かなり遠方の地域も含まれていた。一五三五年、その領地は、個人の、そして永久の相続財産にされていた。

クエルナバカは南に開けた斜面に発展を遂げた。コルテスは要塞のような宮殿で国王のようにふるまった。正面の建物は現州庁舎。

コルテスの領地の中で、彼は地方の行政官と裁判所の役人の指名権を持っていた。そして彼はあたかも国王であるがごとくふるまっていたのだ。

先の勅書発行後、国王はコルテスに多くの領地と優位な権利を与えてしまったことで地団駄を踏んでいたが、王室の法律専門家たちは、あの一五二九年の勅書を再精査し、あらん限りの知恵を絞って異議を唱えて制限しようと試みていた。これにはコルテスが怒りを爆発させることになった。そして二代目、征服時にコルテスの通訳を務めた先住民女性マリンチェとの間の息子マルティンに対してはかなり残酷な陰謀が謀られ、その封土は時の経過とともに徐々に差し押さえられていた。

一五三一年という早い時期に、高等司法行政院の神学士が、コルテスの領地内にある森林と牧草地は彼自身の取り置きであるとのコルテスの主張を公然と批難し、「コルテス家は、国王が所有する公共の物を独り占めする権利を持っていない」と強く主張した。先の譲渡証書の原文の意に反して、国王は「森林、牧草地、水利はすべてのスペイン人で分配されなければならない」と申告して、最終的にこの解釈が受け入れることになったのだという。そのために一五三三年、コルテスは先の条件をのんで、ほかのスペイン人の使用を制限することができなくなってしまったのだった。残念ながら、ここでもメキシコ先住民の権利については何の言及もない。

対立する二つの法律専門家集団間の議論の骨子であるこの問題は、長きにわたって続いていた。侯爵領内にある国王に所属するはずの牧草地と未分譲地は、「侯爵領」に属するかどうか。

決定的な解決法は、一世紀を越えてもなおも見つけられなかった。土地分譲、細々とした土地取得は、地方によって、時代によって、そして個人によって異なった法理に従っていた。それはスペインのメキシコ植民地統治の危うさと同時に、人間の飽くことのない欲望によって揺らいだ結果だった。

メキシコ植民地の中の「コルテス帝国」という特殊な条件下でもアシエンダが開花し、発展をみていた。コルテスはまわりのスペイン人と比べても商才に長け、優れた頭脳を持っていた。そのことはすでにカリブ海の島で証明されていて、彼は牧畜業と貿易業でお金を十分に貯めていた。その資金力がメキシコ征服を可能にした一因だった。アメリカ大陸でも彼はもっとも大きな支配権を手に入れ、もっとも大きな収入を手にし、もっとも大きな領地を手に入れていた。それは彼が自信家であり、しかもかなり積極的な人物だという理由によるものだった。彼は先住民からの租税集めで満足することなく、あるいはその元手をリスクにして、太平洋に漕ぎ出し、探検のために財産を使うことに満足することもなかった。彼は最小限の資本で、牧畜業と農業、とくに精糖工場で、彼の運を増大させようと願っていた。

先述したが、コルテス家の権利は一五三三年には大きく減じられていたのだが、コルテスは本国サラマンカで学んだことのある如才ない法律家でもあって、副王の分譲の権利に対抗する代わりに、彼は土地購入という方法ですでに先住民によって整備された肥沃な土地を手に入れていた。

国王の一五三五年の勅書、「先住民からの土地購入の許可」に目をつけ、コルテス家は農業生産に力を入れるために、村人が長い年月を掛けて最良の土地に仕上げた肥沃な土地を安く買い上げていた。そうした土地は、現在のチアバス州の州都トゥストラの精糖工場の基盤となったのだという。同様に、オアハカ近郊エトラの放牧地と農地は、一五四三年に一〇〇ペソで買われていたが、わずか五〇年もたたないうちに八〇〇二ペソで売られていた。クエルナバカ市南二〇キロメートルにあるトラキルテナンゴの その精糖工場は、根本的にメキシコでいちばん重要なものだったが、一五五六年ごろ、それは市場に毎年、白糖八〇〇〇キログラムを一キログラム当たり三ペソで出荷していて、なんと二万ペソ以上を稼ぎ出していた。一五年後、その製糖工場は九〇〇〇ペソで賃貸され、そして先のトゥストラでの精糖工場は遠隔地であったにもかかわらず、五〇〇〇ペソで賃貸されていた。

メキシコ南部の州チアパスの州境に位置するテアウンテペックのイスタムスにある広大な放牧地の起

源を明確に定めることは困難だが、コルテス家はそこで純血種の馬と肉用の牛を飼育していて、牛肉を近郊のオアハカの市場に卸していた。それに合わせて牛皮をなめし革に仕上げ、ペルーなどの遠隔地に輸出していた。コルテス家は、自身たちの権力をかさにきてすべての可能性を追求し、その土地で主役を演じていた。コルテスは自分が行った先住民の土地の強制買い取りの理由を次のように述べたという。たぶん、先住民がコルテス家に対して苦情を述べたときだと思うが、「というのも、果樹畑やブドウ畑にしようと思っていた土地に小さなインディオの土地が点在していたからだよ」。しかしながら、初代「侯爵」コルテスの子孫は、彼の強引と用心を相続することをすっかり怠っていた。

コルテスの死後も、彼の子孫たちは先住民たちから土地を買い続けていた。とくに、クエルナバカ東の肥沃な低地がそうだった。一五六六年、貴族たちへの締め付けに反発して、マリンチェを母親に持つ主謀者マルティン・コルテスの国王への不従順が表面化すると、コルテス家に与えられている特権の差し押さえという形で罰せられたのだという。

そのマルティン・コルテスは、テウアンテペックの市長、たぶんコルテス家が任命権を持っていたからコルテス家の部下だったと思うが、その市長から放牧地と耕作地の分譲を受けていた。すでに一五五五年、二代目副王ルイス・デ・ベラスコスは、国王と副王の言い渡す承認以外は、すべての分譲を禁止することを宣言していたから、それは重大なルール違反だった。

先のマルティン・コルテスの陰謀によって起こされた不祥事に対する領地の差し押さえが行われた後に、副王による侯爵領内での土地分譲の数が増え、広範囲にわたっていた。それはあたかも反逆したマルティン・コルテスに国王の威厳を見せつけるかのようだった。そして国王の究極の取り組みは、侯爵領の本丸、「侯爵」が指名した行政官と裁判官、会計主任、ほかの公務員が集中するクエルナバカ管内の未使用地を副王が分譲したことだった。

三代目侯爵の権利回復に関する無策は、彼が何もしなかったことで好運だったかもしれない。だが、四代目侯爵、一六〇二年に家長になったペドロ・コルテス・ラミレス・デ・アレジャノは違う行動を取っていた。この四代目の侯爵ペドロ・コルテスは、自分の権力を振りかざすのを好む男だった。

植民地の労働者不足と深刻な資金不足がペドロ・コルテスの経営方針を優位たらしめていた。というのも彼が家長になった一六〇二年、家令と支配人に、「自分がもっともふさわしいと思うすべての場所に牛と羊の放牧地を設置するように」と進歩的な自由裁量を部下に与え、全侯爵領を人手と資金不足を補うのに有効な家畜の牧草地に切り替えていたのだ。

さらにペドロ・コルテスは、二代目マルティン・コルテスに対して副王たちが取った侯爵領への締めつけを激しく攻撃して、新しい事業を立ち上げる代わりに、自分の耕作地と放牧地に「使用権」なるものを設け、その権利を競売で売りだして年間一〇ペソから八〇ペソの金額で土地を賃貸する一方で、その正式な所有権証書を本来の持ち主に移管する手続きをとっていた。

ペドロ・コルテスの代理人は、その所有権を法に従って本来の持ち主に移管していた。数が数だったためにその移管に三〇年以上もの時間を要したのだそうだ。ところが移管されたそうした土地を副王から分譲されたスペイン人入植者は、先の「使用権」が設定されていたために、ペドロ・コルテスのところに賃貸料なるものを持って行かなければならなかったのだそうだ。さすが、奸計に長けたコルテスの末裔である。

メキシコ高等司法行政院の調査官は、ペドロ・コルテスに「国王の財産に所属している財宝、財産と金庫」を、国王の権利に従って請求していた。これに対して彼は先の「使用権」の売却や賃貸で、所有権証書は手元にないといって拒否していた。

先の調査官は「死んだ人間の相続人のない遺産は、権利によって国王に戻される」という法を持ち出してペドロ・コルテスに揺さぶりをかけた。先住民の人口が一六世紀末には征服前の五パーセントに縮小し、所有者がいなくなり耕作されずに放置された畑がかなりの面積に及んでいた。「侯爵」が以前の慣例に従ってそうした土地を自分のものとして貸し出したとき、彼は権利を逸脱して、国の権利を浸食していたのだった。

これに関する訴訟が、一六一〇年にメキシコ高等司法行政院に起こされ、そして本国スペインのインディアス諮問会議に上訴されていた。先の諮問会議は、死んだ人間の遺産指定されていない所有物と同等で、消滅する集落の土地を国王の権利として裁定していた。

一六二九年のペドロ・コルテスの死去によって、「侯爵領」の遺産はメキシコに住んだことのない二人の婦人が相続した。ドニャ・エステファニア、テラノバ公爵夫人、そしてドニャ・フアナ、モンテレオネ公爵夫人だった。後者ドニャ・フアナの遺産はドン・アンドレスによって相続された。彼は結局、コルテスの「オアハカ谷の侯爵」とテラノバ公爵とモンテレオネ公爵を相続していた。先の三人は、その管理を完全に代理人の手に委ねてスペイン本国、あるいはおもにイタリアに住んでいたのだった。

こうしてメキシコ植民地は、あのコルテスの呪縛からやっと解放されることになったのだが、そのために約一世紀を費やすことになったのだった。それでも、征服後、彼の植民地統治の初動体制時の数々の犯罪が、結果的に二五七〇万から七五万人へと「インディオ」の人口減少を起こすことになったという事実は、歴史の一コマとして容易に忘却するにはあまりにも重すぎたし、どんな贖罪も先住民を死に追いやった罪は重すぎて償いきれないといわなければならない。彼らの命を犠牲にして得られた途方もない富が、メキシコに住んだこともないスペイン貴族の手に渡ってしまったことに、虚しさとともに強い怒りを覚える。

貧困者への土地分譲と土地移転

土地分譲は、国王に便宜を払った功労に対する年金としても考えられていた。そして、植民地化と国の発展に貢献した者に対する報酬として、もっとも軽微なものとして考えられていたようだ。そして土地分譲は当初、畜産振興のために行われた。

副王ルイス・デ・ベラスコは国王に次のような書簡を送っている。

征服者と初期の入植者、そして先の者たちの子どもと孫たちに、国への奉仕に対する褒賞として、土地の分譲は行われました。手元にお金がなくて、土地持ちのために働くことを決意した者たちが自分に分譲された土地を土地持ちに売り、たぶんその金を借金のために使ったと思われます。このように、多くの放牧地は今、国王の名の下に副王と地方の行政官によって分譲された者から買った、個人の所有物になっています。

最終的に、被分譲者がその権利を金に換えることができていたことは驚くべきことではなかった。身寄りのない女と貧乏征服者の娘は、それでわずかな持参金を手にすることができたし、孤児や貧乏な未亡人はそれで生活費を得ていた。いっぽうで、もともと何事にも不精な男たちや、いまだに親方に依存して無意味な生き方をしている者たちは、自分の土地所有権証書をわずか数百ペソで売りはらっていた。最初、分譲が耕作地だった時代、副王の関心事は小麦の増産だった。トウモロコシはすでに十分に供給可能になっていたが、小麦もまた不足することなく供給されるようになった。証書には最初の六年間の売却禁止の条項が明記されているにもかかわらず、多くの耕作地は、まるで牛の放牧地であったかのように大規模分譲が行われ、この違法取引を通して土地投機の熱が高まっていた。一五六一年、フランシスコ修道会のメンディエタ神父の提言で、副王は放牧地の所有権証書に、分譲後三年間の不買条項を付け加えている。

ところがその新しい条項は、副王ベラスコ死後の高等司法行政院の暫定統治時に、古参の入植者によって無視されていた。一五六七年、たとえば、作家ゴメス・トリグイージョ・デ・シルバは国王に書簡をしたため、公然と土地分譲の現状を批難していた。

床屋や鍛冶屋、修理屋、そしてそのようなたぐいの人間の架空の奉仕をでっち上げ、自分に好意をもつ六人の証言者をつけて、分譲を申請しています。高等司法行政院の裁判官や副王とよい関係を保っていたことが幸いして、一エスタンシアの放牧地と四カバジェリアの耕作地分譲の約束を手にしています。この男は自分の所有権証書を手にする前に、その証書を三〇〇ペソ、ときには五〇〇ペソという法外な価格で売り払っていました。ほかにも、わずかな小屋と家畜柵に百ペソほどを費やして、約一万頭の羊を低価格で購入し、それを法外な価格で売るというありさまです。

さらに続けて彼は、副王あるいは高等司法行政院の裁判官の親族や居候の土地独占の最良の方法について仔細に書いている。

裁判官という自分たちの影響力と、手に余る所有財産をテコにして、彼らは耕作地、放牧地、そして水車小屋の分譲を征服者の貧しい子孫に与えていました。後者はそれを喜んで受け取ると、その所有権をすぐさま自分のパトロンに移転していたのです。

一五八八年、副王ビジャマンリケは、最近発行された所有権証書の売却の実態をつかむ意向を示していたが、その後気が変わり、証書発行から四年、あるいは六年の移転禁止条項の違反を免除していた。その適用免除は、ほとんどが貧困の未亡人と低所得者に向けられたものだったが、それは瞬く間に懐の温かい人間の証書の売買を合法化することにつながってしまったのだという。ついに次世紀には、所有権証書は即刻売却を認める許可条項付きでも発行されるようになったのだという。こうした環境下では、多くの分譲はほとんど偽装によるもので、その被分譲者は、いわゆる少人数の資本家や富農、大牧畜業者の見え透いた替え玉たちであった。こうして、つかみ取りされた土地は、先の者たちの子や孫のための限嗣相続に仕立て上げられていた。だがここでも、何度もいうようだが、先住民は蚊帳の外であった。

バルタザール・デ・オブレゴンは七〇ペソの現金を必要とする小エンコメンデーロ、収税領主だったが、彼は、大金持ちのベラクルスの副司祭にその借りた金の利子を、分譲された自分の土地で支払おうとしていた。

ガスパール・ルイス・デ・カブレラ学士（ベラクルスの副司祭）は分譲されたそのエスタンシア（放牧地）を要望したために、私はその現場を示して、それに応えようと思う。私は、彼に移譲というその言葉を担保にして、うまくいけばさらに、借金ができると思っていた。こうしたいきさつで、私に融通してくれた金七〇ペソを返却しなければければならないという私の事情と、私の階級保持のために、私は利子と元金の総額を十分に支払ったことをここで明確にしたい。……以上の理由で、私はこの所有権をカブレラ学士に移譲するものである。

ほかにも、実態をよく知らずに庇護者の小さな親切だと勘違いして贈答品を受け取っていた被扶養者たちがいた。先の学士の、知らぬ間に替え玉にされていた者が次のように証言していた。

あの著名な学士がスーツを買うためだといって五〇ペソを俺にくれたのさ。俺がすっかり忘れてた俺の放牧地の現場を俺に指摘して、ヤツが書いたその土地の要望書を出してきて、譲ってくれというのさぁ。まぁ、その経費を払ってくれるというし、俺は以前からヤツの世話になっていたから、俺は証書をヤツに譲ることにしたのさ……。

ほかにもこうした被分譲者が大勢いた。所有権証書の多くは四年間、売ることも移譲することも禁止されていた。ところが、先の学士は被分譲者と約束済みで、証書発行後数日、数か月後には彼に移譲されることになっていた。ベラクルスから先の副司祭が出国する前に、彼はなんと二三エスタンシア（四八七平方キロメートル）の牛の放牧地、一三カバジェリア（五・六平方キロメートル）の耕作地、そして水車小屋、それから建物の敷地を収集していた。最終的に、彼はすでに大牛飼育業者だった彼の兄弟にそれを相続している。こうしてスペイン人貧困者へ分譲された土地も、大土地所有者に集約されていた。

大土地所有者へのし上がる

スペイン人町プエブラの場合

人口密度の低い地方の森林や牧草地では、少数の大土地所有者への所有権証書の集中を厳格に取りしまることはきわめて困難で、いい換えればそこでは、牛飼育業者が自分の牛の頭数に合わせて放牧地を入手することに、何の抵抗も困難もなかったことを意味していた。しかし、新しい町が創設され、それにともないスペイン人がおおぜい定住した地域では、土地の需要が高くなり、地価が上がった。それが今日のメキシコ第三の都市プエブラ市である。

第二次高等司法行政院の初期対策に従って一五三二年までにわずか数十人によって立ち上げられたスペイン人町プエブラ周辺では、分譲は急激に増えていた。分譲を受けたそうした人間の中に、裕福なエンコメンデーロで、コルテスの信頼の篤い部下であった有名な征服者の甥ディエゴ・デ・オルダーズやアントニオ・デ・アルマゲールがいた。ほかにもアロンソ・マルティン・パルティドールという、根っから謙虚なスペイン人もいた。その後者のパルティドールは、プエブラ市で土地分譲業務に就いていた人物で、高等司法行政院によるエンコメンデーロを対象にした厳しい譲渡対策がまもなくとられることを事前に知る立場の人物だった。はたして彼と親しい人間は、あわてて土地譲渡申請を出したのだという。今日でいうところの、インサイダー取引である。

そのプエブラ市の議員オルダーズはたぶん、すでに所有している広大な土地に、さらに多くの土地を加えるより確実な方法は、隣人の畑を併合することだと知っていた。後にくわしくふれることになるアトリスコ盆地だけで、一五四七年までに彼は、二六カバジェリア（約一一平方キロメートル）の耕作地とその地区周辺の土地をかき集めていた。その土地は一五三六年以来、アトリスコ地方の役人がプエブラに定住したスペイン人一三人に分譲していたものだった。被分譲者のある者は、不買条項に公然と違反し、その所有権証書のインクが乾く前にオルダーズにその所有権を譲り渡していた。そのオルダーズは

グラジオラスの出荷風景。ポポカテペトル山のふもとに広がるアトリスコ盆地は、穀物のほか、花卉を周辺の都市に供給している。

取得土地財産の正式な境界線を画定するために、測量をし、草を刈り、石を取り除いて古い法律の正式な手続きに従って、所有権を手にしていた。

プエブラ市の近隣に住む小農家に対する先のような土地収集家たちの挑発行為は、自治体の役人に大きな衝撃を与えていた。プエブラ市の主任保安官は、前述の大エンコメンデーロ、ディエゴ・オルダース、ペドロ・デ・メネセス、そしてアントニオ・デ・アルマゲールが、市民に果樹や小麦のために分譲された細切れの土地をかき集め、そこで収益率の高いサトウキビを栽培し、製糖工場を立ち上げる計画だと批難していた。そして彼は次のように怒りをあらわにしていた。

この国と西インド諸島から小麦粉を奪い取ろうとするものだ。寡黙な粉ひきとパン屋の仕事に混乱を招き、森を荒廃させ、完璧だった地域の人口減少を誘発させることになる。

プエブラ市で土地分譲業務に就いていた先のアロンソ・マルティン・パルティドールは、かなりの大金を投入して手にした土地を開墾して耕作地にしていた。

彼は耕作地と果樹園からなる多くの土地を持っていた。それらは市が彼に分譲したもの、あるいは彼がいうには、個人から買い求めた土地だった。それは土地としてはかなり大きなまとまった土地だった。彼は土地を先住民から横領し、不正な所有権取得と権利のない証書とで土地を占領していた。というのも、その本来の持ち主はそれをパルティドールに売ることができる状態でなく、正式な所有権を得るのに十分な年月がたっていなかったのだ。パルティドールは権利を所有することなしに彼自身の金の力で、その土地を占領していた。

スペイン人町プエブラ市が土地ブローカー活動の最初の例を提供しているのだが、彼らは家畜のための土地だけでなく、市民の糊口を支える肥沃で消費地に近い耕作可能な土地に手を伸ばしていた。

肥沃なバイーオ地帯の場合

こうした現象は、ケレタロ州とグアナファト州にまたがるバイーオ地区の小さな町に取って代わられていた。その最初の兆候は一六世紀末にみられていた。有名なのは今日のセラヤ市あたりで、サン・ルイス・ポトシやグアナファトの数人の鉱山主がすでにその土地に触手を伸ばしていた。前述したアカムバロのエンコメンデーロ、ペレス・デ・ボカネグラの息子、ルイス・ポンセ・デ・レオンは、そこに定住している者よりも多くの、そして不正と思われる権利書をたくさん持っていた。今日のレオン市周辺でのことである。いっぽう、少数の善良な農業者が大きな放牧地を立ち上げていたサラマンカ市では、灌漑施設建設資金のために、その地域に住んでいないスペイン人三〇人に所有権証書が売却されていた。もちろんそれは不正行為で、その買人はメキシコ市やほかの地域の大土地所有者と資本家だった。

一五八五年に、グアダラハラ高等司法行政院の裁判官は国王に対して次のような手紙を書いている。

エスタンシア（放牧地）の所有者は、分譲や買い取りで、広大な土地の隅から隅まで取得しようと躍起になっています。ある牧畜業者は、さらにその背後にある三〇〇〇平方キロメートルを超えるエスタンシアを所有し、徐々に家畜を殖やしてきています。そのためにほかの入植者は一片の土地さえも見つけることができずに、耐えがたい不便とその悪用に悩まされています。占領されている土地のほとんどは暴力によって所有したもので、すべてに不正がはびこっています。

ハリスコ州アメカ地方の場合

ハリスコ州グアダラハラ市西部にあるアメカ盆地は、広さにして五〇〇平方キロメートルを優に超える広い盆地だが、一五四〇年から一六五六年の間に、三三の分譲地としてほぼ完璧に分けられていた。そこは、その地区の行政官やグアダラハラ高等司法行政院、後には副王によって分譲されていて、その被分譲者たちは、その土地に最初に分け入った征服者とその相続人である四人の子どもたち、そしてそこに住み着いたスペイン人数人だった。

ルイス・デ・アウマダという男は一五六一年から一六一二年の間に、六カバジェリア（二・六平方キロメートル）の耕作地のほか、牧草地の分譲を受けていた。その地方は肥沃な土地で、水利にも恵まれていたのだが、伝染病によってアメカの先住民村が衰退し、先住民は離散していた。結果、労働者不足が八農家のうちの五農家の経営を危うくし、「自分たちの耕作地と財産を捨ててどこかに行ってしまった」といって、アウマダという男は、その残された土地を買ってあげたのだと主張していたが、彼は小規模な土地を謀りごとによって手にすることにかけてはそつのない男だったそうだ。

ペドロ・ガベソンという男の、先のアウマダからの拾得物の一つは、自身の放牧地の中心、そしてアシエンダ・ガベソンの核となる一エスタンシア（一七・五平方キロメートル）の放牧地だった。それは今日、彼の名前が冠された一つの村になっている。彼の子孫はその仕事を受け継いだ。そして、その盆地の中にある二つの先住民の小集落、ハヤミトラとサンタ・マリアを買いとっていた。後者は放棄された集落だった。

一六五八年までに、先のルイス・デ・アウマダの三人の孫が（そのうちの一人が後に彼と同じ名前を継いだ）約三七エスタンシア（六四八平方キロメートル）の放牧地、羊用に一〇か所、そして四三カバジェリア（一八・五平方キロメートル）の耕作地の相続手続きを済ませていた。その規模は、大きなアメカ盆地のほとんどを席巻していて、ほかの財産持ちが完璧に駆逐されていた。巨大なカベソンの所有地はいかなる家族も、個人も太刀打ちができなかった。

ヘロニモ・ロペスはベルナール・ディアスの『メキシコ征服記』によれば、征服戦争末期、フランシスコ会のペドロ・メルガレホ神父と一緒に一艘の船でメキシコに着いた人物で、教皇の勅書の数々を携えてきた代理人だった。横道にそれるが、先の修道士ペドロ・メルガレホは、征服戦争中のコルテスの兵士たちが、人を殺め、犯してきた罪に対する神の赦しを彼を通して請うたことで、半年もたたないうちに大金の謝礼を手にして、満足げにスペインに帰国したのだそうだ。

話を本筋に戻そう。いっぽう、先のヘロニモ・ロペスは俸給の代わりにエンコミエンダを与えられ、ごく普通の目立たないエンコメンデーロとしてこの地で暮らし始めた。教皇の代理人となるくらいだから、相当な教養を身につけた人物だったようだが、彼はメキシコ市の議員となって、この国でもっとも早い時期に牧畜業者となっている。彼の残した手紙には、牛の価格の下落についての不満、先住民労働者の怠慢、自分に与えられたエンコミエンダの小さいことへの不満、そして自分のような農業者への配慮不足という不満の言葉が満載されているのだそうだ。

その息子は、父親が手にした地位を利用して議員職、事業、そして学識を受け継いでいた。彼は小麦生産と牛飼育を積極的に促進した人物で、メキシコ市のパン価格の安定化と肉取引の評定を司り、市の穀物組合の重要な相談員だった。そして彼はたくさんの土地分譲を受け、とくに多くの放牧地を買うとで、あっという間にファミリーの好運を引き寄せていた。こうしてヘロニモ・ロペスの息子は副王領中でもっとも偉大な土地所有者の一人になっていた。後に彼は副王ファルセス侯爵の姪を第二夫人として手に入れたのだそうだ。それにしても、侯爵家の姪の第二夫人という立場をどのように解釈すればいいのだろうか。

一五八六年、彼は最初の限嗣相続を設置するための承認を受けている。だが、その土地の価値はたちまち上がり、彼は一六〇八年に三つ目の限嗣相続を設定していた。その三代目のガブリエル・ロペス・デ・ペラルタはタリモロ（グアナファト州南部）の約四〇エスタンシア（七〇〇平方キロメートル）の放牧地、アカムバロ地域の、一〇万頭の牛と五〇〇頭のカウボーイ用の馬、二〇〇頭の耕作用の牛、そのほかに三万頭の羊とそれ用の放牧地を受け取っていた。そのすべての相続分は、二九万四〇〇〇ペソと査定され、一年に二万四九〇〇ペソの収入を生み出していた。右記のように、二代目と三代目の相続人は、とてつもない大きな土地財産と家畜を中心に相続されていた。ロペス家はその一世紀後、爵位を授かっている。

多くの征服者の子孫たちは、首の回らない状態にありながらも、金持ちの娘と結婚したいと欲していた。というのも、そうした人間は小貴族を気取って商売人を軽蔑しておきながら、彼らは時代とともに国王の温情にすがることが難しくなり、換金目的の分譲地を手にすることができなくなっていたからでである。それでもプライドだけは手放していなかった。

お金と特権は商人と鉱山主の懐に流れていく傾向にあったが、鉱山主の繁栄は一六一〇年ごろを境に下落していた。そんななか、好運の車輪はほかのどこよりもメキシコ市でより急速に回転していた。一六世紀末、メキシコでもっとも裕福な男は、アロンソ・デ・ビジャセカとみられていた。彼はまさに鉱山主で貿易商だったが、この植民地でいちばんの土地持ちになっていた。スペインはトレド州の小村生まれで、小貴族のこの御曹司は、メキシコ植民地に遅れて着いた人物だった。だがその遅れが彼をとてつもない幸運に導くのに何の障害となることはなかった。彼の年収は一五万ペソになると見積もられた。その内訳は鉱山と土地と膨大な家畜群のための放牧地、そして農地、それらはメキシコ市北部周辺をはるかに越えて散らばっていたものだった。イダルゴ州はパチューカ、イスミキルパン、メスティトラン、メキシコ州はヒロテペック、メキシコ湾岸ウアステカ地方、そしてサカテカス州。彼は目の飛び出るような一〇〇万ペソという高額の相続権を一人娘に設定していた。彼女は初代副王アントニオ・デ・メンドーサの家令長だったアグスティン・ゲレーロと結婚した。だがその好運は一七世紀の途中までだった。

ヌエバ・ガリシア高等司法行政院のお偉方の不正蓄財

メキシコ市から四〇〇キロメートルほど離れたヌエバ・ガリシア管区（巻頭の地図参照）を統率するグアダラハラ高等司法行政院の公務員の不正の話を、メキシコ先住民のためにも無視し、放置するわけにはいかない。中央の監視の届かないこの地区でも、スキャンダラスな公務員たちの話が満載だった。

一五七五年ごろ、ヌエバ・ガリシア高等司法行政院のアラルコン博士は、当初、そこでは影響力はわずかで、控えめな商取引であったにちがいないが、牛肉とキャンドル用獣脂を生産するために、カウボーイを雇っていた。グアダラハラ司教区の参事会は、先の博士が自分の管内で彼のカウボーイが犯罪を起こしているにもかかわらず、それを見て見ぬ振りをしていることに憤りをもって監察していた。その世紀末には、右記の事例はより重要な関心事となり、先の参事会は、一五九二年に訴えを起こしていた。

その高等司法行政院の古参の委員ペドロ・デ・アルタミラノ学士は、自分の家族や義理の家族に定住を促し、依怙贔屓して擁護したことが表面沙汰になった。彼はかなりの高収入となるサカテカス北部の鉱山町ソンブレレテの市長の椅子を、彼の妻の叔父ペドロ・ロペス・デ・オリベレスに与えていた。さらにオリベレスは、そこで他人名義で一〇エスタンシア（一七五平方キロメートル）の放牧地を申請していたのだった。アルタミラノ学士によって管理されている高等司法行政院は当然、問題もなく彼にそれを分譲していた。その後、先の放牧地はヌエバ・ビスカヤ（巻頭地図参照）の行政官に高値で売られていた。

依怙贔屓のもっとも悪名高い例は疑いなく、サンティアゴ・デ・ベラ院長の事例だ。「参事会法」の偉大な権威であるその博士は、ヌエバ・ガリシア高等司法行政院の院長職に就く前に、すでにインディアスで名誉あるすばらしい経歴を持っていた。彼はイスパニョーラ島サント・ドミンゴで裁判官、メキシコ市で刑事裁判長官、そしてフィリピンでは裁判所の所長を務めていた。彼は一六世紀末にグアダラハラ市に着任している。一六〇二年の主任警察官の報告によれば、「ヌエバ・ガリシア管区の首都（グアダラハラ）はそのとき、わずかに一六〇人のスペイン人入植者を数えるだけだった。そのうちの四〇人が裁判所で仕事をしていたというから驚きである。しかもその四〇人のほとんどは極貧者たちであった。さらに驚いたことにこの小さな哀れな市のその高等司法行政院、教区、大聖堂管区、市庁舎、あるいは王室金庫、会計局に、院長は義理の家族を含めて二七人のファミリー、彼自身や九人の息子、加えて甥たち、義理の息子、あるいは孫、従兄弟のいとこに職を与えていた。息子と義理の息子、そして甥たちがもし十分な年齢に達していて家庭を持っていたら、相手は間違いなく彼のファミリーとなった。彼らは同じ屋根の下、一つの建物の中で暮らし、食事も同じ食卓を囲んでとっていた」。

先の院長のファミリーメンバーは徐々に、その地域で可能な収入源を探していた。院長は資本として約二〇万ペソを投資し、彼らは牛とロバの取引で、五年もたたないうちに三〇万ペソもの蓄財をしていた。その仕事で本格的に活躍した人物は、ベラ博士の義理の息子フェルナンド・アルタミラノだった。彼は本物のプロモーターだった。その彼は南東に一〇キロメートルほど離れたトナラ村の行政官の職に就いていて、その近くで約一万頭の肥育用の子牛を飼っていた。彼は信用のおける人間を配置して、メキシコ市とグアダラハラ市で取引関係を保持し、それで一五パーセントの手数料を手に入れていたほか、当時、貨幣不足が原因で北部の鉱山主は彼から借金をしていて、その結果、鉱山主は、彼に純金で利子を支払っていた。ほかにも彼は、大鉱山に労役用の牛とロバを売っていた。そうしたものすべてをひっくるめて、彼の年収は一〇万ペソを超えているといわれていた。

甥ガスパール・デ・ベラは先のフェルナンドと同じ道に進んだ。サカテカス南部フチピラに土地の分譲を受けて、彼はそこに精糖工場を設立した。その後すぐのこと、市長に指名されたことで、彼は強制労働者（囚人）とレパルティミエント（労働力分配制度）で、必要となる先住民労働者を容易に手に入れることができたのだという。その後彼は、その精糖工場を一万二〇〇〇ペソで売却していた。

巡察官ガスパール・デ・ラ・フエンテ学士は、その旅の間に、国王に次のような書簡を送っている。

ヌエバ・ガリシア管区のこの領域では、裁判官は、閣下の意図する閣下の家臣の全般的な繁栄のためではなく、わずかな個人の利益のために存在しているように考えられます。裁判官のほとんどは不毛の地帯にまったく不要で、そこには先住民の村がありますが、彼らは慎ましやかに暮らしていて存在は小さく、不幸な先住民が所有する小さな空間があるだけで、彼らが我々を煩わすような事件を起こすことはめったにありません。インディオに関するほとんどの事例は、スペイン人によって、自分たちの議員によって犯される事件のほうが多く起きているとみるべきでしょう。

サンティアゴ・デ・ベラ院長の死の三、四年後、ヌエバ・ガリシア管区の管理は彼の甥ガスパール・デ・ベラの手に渡った。彼は、市長としての任期中に職権乱用と違法取引で有罪を宣告されていた。もはや、擁護者がいなくなった者たちは、その土地から退去せざるをえなかった。それでも残った者たちのほとんどは、ポケットの中身を膨らませるためだけにそこで生き延びていた。

たとえば、ディエゴ・デ・ポーレスという男は、スペインのサンタンデールの山岳地帯からメキシコに渡り、新貴族になるためにほかの者がしたように金儲けに必死になっていた。結果、彼は一六〇八年から一九年の間に大きな相続設定をするまでになっていた。彼はベラ院長が植民地に来る以前に到着しておかなければならなかった人間だったが、しかし後妻として「院長の従姉妹の一人」カタリーナ・デ・テミーニョを迎えることになった。そして有望なソンブレレテ鉱山の市長職、国庫の会計官、グアダラハラ市の議員に任命されていた。こうした職責は大土地所有者になるために十分すぎる処遇だった。ポーレスのこうした幸運は、彼がロバをサカテカス、サン・ルイス・ポトシ、そしてソンブレレテの鉱山で売り始めるきっかけをつくった。一六〇二年、主任警察官へロニモ伯爵は、「ポーレスはソンブレレテで公務を取っている間に、ロバの取引で約四万ペソを稼いでいた」と断言していた。彼はたぶんその伯爵の報告の後にも商売の分量を増やしていたようで、一六一一年の報告によれば、全王国内でも有数の金萬家の一人となっていた。銀で装飾された家を持ち、豪華な調度、大量の銀の食器、そして宝石、ベッドにタピスリー、絹のカーテン、肖像画、いくつもの武器に、そして毛並みのいい馬を所有していた。嫉妬深いある証言者は神に宣誓した後で、ポーレスの所有している物は三六万ペソを優に超える価値があると、はしたなくも罵りの声を上げていた。「グアダラハラに家と数店舗を持ち、そして肥沃な土地、特別に小麦のアシエンダに近い土地に、三〇エスタンシア（五二五平方キロメートル）の放牧地を貫通する灌漑用水路が整備されていたんだぜ」。

一六三四年のある鉱山主の報告はもっと詳細である。グアダラハラ高等司法行政院の院長ダミアン・ヘンティル・デ・パラッガ博士は、「グアダラハラのある人物から結婚話を持ちかけられてメキシコ市からやってくる裕福なクリオーリョの男」が高等司法行政院の裁判官の未亡人ドニャ・レオノール・デ・パレハ・イ・リベラと結婚するという話を耳にしていた。先の院長はその国の習慣に従い、友情の印としてその男とチョコレートを一緒に飲むことにした。というのも、行政上の利便を自分のファミリーや部下と分配し合っている仲間と結託し、自分たちの談合話が外に漏れるのを防ぐために、さっそく先の未亡人の結婚相手を仲間に取り込もうとしていたのだ。院長は中央政界に知られたくない秘密をたくさん持っていた。たとえば彼の一六歳の息子。その彼はメキシコ市に住んでいる学生だったにもかかわらず、五つの行政職あるいは公務職に就いていて給料を手にしていた。さらにその息子はグアダラハラ南部にあるラゴというところに、それ以上に利益の上がるアシエンダを一つ持っていた。さらに院長パラッガ博士はその道楽息子の名前で、メキシコ市の商人と家畜の取引をしていた。彼は六〇袋の小麦を背負うことが可能な頭数のラバを所有し、小麦市場に圧力をかけては小麦価格をつり上げていた。

広大な北部地帯での土地分譲

金と権力を求めて北に流れた男たち

数世紀にわたる広い視野からみれば、初期の放牧地は、土地所有者を引きつけるには取るに足らない収入であり、重要でなかったことは容易に推測できる。スペイン人がその重要性、将来性、高い潜在的な価値に気づき、さらにはスペイン人と先住民の混血、メスティーソが新しい人口構成で可能性をもたらし、彼らから搾取が可能だとスペイン人たちが再認識したことが大きな転機となった。司法長官や司教の巡察の記録、グアダラハラ高等司法行政院からの報告、王室官僚と一般市民の手紙、そしてその地方の書き物の中に何度もくり返されるその陳述は、まさに金と権力をもったスペイン人のはっきりとした輪郭をその荒涼とした背景に刻んでいる。その背景とは、サボテンだらけの荒涼とした土地であり、そして輪郭とはもともとは貧しい男、スペイン人入植者たちだった。彼らは好運にして生き延びた征服者と同様に、貧乏くじを引いた鉱山主、そして疥癬の足を引きずった入植者、馬にまたがった流れ者、人間のクズと目されていた牛泥棒たちだった。だが、いい換えれば、彼らはメキシコの植民地社会の視座を大胆にも北部に移動させた尖兵たちだった。

北部地帯では不幸にしてというべきか幸運にしてというべきか、勇敢な指導者や崇高な精神をもった指導者は誰もいなかった。そこにいたのは仕事や公務に無頓着な実業家と、探検が根っから好きな軍人たちだった。そして北の放牧地の所有者は、スペイン人かメスティーソであったが、いつも何かを警戒していて、武器をつかみ取るか、あるいは小さな要塞に逃げ込む用意ができていた者たちだった。当然のことながら不法行為だったが、その要塞にはチチメカ族や追いはぎが鉄の足かせをはめられて繋がれていた。

その問題の領域とはヌエバ・ガリシア管区北のヌエバ・ビスカヤ管区（ドゥランゴ、チワワ州、巻頭の地図参照）のことだが、国王はメキシコ高等司法行政院の出先機関として、ヌエバ・ガリシア管区内の今日のグアダラハラ市に高等司法行政院を一五六〇年に設置している。ところがサカテカス以北の権力を集約するのにはまったく不十分で、この高等司法行政院の小さな法廷は、その世紀末までほとんど中央から孤立した状態にあった。

一七世紀初頭、広大なヌエバ・ガリシア管区（ハリスコ、ナヤリット、サカテカス、アグアスカリエンテス、コリマ、グアナファト州）に、わずかに二六人のエンコメンデーロがいるだけだった。それも先住民の人口のきわめて少ない集落ばかりで、言い換えれば徴収できる租税がほとんど望めない、貧しいエンコメンデーロたちだった。彼らは今日のグアダラハラ市周辺に集中して住んでいた。

ところがそうした貧困は、サカテカス州サカテカス、フレスニージョ、ソンブレレテ、後にサン・ルイス・ポトシ州サン・ルイス・ポトシ、ラモスなどの豊富な埋蔵量の銀鉱山発見という大きな好運に恵まれることになったのだった。こうした経緯でヌエバ・ビスカヤ管区（巻頭の地図参照）、ヌエボ・レオン管区（ヌエボ・レオン州）、ヌエボ・メヒコ管区（現米国テキサス州およびニューメキシコ州）の最初の執政官は裕福な鉱山主と軍人から選出されていた。そのために彼らは、自分の管区内で法となり、自分の都合に合わせて意のままに命令を発していた。いい換えればこうした北部地域では彼らは主権者であり、欲しいままに利便を受け取ることが可能だった。こうしてメキシコ市により近い先述のバイーオの平原を除いて、北部地帯は、一旗揚げることに熱心な人間の集まる広大な領域となっていた。

人徳の探検家フランシスコ・デ・イバーラとヌエバ・ビスカヤの執政官

サカテカス鉱山発見者の一人、ディエゴ・デ・イバーラは若年の甥をもっていたが、その甥が一五五四年に北部地域の探検を引き受けた。叔父の潤沢な資金援助と精神的影響を受けて、甥のフランシスコ・デ・イバーラは、いくつかの鉱山発見で定住地設置に成功していた。一五六二年、国王から示された期限付きで、副王ベラスコは、彼を、サン・ルイス・ポトシ州サン・マルティンとアビーニョの鉱山の背後に広がる土地の「行政官と軍司令官」に指名していた。そこは探検され平定された後に、国王のための税がまったく望めない広大な荒地が存在するだけの場所だった。後に先のフランシスコの統治した領域は、ヌエバ・ビスカヤ管区（ドゥランゴ州、チワワ州）と命名されたが、彼の職務は一五七三年の命令が出されるまで、かなりあいまいで、行政官や軍司令官以上のものではなかった。彼は新兵を募集して軍隊に命令を発する仕事と民事と刑事の裁判官の役割もこなしていた。そして下級役人を指名し、さらには彼の腹心の部下や親戚マルティン・ロペス・デ・イバーラに対して、敷地や放牧地の分譲もしていた。

フランシスコ・デ・イバーラ自身がいうには、入植スペイン人の家の建築のための工具や町と畑や果樹園の灌漑用運河掘削のための道具一式を提供し、牛、羊、山羊、トウモロコシ、小麦、火薬、日用品の大量生産に従事させていた。彼はそのために二〇年間で金二〇万ペソを費やしたと公言して、その事業を終えたのだそうだ。じつはその資金のほとんどは、叔父の銀鉱山からのものだった。

彼の私欲は、その支出に比べて小さく、一五年や二〇年を越える彼のこの地での葛藤に比べてもはるかに小さいものだったそうだ。

ヌエバ・ビスカヤ管区の二代目の執政官、先のフランシスコの叔父でサカテカス鉱山発見者の一人、独立独歩の精神を持つディエゴ・デ・イバーラは、公務員職を手にしたそのわずか後の一五七八年に、自分の娘に大きな相続を設定していた。その相続項目はサカテカス周辺の多くの有望な鉱山で構成されていた。さらに牛一三万頭を所有し、肥沃で巨大なサカテカス州のトルヒージョ（フレスニージョ）とバルパライソ（サカテカス西部）のアシエンダの土地があり、そこには多くの家畜が飼われていた。それらはなんと八四エスタンシア（一四七〇平方キロメートル）に及んでいた。そのイバーラ家の影響力は甚大で、コアウイラ州を立ち上げたときに、彼らの家族の者数名がその州の重職に就いていた。

ヌエバ・ビスカヤ管区の三番目の執政官、ロドリゴ・デ・リオ・デ・ロサ・イ・ゴルデフエラは、先のフランシスコ・デ・イバーラと一緒に北部地域を旅をしていた人物だった。彼はその公務職にある一五八七年から九七年の間には、土地を持つ権利も売る権利もなかったが、すでに分譲を終えていたドゥランゴ近郊ノンブレ・デ・ディオス北の一四エスタンシア（二四五平方キロメートル）の放牧地を総額一万三五〇〇ペソで買い求めていた。ほかにも同じ時期に鉱山住宅やほかの鉱山資産、さらに一〇エスタンシアの放牧地を近隣の町長から買い、その資金を元手にサカテカス州ソンブレレテ近郊のアシエンダを買い求めていた。このアシエンダは大量の家畜を所有し、果樹園、ブドウ畑、灌漑システム、大量の木炭釜付きの四つの銀の溶鉱炉を持っていたほかに、銀鉱山所有税が四〇〇〇ペソと査定されている鉱山を多数所有していた。リオ・デ・ロサは先住民労働者、奴隷、メスティソ、そして下男下女、召使いを、司祭付きの教会を備えた大きな村に定住させ、羽振りのよさで有名な人物だった。彼は豪華な品で満たされた宮殿のような館に住んでいたが、そうした羽振りのよさの裏側で、公務にある者が禁じられていたのに、税務官の目の届かないところで自分の牛、四万二〇〇〇頭分の脱税をしていた。そうした罪を犯しても、ヌエバ・ビスカヤ管区の植民地化に取り組んだことで、国王に対する奉仕の褒賞として、彼は騎士の称号を授けられたのだという。

次に一六〇三年から一二年か一五年にかけて執政官だったフランシスコ・デ・ウルディィニョーラは、バスク地方の小貴族で、若くして恐ろしいチチメカ族相手に要塞を防衛する兵士になるために、メキシコの北部地帯に移った人物だった。彼は一五八二年ごろ、サカテカス州東部マサピルの要塞司令官に任命されて、そこで銀鉱山を手に入れていた。

ウルディィニョーラの大きな好運は、農業と放牧地との組み合わせによるものだった。彼は土地入手に情熱を注いでいて、執政官時代に不法にもコアウイラ州サルティージョ（ヌエバ・レオン州モンテレイ近郊）とリオ・グランデ（アメリカ国境）近くに五つか六つの数百平方キロメートルを超える巨大なアシエンダを創設していた。たとえば、一六〇七年、彼は土地財産をサルティージョの住民から買っていたが、その土地はある住民がその年に分譲を受けたばかりの土地で、たぶんその人物は実在しない人物の可能性があり、所有権証書に使われている表現から、自分自身に対して分譲したとみられているのだそうだ。

このウルディィニョーラもそうだが、成功への人生ゲームの過程で十分な土地分譲の証書を取得すると、執政官たちは一つのアシエンダからほかのアシエンダへと移動していった。それらはもちろん家族、親戚、友人、そして部下の一団を引き連れてのことで、ほとんど例外なく、スペインの同郷の者たちだった。ある証言者は、そうしたアシエンダは「信仰の父」アブラハムの預言者の家のように、つねに旅行者で溢れていたと語っていた。この騎士のもてなしの精神は、その時代の多くの托鉢派の僧侶、兵士、旅行者、そして貧乏な人々から、大いなる賞賛の言葉を聞き出すことができたのだという。

恥知らずの探検家カルバハル

モンテレイ市のあるヌエボ・レオン州、そして現在は国境をはさんでその北にあるテキサス州のかつてのヌエボ・メヒコ管区では、ルイス・デ・カルバハル・イ・クエバが探検しようとしていた。彼は一五七九年、南にメキシコ湾に流れ下るパヌコ川、北にサカテカス州マサピルにはさまれた広大な地域の探検と植民地化に関する国王との合意文書を手にしていた。その文書には九〇〇キロメートル北にあるフロリダ半島をくわしく探検することも含まれていた。

その条件は、カルバハルがその探検を自分の資金で引き受けること、六〇人の家族持ちの農民を含めて、最低でも一〇〇名の兵士を用意することだった。その対価として、カルバハル・イ・クエバはその地方の行政官の肩書きを与えられることになった。彼は数十人の兵士と一六人の親戚、男、女、そして子どもを組織したという。残念ながら彼の行く先々で有望な鉱山を発見することはできなかった。ところがカルバハルは、探検資金を手に入れるために、今日のアメリカとの国境となっているブラボ川を何度か探検した折に、一〇〇〇人もの先住民奴隷を連れ帰っていたのだそうだ。彼は先住民に言いがかりをつけて戦争を誘発し、戦争犯罪人として逮捕するという、かつてコルテスが征服戦争で用いた手口を踏襲していた。先の奴隷はメキシコ市の奴隷市場で家畜のように売られたのだという。「彼の探検はあたかもウサギかシカを狩りに出かけるようだった」。副王ビジャ・マンリケが自身の後継者にそのように知らせるときまで、それが続いていたそうだ。

はったり男、ロマス

ヌエボ・メヒコ（現在の米国テキサス州）の植民地化計画は、一五八一年から八三年にかけてのものが四度目のものだった。それまでの二〇年間、有望な候補者が多数、その選考のために国王の前に出頭していた。そのなかでももっとも興味深い申請は一五八九年のもので、サカテカス以北の有力な鉱山主でサカテカス州ニエベスというところの土地所有者フアン・バウティスタ・デ・ロマス・イ・コルメナレスによるものだった。彼は、一五七三年に発布された探検に関する法令に準じて、自分やファミリーに都合のよい条件を提示して、相続権のある前線基地司令官の肩書きを望んでいた。先の法令に適用される特権と合わせて、六人の相続人のために相続権のある行政官職、軍司令官職、加えて三つのエンコミエンダの永久分配、永代の四万人の臣下、畑付きの、牧草地付きの、森林付きの、そして土地付きの、そして水利権付きの六代までの土地の権利、租税の徴収権、会計官の地位、侯爵の爵位、民事と刑事事件の裁判権、自身で選択した四八六平方キロメートルの土地を指定していた。それはまるであの知れたコルテス閣下のようだった。

この物語の中でびっくり仰天のエピソードは、副王ビジャ・マンリケが一五八九年の三月一一日に先の申請書を受け取ったことだった。植民地計画申請者は彼らが単に大土地所有者に成り上がるだけでなく、一つの領地で、最高の地位に上り詰めることでもあった。この前代未聞の申請は、金持ちであるがゆえに先のような契約を結ぶ夢をみることができたことを示していた。そしてそれらを躊躇することなく受け取った副王が、その申請が国王によって受理されると真剣に思っていたのだとしたら、メキシコ植民地に生きるスペイン人たちが特異な精神の持ち主だったのではと思いたくなるような事態だった。彼らはまさに夢の中に生きていたのだ。

ロマスからの申請書を受け取ってはみたものの、一五八六年の勅書は植民地化計画の申請者決定を自分のような副王に許していないかもしれないと副王ビジャ・マンリケが悩み疑問に思っていたために、フアン・バウティスタ・デ・ロマスの申請は宙に浮いたままになっていた。そのために国王への報告が遅れることになったのだという。その手紙が五年後にスペインに着いたときに、その答えは、当然「ノー」だった。

❖

これまで入植スペイン人の土地所有の顛末をみてきた。植民地化を推し進めるために、国王の名の下に行われた土地の分譲は、征服後の混乱を経て、入植者の不正を排除することができないまま進められたことがわかった。各高等司法行政院の職員による自身や身内への分譲、そしてその転売で、土地が集約されて大土地所有者を生み出していた。さらに、スペイン本国の財政困難が理由の公務職の販売は、ふたたびメキシコ植民地を腐敗のスパイラルに引き込んでいた。残念ながらこの土地分譲の劇場には、「インディオ」と呼ばれたメキシコ先住民がまったくといっていいほど登場していない。

これまでにメキシコ市西部のチャプルテペック公園の中にあるメキシコ人類学博物館のアステカ帝国時代のブースを私は機会あるごとに何度も訪ねているが、石器文明とはいえ、メキシコ先住民の文明の豊かさにいつもながら感心し驚かされる。スペイン人征服者が彼らの文明を全否定して、破壊し、地中深く隠蔽した理由は、本当は高度に発展をみた彼らの文明に引け目を感じ、何かしらの脅威を感じてのことではなかったかと思えてくる。メキシコ先住民に土地の分譲を許さなかったこと、プレヒスパニック時代の貴族やカシーケを除いて公務員職に就くことを許さなかったこと、家畜を持つことを許さなかったこと、スペイン人風の衣装を身につけることを許さなかったこと、もちろん武器の所持を許さなかったことは、敗者メキシコ先住民がいつの日かその力量を発揮し、少数のスペイン人の前に立ちはだかり、反旗を翻して自分たちを支配することを怖れて、過剰に反応した結果だったのではないかとさえ思えてくる。

こうして「インディオ」と呼ばれたメキシコ先住民は、あたかもメキシコの灼熱の太陽がつくり出すくっきりとした影であるかのように、スペイン人の軍靴で踏みつけにされ続けていたのである。

第三章　メキシコの裁判制度の顛末

第二章ではメキシコ先住民不在のスペイン人入植者による土地争奪戦をみてきた。先住民はスペイン人への納税要員となり、単なる労働力におとしめられて、植民地統治の裏舞台で沈黙を強いられ、影を生き抜くことを強要されていた。

メキシコ植民地の中でスペイン人に対してようやく先住民が声を上げる勇気を得たのは、征服からほぼ一世紀がたってからのことだった。彼らはその間、きわめて不利な裁判環境におかれていた。これがまた、先住民を貧困から救い出せない大きな原因となっていた。

メキシコの裁判

メキシコの人口調査の研究をした先述のアメリカ人ウッドロー・ボラー博士の著書『ヌエバ・エスパーニャのインディオ関係法廷』に示されているメキシコの古文書研究をみれば、先住民の裁判記録で残されているのは一六〇三年に着任した副王ルイス・デ・ベラスコ二世によってメキシコに設置された「インディオ関係法廷」以降のものしかないという。それまでももちろん裁判は行われていたが、先住民間の争い、民事訴訟、あるいは刑事事件では、地方集落の先住民の裁判官、つまりカシーケ（酋長）が慣例にもとづいて口頭で判決を言い渡していた。そのために記録を残すこともなかったし、記録を残して判例とする習慣もまたなかった。いっぽうで征服後、先住民がスペイン人相手に訴訟を起こすことが可能だったにもかかわらず、ヨーロッパ式裁判の無知によって約一世紀にわたり先住民を尻込みさせるような環境にあった。そのためにその時期、メキシコ先住民がどんな問題を抱えていたのかは、想像に頼る以外にないのが現状だという。

裁判記録不在とメキシコ植民地の右記のような環境のその一世紀の間に、スペイン人が先住民集落内や周辺部に定住し始め、先述したがスペイン人社会、先住民社会という「二つの社会」の統治政策に破綻がみえてくると、メキシコ先住民の身辺で起きる事件の訴訟相手は同じ先住民どうしや先住民の自治体間の争いにとどまらなくなっていた。先住民と入植スペイン人の接触の機会が増えたことによって、両者間の問題が顕在化し、それによる訴訟が格段に増えていった。

征服後まもなく、コルテス総督時代の数年間の混乱と著しい人口減少の災厄をあてがわれた後、一五三二年の第二次高等司法行政院設立とともに始まった先住民への裁判法廷開放は、土地分譲に関する議論を可能にし、すべての個人や集落の先住民指導者が、スペイン人に抗議するために告訴し、あるいは判決命令に対して上告を通して拒否することも可能となった。それに対して征服兵士から成り上がったエンコメンデーロ、収税領主たちは、自分たちに不都合な制度に金の力を行使して猛烈に圧力をかけた。というのも、エンコメンデーロたちは奴隷状態におかれていた先住民によるしっぺ返しを極端に恐れていたし、スペイン人裁判官と公務員たちもこれまでの職務怠慢や不正行為に対する先住民からの訴えを懸念していたからだった。

先住民擁護派、裁判官ソリタ

メキシコ植民地で、スペイン人たちの地位や肩書きと土地分譲の問題が、一連の論争を巻き起こしていたことは先の章でみてきた。後述することになる先住民への裁判法廷開放、すなわち「インディオ関係法廷」の設置後、エンコメンデーロたちはそうした裁判でも自分たちにかなり穏便に判決が下されるだろうと楽観していた。ところが実際には先住民がどんな上層階級相手にも頑強に争うことを知って驚いていた。

『ヌエバ・エスパニャ報告書』(小池佑二訳、岩波書店、一九八二)の著者アロンソ・デ・ソリタ(一五一一?〜一五八五?)は一六世紀半ばの高等司法行政院の裁判官だったが、「インディヘナの訴訟」という文章の中で次のような言葉を我々に残していると、先のウッドロー・ボラー博士がその著書で紹介している。

村人を遠隔地にある鉱山に労働者として送るように求められたが、それを拒否したことで鉱山主が自分(村人)たちの〈保護者である〉領主相手に訴訟を起こしたために、ついに領主は逮捕されてしまった。そのことを知った村人は、自分たちの領主を監獄から取り戻すために暴動を起こした。そして、ここから全ヌエバ・エスパーニャのインディオがほかのインディオを相手に、村のカシーケ(酋長)とその部下はほかの村相手に、そして属村が主村相手に訴訟を起こした。希望を抱くことも、欲することも、試みることも、訴訟に関する知識も、高等司法行政院に行くことも何も知らなかったインディオたちは、法廷に行ったり来たりをくり返したために、その道行中に〈訴訟相手のスペイン人の刺客によって〉大量の死者を出したり、さらにはその訴訟で大きな訴訟経費を生じさせてしまっていた。彼らは自分の生活費に比べても法外な訴訟手数料を稼ぎ出すこともままならない貧乏人たちだった。告訴は彼らに有利に働くどころか、高等司法行政院は訴訟費用で彼らを食い尽くすことになるところだった。

このことで全植民地の地方集落で、きわめて大きな混乱、騒乱が生じていた。貧困を強いられ、破壊を強いられ、領主、カシーケ、貴族や平民が死に追いやられた。概して、すべては大きな衰退に向かっていた。さらに、一時的であるにせよヌエバ・エスパーニャでは〈スペイン人〉征服者たちは、平民たちが自分たちの領主やカシーケに対する畏敬の念を消失させて対立を煽り、そして常としていたよき指導者であるために必要だった敬意や信頼を失わせようとしていた。というのも、平民は領主やカシーケの子どものような存在であったからで、〈スペイン人〉征服者の間で虎視眈々と計画されていた指導者を〈逮捕で〉失うことの恐怖、あるいは指導者の不名誉が、全平民たちの良心や道徳を奪い取っていたからだ。インディオたちは畏敬の人、尊敬する人の奴隷でありたいと欲していた。というのも、彼らには果たさなければならない義理や人情という通底する感情があったからだ。そのためにも、平民たちは、自分たちの領主とカシーケたちをまさに必要としていたのだ。このことは、ほかでもなく先住民を真に理解するために必要なことである。

続けてソリタは、高等司法行政院の裁判官としての経験を述べている。

裁判を通して多くの事件を扱う中で、もし、このような先住民に対する無理解や誤解の余地がなければ、スペイン人がインディオを破壊するようなこともなかったし、多くの人間を死なせることはなかった。インディオ一人ひとりの本当の望みを知って理解し、彼らに寄り添う領主、カシーケに彼らを託すことができたら、彼らの中に失望をもたらすこともなかったはずだ。容疑者を聴取もせずに罰を科し、キリストの教義に反して多くの屈辱的な行為を行った。虚偽の訴訟や請願、反感、憎悪、彼らの帝国と集落機構の破壊、そして、盗むことを教え、扇動するというような大きな悪事、そして最後には、救済不可能なとんでもない混乱を招いた。そしてその時代に閣下が準備していた「新法」の規定によって守られていたならば、前記のすべての悪事を阻止することができたのだ。それは、明らかに正当なインディオたちの雇用と習慣を守り、彼らに降りかかった紛争に裁判の機会を与えるという命令、それと同時に無駄な時間をかけずにまともな裁判形式が保たれ、最終的に誤謬のない判決が言い渡されるようにという命令が守られていたらというものだ。それにしても学識も熱意もなく、先住民を支援する気持ちや愛情など微塵もない代理人や弁護士に職を与えなければならなかったことはすこぶる残念だ。後にわかったことだが、すべては、弁護士が先住民を混乱や紛糾に巻き込まないように簡単に捜査できる事例であった。

植民地の民事裁判

植民地の民事裁判のほとんどは、スペイン人と先住民間のもめごとだった。その訴訟は、村内に定住したスペイン人相手にカシーケ(酋長)と集落によって起こされたものがほぼ半分を占めていた。規定に従ってスペイン人相手の訴訟は、スペイン人裁判所で結審されなければならなかった。

前章でくわしく書いたが、スペイン人は土地を国王からの分譲で、未使用地、まだ登記されていない土地へ定住してその所有権を授かる方法、替え玉を使って土地を取得する方法、そして不法な土地登記や買い取りの方法、そしてスペインの登記制度を知らない先住民から土地を横領する方法で自分の望む土地を自分のものにしていた。

土地財産所有による紛争に加えて、スペイン人の農業事業で、牧畜業者が他人の土地に害を及ぼすという大きな問題を引き起こしていたことは先述した。カスティージャの習慣に従えば、収穫を終え、あるいは刈り取りの終わった畑は、公共の野原とみなされ、そうした畑地での家畜の自由な往来が許されていた。一年に一度、焼印を押し、毛の刈り取りや屠殺をするために家畜が所有者のもとに集められるが、家畜の大方はほとんどいつも無用心な先住民の畑地を自由にぶらつき、巡り歩き、彼らに損害を与えていた。先住民によるスペイン人牧畜業者が原因の損害賠償の支払い請求は、スペイン人裁判官による裁判形式の一つになっていた。

先住民労働者に対してスペイン人が起こしていた問題は、民事裁判部門で大きな割合を占めている。

一六世紀の数十年間の裁判の多くは、自由人とみなされていた先住民奴隷に関するものだった。実際に奴隷化された先住民の無効判決を求める裁判に加えて、借金という手法で先住民労働者を拘束するヨーロッパ社会の悪意の所行に対するものだった。先住民に借金をするように仕向け、労働という形態で支払いを要求していた。実際、温厚な先住民たちは何の疑いもなく借金を重ね、その等価として自らの労働を提供することから抜け出せないでいた。

とはいうものの、労働関係では双方から裁判が起こされていた。スペイン人からの訴訟は、新しい雇用主相手のもので、借金が残っている先住民を返すように、というものだった。いっぽう先住民の訴訟は、充分に借金を払ってしまった後の労働に対する賃金を支払うようにというもので、こうした訴えは、裁判所の日常となっていた。この対策として王室や副王政府は、貸付金額の限度を設けている。でもその為政者の努力は、植民地での先住民労働者確保の困難が限界に達したことによってつまずくことになる。破廉恥にも地方裁判所の裁判官は、農場、鉱山、織物工場のスペイン人のアシエンダ経営者たちと共謀して、法定限度を超える債務を抱えた先住民をスペイン人に引き渡す裁定を下していた。そして当然のように裁判官に賄賂が手渡されていた。

恐ろしき刑事裁判

先住民に関するスペインの裁判制度の事例で重要なもう一つは、刑法上の犯罪である。植民地で多発した先住民の事件は、先住民に急遽あてがわれたなじみのない法律や命令の違反という形で起こっていた。つまり、先住民にとっては従来の慣例に従った行動を、犯罪に仕立て上げられたというものだった。この征服後の先住民の慣例の後退にともなうものに加え、依然として服従に反抗的な部族、メキシコ北部で遊牧生活を営むチチメカ族の戦闘行為を裁判にかけるという問題も一方で起きていた。

一五三一年、ミチョアカン地方の司教に赴任したバスコ・デ・キロガ神父は、「反乱、偶像崇拝、人身供犠、窃盗などはスペインでは傷害あるいは殺人と同様に漕刑囚《そうけい》として罰せられるべきだが、救済可能なこれらの犯罪に対して、罰として鉱山労働で賦役を課し、その後、最終的に救済するべきだ」とし、そしてそのような罰則制度が実行されれば、先住民たちは命を長らえてキリスト教の教義を学び、キリスト教徒として自分の家庭に戻ることが可能になると主張した。

バスコ・デ・キロガはこうした事例では、高等司法行政院から裁判官として委任されていた人物だった。キロガは複雑なスペインの裁判手続きを否定し、貴族階級にある四人の高齢の先住民を召集し、それぞれから、この国の慣習ではどのように対処してきたかの説明を求め、その四人の独自の考えに従っていた。結果、キロガは先住民の裁判官を助言者として雇ったのだという。

キロガの論理は説得力のあるものだった。王室はこのように先住民犯罪者に憐れみを示しつつ、同時にスペイン人入植者が心底必要としている労働力を提供することになるという主張に期待を込めることになった。王室にとって好都合だったのは、牢獄に繋がれた先住民の労働奉仕の権利を転売することで、国庫を潤わせることにつながると考えたからだ。一五三〇年代、王室の承諾を取り付けて、高等司法行政院は一片の鉄を使って焼印をつくり、卒倒しそうな「焼印」政策を採用した。拷問、不具、奉仕の刑を言い渡されていた者以外の漕刑囚、あるいは死刑囚の服役先住民の類にその「焼印」を当てて、奴隷として労働力を売ることになった。

聖職者であるバスコ・デ・キロガ神父の、犯罪先住民への非道とも思えるこうした主張は、じつは先住民の「人口破壊」という時代背景と関係があった。聖職者たちはスペイン国家戦略として先住民の改宗作業に熱心に取り組んでいたが、犯罪で死刑を宣告されて執行されれば、もし改宗を終えた者であれば国王と誓約を結んでいた修道士たちの改宗実績を目減りさせることになり、反対に未改宗であれば、改宗すべき先住民が減ることにつながると懸念していたからだった。それにしても、聖職者でありながら狂った時代の乱暴な政策提言というほかない。

さて、この「焼印」政策だが、一五四〇年代の「新法」によって先住民の奴隷制を廃止した時点で無効となった。メキシコ高等司法行政院は王室にその「新法」の問題点を提起し、先住民たちに法が厳正に適用されておらず、重大犯罪に強制労働が課せられないのは問題だと指摘した。というのも、鞭や監獄によるカスティージャ法による解決法は、先住民にはほとんど効果がなく、重い刑罰では意味をなさないと訴えたのだった。

ところが「焼印」を用いる労働力提供に関するほかの妙案は見つからなかった。というのも、「焼印」のない犯罪先住民たちは仕事場から簡単に逃亡し、刑罰を逃れ、結局のところ国庫に支払うべき罰金（税金）の持ち逃げとなってしまったからだった。メキシコ高等司法行政院は、明確な犯罪の場合の罰則として奴隷制度の復活を国王に訴えていた。

一五五五年、国王は「新法」に忠実に従って、「どんな先住民に対しても命に替えて奴隷として労働奉仕提供の判決を言い渡すことができない」という規定を改めて設けた。

ところがこの国王の命令が発せられても、植民地メキシコのスペイン人経営者は必要な労働力確保で何の不都合も生じなかった。というのも、裁判官たちは厳しく罰せられるべき先住民犯罪者の転売に手を染め、投獄する前に事前に何の手続きもせずに労働力としてスペイン人に引き渡すという暴挙に及んでいたからだ。先のような経緯で一度スペイン人に引き渡たされた先住民は、後に自身の自由をけっして勝ち取ることができない状態に誘導されていた。

キリスト教を信仰するこの時代のスペイン人入植者たちは、自分たちがメキシコ先住民に対して重大な犯罪を起こしていることに気づかなかったはずはない。それでも自分の懐を温めることだけには熱心に取り組んでいたのだから、なんとも恥知らずなことである。

民事裁判手続きの簡素化

スペイン式の裁判はまさに戦いだった。たとえば、ある裁判の証拠提出では、一方が証人を三〇人許されていたが、相手方もその同数だけ召集する権利を有していた。要求者の陳述、回答者の陳述、証言者と反対者の主張、弁護士の推定、反推定などなどと続き、そのために裁定に数か月、あるいは数年の時を求められることになった。重要案件では、上告が認められ、本国スペインのインディアス諮問会議に持ち込まれることもあり、そのような事例では、ほとんど数年にも及ぶ裁判となった。その手続きは大西洋の遠海路による情報伝達の不便によってさらに遅延を強いられていたのだ。

先住民の民事裁判手続きの簡素化命令は、「新法」や後続の命令書と規約の中にくり返されている。これまでの複雑で厄介な裁判手続きを完全に払拭し、証言者を絞り、一度限りの検察による捜査で作成した資料で代用した。先住民たちはスペイン人の虚偽報告や証言者への賄賂でしこたま迷惑を被っていたのだが、これで先住民の裁判経費軽減に近づいたかにみえた。

ところが、謝礼金、いわゆるチップと経費で生活に必要な収入のほとんど、あるいはその半分を手にしていたスペイン人とメスティーソの書記、訴訟手続人、代理人、弁護士、秘書、その他の裁判関係者たちの反発は必至だった。この謝礼金制度は、メキシコ植民地のスペイン人社会の重要な経済構造を成していたからだった。これまで何度も述べてきたが、一六世紀後半には国王の空っぽの金庫を埋めるために公務職が売買の対象になっていて、スペイン人はそれを入手するために、先住民からいただく謝礼金に大いに期待を寄せていたのだった。じつはこの謝礼金は「お気持ち」とは異なっていて、弁護士や訴訟手続人の申し出によって金額が決まるしくみになっていた。そのために先住民にとって重い負担になっていた謝礼金と職務手当を減らそうとする王室の意図は、実際にはそれとは反対の状況に突き当たってしまったのだった。

裁判業務での先住民の負担軽減のためのこの謝礼金受領制限は、天候不順による不作のために租税免除の訴えにいく貧しき先住民たちの、謝礼金がまったく望めない許可申請を受けとり拒否する訴訟手続人を多数誘発することになった。

ついには一六世紀末、裁判所と行政関係者が裁判資料をそれぞれ手元におきたいという要望に添って、裁判資料二綴りを用意するように求めるのにいたっては、つまりそれで二倍の経費と謝礼金の支払いが必要となったときには、謝礼金に関係する仕事は著しく好転をみせたのだという。「羽ペンを持ちガウンをまとった人間」、つまり司法関係の貪欲な人間たちは、そのことで大いなる資産形成を成し遂げたのだという。

同じころ、副王は先住民支援で忘れていた大切な事項、「困窮者弁護支援制度」の存在に気がついた。スペイン本国では「哀れ人（ミゼラブル）」を無料で支援する、国から俸給を受け取っている弁護士の事務官がいた。植民地メキシコでも、副王はカスティージャ法の下で「困窮者弁護支援制度」を先住民に適用することができることにやっと気がついたのだった。ところがこうした問題解決の進展をみたのは、第二次高等司法行政院が設置されてから六〇年、テノチティトラン崩壊から七〇年の時を費やしてからのことで、悲しきかな、先住民の人口は一三七万人へ下落し、植民地メキシコはすっかり疲弊して、「哀れ人」が息絶え絶え、何とか生きていた時代のことだった。

「メンドーサ・システム」

時代は少々さかのぼる。コルテス総督による不安定な統治後、国王による堅固な支配と確固たる組織という体制づくりは、一五三五年から始まる二人の副王の統治下で行われたことはこれまでも述べてきた。それを立ち上げたのは初代副王アントニオ・デ・メンドーサ（在位一五三五～一五五〇）で、彼は植民地の最高の地位に就任した。副王として、そして高等司法行政院の最高責任者として、副王政府の最高責任者となった。彼には高等司法行政院の中での投票権こそなかったが、問題が司法と行政のどちらに関係するかを判断したのは彼だった。

副王メンドーサは、スペイン人入植者間の民事訴訟と先住民の刑事事件を高等司法行政院の裁判所に任せ、いっぽうで先住民の民事訴訟すべてを副王に移管することにした。彼は簡単な捜査命令を出し、その捜査結果に従って対策を練り、早急に裁定を下そうとしたのだ。副王メンドーサはすべての裁判手続きに目を通して、先住民に関わるあらゆる事件の解決に取り組んでいたが、彼の部下とともに、行政による裁定の事例となる着地点を見つけていた。

これを「メンドーサ・システム」と呼んでいたが、重要点は、副王の諮問委員会によって選ばれた検察官と特別弁護士の雇用にあった。副王はこの検察官と特別弁護士に指示書を持たせて、問題となっている地方に送り出していた。検察官や特別弁護士は、そこでの調査情報を副王に送り、副王は、その捜査情報と判決内容を規定の方式に従って公表していた。前章でみてきたがこの時代、とどまることを知らない領土拡大が継続中で、検察官と特別弁護士の派遣は遠隔地にある地方の情報を吸い上げることにもなり、メキシコ先住民の裁判や統治に関する紛争の問題解決にとって、「メンドーサ・システム」は重要な役割を果たすことになったのだという。

副王メンドーサは退任の折、次期副王ルイス・デ・ベラスコに次のような言葉を残している。

この土地のインディオは、往々にしてその性格から、それほど重くない事件で大げさに嘆き、それを大いに誇張する。他方で、重大な事件に苦しみ、そして黙り込んでしまう。そのことに貴殿はぬかりなくあらねばならない。その微妙なことを理解するために、彼らの言語を知る必要がある。その理由は、そうした理解から多少なりとも誤解しないように捜査することができるからで、余は、常日ごろよりインディオの言葉に耳を傾ける習慣を身につけている。というのも、真実を調査し終えるまでけっして最終判断をしないようにしたいからである。さらに、彼らは何事につけ嘘をつくものだと思っていたが、それでも彼らを罰することはなかった。彼らに判決を言い渡すとき、私に会いに来ることに恐怖を覚えて来るのを拒んだことで、私は約束を破ったとして彼らにより不利な判決を言い渡してしまった苦い経験がある。このように彼らの未熟さゆえに、余が彼らを待って無駄に時間を費やすという迷惑を被ることもある。余は毎週月曜日と木曜日の午前中、命令に従って裁判に集まるすべてのインディオたちの話に、高等司法行政院のナワトル語の通訳を通して耳を傾けなければならない。すぐに処理できそうな事例では、さっそくその準備にとりかかり、そして間違いなく重要な裁判であると思われる事例では、それらを一人の聴聞官に発送する。というのも、不法に監獄の中に押し込められている犯人を解放し、調査、裁定に導くようにするためである。あまり重要でない事例では、集落の長や聖職者、警吏などに報告する。（……）他方で命令書を発行し、当事者と立場を異にして自由な立場で調査するインディオ貴族の裁判官を指名する。もし、法廷で審議中でなければ、いついかなる場所でも、私を訪ねてきたインディオたちの話を聞くことは、ほかの事例を理解するうえで大切である。（……）

もしインディオ裁判官が余の意思に従わず、彼らの慣例に従って判決を下したとして、余はその何かしらの新しい判断基準を無視し、スペイン法に従って再審査するようなことになれば、それは問題だ。このように彼らの裁判に自由が認められていなかったとすれば、忘れられている過去の裁判例を掘り起こし、新しい証拠を掘り起こすために、彼らに自由を与えなければならない。過去の裁判では多くの地図や図面などの資料によって捜査されていたように、それを証拠とした記録を残さなかったことで大きな混乱が生じていた（注：征服時、多くの資料が焚書で焼失している）。それを解決するために捜査記録を残すことだと余は考える。その役割は秘書の仕事である。そして、インディオたちが訴えに来たときに、もし、これが以前に審判されていた事例と同じだとすれば、自由にその以前の判断をみることができるようにする。（……）

余は、国王からインディオ間で裁判を進めさせてはならないという命令を持ってここに来た。そしてそれを守ってきた。他方で、スペイン人たちが持っている先住民に対する無理解、誤解に納得することはできず、それをインディオに対しての大きな罪と信じ、余はそれを許さなかった。こうして裁判でインディオを支援する専属の代理人の重要性を知ることになった。

ほかにも貴殿に余は申し上げたい。インディオは純真でいつもへりくだっている。邪悪な者などなく、彼らの中に尊大さもない。そして、肩書きにこだわることもない。ほかに、放浪癖があり、種まきを好まないという意見とは裏腹に、勤勉である。ほかの国民と一緒で、彼らのために特別な法律をつくる必要などまったく考えられないことである。インディオは他人に対して尊敬を示すが、一時的な利益のために彼らが動くことはない。というのも、こうした利益にほとんど興味がなく、あるとすれば、その人物の精神性、立志、情感、美徳、真実に対してだからである。

アントニオ・デ・メンドーサが副王という高位の立場にありながら、裁判のために副王宮に集まってくる先住民と実際に接触し、彼らの寡黙で誠実な態度を好意的に評価していることに驚かされ、彼の誠実な態度に救いを感じる。

副王と高等司法行政院の対立

スペイン人社会と先住民社会両者の統一した裁判制度が敷かれたメキシコで、裁判所に訴訟を持ち込むことができると先住民たちが知ったことで、訴訟が増加傾向にあった。こうして植民地の最高官僚である副王の監督のもと、先住民保護政策の一つ、「メンドーサ・システム」が実行されていた。ところが副王メンドーサと次期副王ベラスコスが直接裁定した件数は実際には少なかったのに、副王の仲裁という裁判によらない係争解決法や特別裁判官の派遣による裁判回避の方法は、裁判制度への介入だとして、高等司法行政院は国王に異議申し立てをしていた。

これを受けて一五五四年二月に、次期副王ベラスコは国王にメキシコは困難な状況にあるという内容の書簡を送り、「メンドーサ・システム」を継続するように求め、先住民にとって経済的な負担となる裁判の延期や理解不可能な裁判手続きの不満を書き綴り、手続き改革を訴えていた。国王はこれに応えて副王に先住民裁判官を補助する代理裁判官を指名する権利を与えている。

ところが一五六四年のこと、不幸にして副王ベラスコが突然死を遂げた。

当時、先住民の民事裁判がかなりの数に増えていたが、副王不在に乗じて高等司法行政院は訴訟の分担率と訴訟内容の選別を都合のいいように行っていて、司法権の争奪戦は、植民地内の最高統治者間の権力闘争の様相を呈していた。ベラスコの亡き後、先住民の紛争や訴えの大半の裁判権を担当することになった高等司法行政院の一方的な勝利は、法廷内の秘書やライセンスを持った法廷役人と専門職の数的な肥大につながっていった。結果、謝礼金廃止命令の導入が見送られることになった。つまり副王ベラスコスの死後、先住民裁判のヨーロッパ化と裁判手続きの簡素化は、国王の努力が報われず、失敗に終わることになった。一六世紀末、国王はこうした先住民の民事訴訟支援での有効な解決策を見つけ出せずにいる最中、全植民地の先住民の信じがたい人口減少を漏れ聞くことになったのだった。

国庫の植民地支援資金を携えて、次期副王ビジャ・マンリケ（在位一五八五〜一五九〇）はメキシコに到着した。しかしながらこのとき、メキシコはすでに一三七万に先住民人口が落ち込み、このままいくと絶滅するかもしれないというきわめて危うい状況にあった。先述のように、高等司法行政院はかなりの数の裁判官や司法関係者を抱えていて、少ない先住民人口の税金で資金的にその役人の数を支えることは、すでに不可能な状況になっていた。スペイン人の猛襲の前に、メキシコ先住民たちは巨鯨に出くわしたイワシのような有様だった。

ルイス・デ・ベラスコス二世登壇

メキシコ植民地に、先住民の裁判制度にとって画期的で能率的なシステムが、副王ルイス・デ・ベラスコス二世（在位一五九〇〜一五九五年）とともにメキシコにもたらされた。この新副王は第二代副王ルイス・デ・ベラスコスの息子で、父親と一緒に長くメキシコ市に住み、先住民を注意深く観察して植民地のことを熟知している人物だった。健気で精力的な人間ではなかった。また初代副王アントニオ・デ・メンドーサの持つ才覚もなかったし、父親の性格さえも受け継いでいなかった。彼は臨機応変に対応するというのではなく、むしろ、細心な指導者で、国王フェリペ二世の晩年にたまたまステージのど真中を占領することになった、痩せて貧相で用心深い人間だった。ところが彼は国王の意思をくみ取り良心的にてきぱきと実行して、住民に愛情を持って接して、信頼の統治に能力を発揮していたのだという。

副王ベラスコス二世が国王へ送った情報は、国王の正確な植民地情報の把握となった。植民地のスペイン人と先住民との関係を通して、国王は先住民支援が火急であることを知り、改革を阻止している本当の理由を知ることになったのだった。

何度もふれてきたが、植民地の社会的、経済的な問題は、年々進む先住民の人口減少とスペイン人とメスティーソの人口増加との間で起きていた。上層階級を気どるスペイン人たちは、生きる手段として何らかの公務の職を手に入れようとしていた。すでにその時代、副王ベラスコス二世が書いた報告書の中には、「十分な収入を持たないスペイン人の数を支えるだけの余分な公務員の椅子はなく、指名することもなかった」と書かれていた。それに加えて国王の緊縮予算対策として、多くの公務職や指名が廃止に追い込まれていた。

「インディオ関係法廷」

副王ベラスコ二世は一貫して、初代副王アントニオ・デ・メンドーサが指導した「メンドーサ・システム」の裁判を行っていたが、相変わらず高等司法行政院は、司法領域への侵害だとして抵抗を示していた。植民地メキシコで最高位にある二つの統治機構間の対立は、先住民たちへ効果的な司法権行使を数十年間、無益なものにしていた。副王の地位に就いたベラスコ二世は、国王に宛てた一五九〇年の書簡の中でその解決方法を提案し、国庫の資金で先住民裁判支援とインディオ保護官の指名を急ぐように要請していた。

裁判所では一時的にせよ、インディオ保護官はインディオにとって信頼できる人となります。もし、インディオの言葉をよく理解しているインディオ保護官が訴訟準備や証拠証明をしなければ、裁判所はインディオの控訴や請願を受け付けることも困難で、彼らが救済されずに不正に苦しんでいても、訴訟がインディオにとって有益であるというわけにはいかないのです。

次の書簡で、副王ベラスコ二世は、裁判過程、裁判費用、裁判時間が通常の二倍という異常状態を説き、先住民間や先住民とスペイン人間の紛争を、きわめて少ない捜査で、きわめて少ない正式な証明書や写しの資料で、きわめて少ない裁判時間や遅延のない状態で、副王の行政的手続きによって訴訟を解決できるように提案し、ついては、効果的な先住民特別裁判制度を保障するように国王に求め、先住民に関係するすべての民事訴訟の初審での裁判権を、副王に与えてくださるようにと請願していた。

スペイン国王はそれまでの数十年間、先住民の訴訟は、高等司法行政院と副王によって解決されるべしとして、あいまいなかたちで植民地政府に丸投げしていたのだった。

紆余曲折の末、メキシコ先住民たちは自分たちが「ミゼラブル」、つまり「哀れ人」であることをいちいち証明しなくとも、謝礼金の支払いから解放されることになり、スペイン人と先住民間の初審の裁判で副王にその裁判権を与えられることになった。当時本国スペインでは「哀れ人」に対する司法的な援助が保障されていたことに気がつき、「哀れ人」である先住民保護を強く訴えていたラス・カサス神父を筆頭とする聖職者たちの意向がくみ取られた結果だった。国王のこの裁定は、先住民に関係する事例すべての裁判権を正式に副王に授け、メキシコ植民地に「インディオ関係法廷」法の基礎を築くことになったのだった。後に植民地のスペイン人は、裁判でこれまでのようなお目こぼしが得られなくなり、先住民によって持ち込まれる簡潔な裁判で賠償請求にさらされることになった。

「インディオ関係法廷」は、インディオ担当代理人を指名し、実効性のある法廷として生まれた。副王ベラスコ二世は、一五六〇年から高等司法行政院の裁判官だったルイス・デ・ビジャヌエバ博士を代理人として選んだ。法を熟知し、メキシコに長く滞在し、先住民問題の潮流に身を投じた許認可の権威である博士は、その俸給を一〇〇〇ペソとされた。副王はさらにインディオ担当代理人長として高等司法行政院の弁護士ペドロ・ディアス・デ・アグエロを選び、その俸給を年間七〇〇ペソとした。副王はこのふたりの新公務員に、先住民から金品を受け取ったり要求したりしないと堅く約束させた。そして、副王は王室の指針を印刷した命令書でインディオ担当代理人の氏名を公表して、先住民たちへの謝礼金請求を禁止したことを正式に発表していた。

一五九二年六月、副王は国王フェリペ二世にこの新システムの有効が明白であると書いている。事実、通訳、訴訟手続人、弁護士、書記、そしてそれらから派生したさまざまな職種の経費や謝礼金の請求から先住民たちは免れることになった。

ところが、その裁判制度が始まるとすぐに多くの司法関係者の不満が噴出し、公務員、公証人、書記

（記録係）、そして弁護士は、謝礼金と訴訟経費から生じていた収入が、改革によってなくなり、あるいは大幅に減額させられたと訴えていた。

第四章　「インディオ」たちの訴訟記録

第三章では、探検家コルテスのメキシコ征服後の混乱で生じたメキシコ植民地の統治と裁判制度について述べてきた。そのなかでも、悩める先住民の訴訟や請願に重心をおいた裁判制度「インディオ関係法廷」の設立過程、そして裁判関係の職種に群がるスペイン人と「インディオ」との軋轢の様相をみてきた。

ここからは、副王ルイス・デ・ベラスコ二世が提案し、実現にこぎ着けた「インディオ関係法廷」に、実際に持ち込まれた多数のスペイン人相手の訴訟のごく一部から、実際に「インディオ」にどんな災厄が降りかかっていたかをみていくことにする。こうして残されることになった訴訟内容は、副王ベラスコ二世が判例として残すべきだと提案したことで実現したものだった。改めて副王ベラスコ二世がメキシコ植民地に残した足跡の偉大さがわかる。第二章の土地の分譲問題では、そこに先住民の姿をみることは難しかったが、この残された裁判記録はメキシコ植民地を生きていた先住民の生活の一端を垣間見ることができる資料となっていて興味深い。

土地と水の権利に関する争い

最初に取り上げなければならないのは、土地と財産の権利に関する紛争や訴えで、国立メキシコ古文書館の記録の中に多くの事例として残されているという。先住民集落は、村どうしの境界線のことで、あるいは大規模農園、アシエンダの経営者に対して、数十年、あるいは数世紀にわたって訴えを起こしていた。たびたびの係争でその土地の価値より多くの裁判費用を使い果たし、その裁判過程で疲弊することもあったようだ。

ただ、これまでみてきたようにメキシコ古文書館に残されている記録は、「インディオ関係法廷」が設立された一五九四年以降のものしかなく、メキシコ先住民がスペイン人を相手どった事例は少ないという。征服から八〇年ほどたったメキシコでは、人口減少により、先住民の土地があらかたスペイン人の手に渡っていたことがおもな原因だが、訴訟を起こす勇気のある先住民が少なかったこともその一つだったようだ。

●一五九四年六月、オアハカ州テポスコルーラ管区トラシアコ地区で、副王はスペイン人フアン・ペレス・ロマンに対して、小さな牧場のための放牧地の分譲を行った。調査の結果、この空き地は先住民の遺跡になっている場所だと判明した。すでに、二度ほど遺跡の調査資料を引き渡すように先のスペイン人に求めていたが、その引き渡しがなされることはなかった。インディオ担当代理人の訴えに対して、副王は、その分譲を取り消すという、きわめて特殊な命令書を発行した。

「インディオ関係法廷」が設立されてすぐに訴えが起こされた、土地譲渡に関する訴えだった。

●一六一六年四月、メキシコ州オトゥンバの先住民貴族ドン・ガブリエル・ミゲルの指名でインディオ担当訴訟手続人は、「インディオ関係法廷」に出向き、イスタケメカ村とトラマパ村の近くに、彼の父から相続した三頭の馬のための牧草地に関する覚え書きの写しを、スペイン人捜査官に送るように請願した。というのもスペイン人ドミンゴ・デ・リサルドが、その財産確認に異議申し立てをしているからというものだった。ところがリサルドは言いがかりをつけて、先の土地は手つかずの土地だとして、副王から土地の分譲を引き出そうとしたことがわかった。先のインディオ担当訴訟手続人は、副王にドン・ガブリエルの保護命令と、土地財産の名義に関する資料を要請した。

この訴訟でも、土地に飢えたスペイン人の姿がみえてくる。先述したがこの時代、先住民の人口破壊が深刻な時代で、征服以前に二五〇〇万余の人口を擁していたメキシコはわずか七五万の底に到達しようとしていた。このことから想像してみても、農業を生活の基盤としていた先住民が耕作していた畑地は、その担い手を失って放置されていたのだと思う。そうした土地を手つかずの土地としてスペイン人は副王に分譲を願っていたのだ。耕作放棄された先住民の土地は、もはや、本来の持ち主に戻ることはなかった。

●一六八六年八月、オアハカ州テポスコルーラ管区のトラシアコ村のカシーケや先住民貴族たちは、マテオ・バスケスというメスティーソの男が村で自分勝手にふるまっていて、その甥が村の川に三基の水車小屋をつくったことで訴えを起こした。そこにはもともとトラシアコ村の共有の水車があったところだったために、新しい水車は教会の運営経費を賄っていた村の水車の仕事を奪い、少なからず村の収入に影響を与えることになった。副王に、先の男が水車建設の許可を持っているかの確認を願い出て、もしなければ、水車を運転禁止にするように訴えた。

●一七六九年一一月、オアハカ州テポスコルーラ管区ティサア村は、ドニャ・ファアナ・ペレス・ボンティージャに対して土地に関する訴えを起こした。彼女の土地は村からの距離六〇〇バラス(四八〇メートル)の制限区域の中にあった。ティサア村はスペイン人の地方役人が不正を行ったとして「インディオ関係法廷」に告訴した。先の役人はドニャ・ファアナに恋心を抱いていた男だったが、彼女に都合のいいように書類を書き換えた咎で村の長の代理人によって投獄させられていた。ところが事件はこれで終わらなかった。

調査予定の日、先住民たちがミサを終えて教会を去ったときに、争いとなっている土地を耕すために、先のスペイン人の役人は七〇人の武装した男たちと去勢した牛二頭を連れて現れた。村の長は女と子どもを守るために、男たちに襲いかかった。結果、村の女一人と子ども一人がその事件に巻き込まれて死んでいた。さらに負傷者した三人の男と四人の女が鎖で繋がれ、馬の尻尾に数珠つなぎにされて、テポスコルーラの監獄に連れていかれた。村人たちは調査を願い出た。副王はその村のもっとも近くに住む裁判官に、事件の起きた現場を調査させ、医者には死者と負傷者の状態を調べさせ、証拠のすべてを手に入れ、正義を導くように命令した。

残念ながら、この判決が最終的にどうなったかはわからない。いつの時代も、女にからむ男の犯罪は珍しいものではないようだ。狂気の時代とはいえ、スペイン人役人の恋愛感情が原因で、不正にあえぐ先住民の姿をみなければならないのは悲しい。

●一七八七年九月、メキシコ市とメキシコ州エカテペック管区のショナカウアカンの先住民は、アシエンダ経営者アントニオ・パラスエロスに対して訴訟を起こした。先住民相手の悪質な行為や水利の独占にからむ、先代から続く長く複雑な係争だった。住民たちは「インディオ関係法廷」に一連の訴状リストを示した。労働者雇用での不利益、過剰な農作物や産品の引き渡し要求、農産物引き渡し遅延に対する罰金請求、さらに村の灌漑施設の水利権の侵害で異議を申し立てた。「インディオ関係法廷」はその訴えの調査のためにエカテペックの議長をそこに送った。その議長に対して住民たちは、その訴えを証明する証拠を提示した。一方、パラスエロス自身も自分が正しいことを示す証拠を提出した。最終的に住民たちに対してパラスエロスは灌漑工事のために働いた労働者の賃金を支払い、その水は彼のアシエンダから用水路で村に引き込む必要があると結審した。この問題解決が困難をきたしたのは、地方のスペイン人行政官の不正であり、村の助役がアシエンダ経営者と懇意にしていたことにあった。

●一七九四年九月、イダルゴ州イスミキルパン管区、トラシントラとロス・レメディオスの住民たちは、デボデのアシエンダ経営者相手に訴訟を起こした。先の二つの村は、先住民たちが自分たちの家を放棄し、小さな集落に移住することを求めた一七一五年の協定に同意せず、先のアシエンダ経営者にその土地の使用許可が与えられるのを拒んでいた。先の協定は、住民たちの猛反発の中でむりやり決められたものだった。住民たちは自分たちの土地の権利を立証し、その協定には自分たちの抗議内容が反映されなかったと訴えた。「インディオ関係法廷」は正式にその権利をこの二つの村に戻す判決を下した。しかし、住民たちは自分の農場を放棄し、村の行政官、議員、ほかの役人、そして教会も合わせて小さな集落に移転するように規定されていた。

一七一五年の協定は、副王政府が統治や徴税の都合で、自分の農地の中に家を建ててバラバラに住んでいた先住民を集住させることを意図したものだった。だが、その表向きの意図とは別に、アシエンダをつくろうとしていたスペイン人入植者の圧力に副王政府が屈して、求められるままに一塊の広い耕作地を用意することも意図していた。移転のさいの混乱は当然、憂慮された。存在する不正確な地図をもとに調べたが、正確に個々の農民たちの土地の境界線を定めることがかなわなかったからだ。

家畜侵入に関する訴え

ヨーロッパから持ち込まれた大型家畜は、先住民の村に甚大な被害を与えていた。次に家畜に関する先住民の訴訟をみてみよう。

●一六一六年三月、プエブラ州テオトラルコ管区のヘカルパ、ウアウチナントラ、ミテペック、そしてタマスラ村の先住民は、アトリスコ盆地のスペイン人入植者が所有する家畜を住民の耕作地に放牧するのを放任したことで、果実の苗木や畑の作物を全滅させたと副王に訴え、早急に賠償金を支払うとともに、先住民の耕作地に入り込んだ家畜を殺す権限を与えるように求めた。副王は行政官を通してスペイン人に、家畜が起こした損害を住民に補償するように命令し、家畜の頭数を自分の土地で飼育できる程度に減らすようにと警告し、さらに先住民たちが今後、自分たちの土地で被告の家畜を見かけたら屠殺する権利を持つとスペイン人に通知するように命令した。

●一六四二年六月、オアハカ州テポスコルーラ管区、サン・ルイス村とマリナルテペック村の住民は、スペイン人バルトロメ・サンチェスが村人の土地に馬と牛を引き連れて侵入し、彼らの作物を荒らしたことを訴えた。さらにサンチェスの息子たちは先住民の家に勝手に入り込み、鶏と卵、ほかに食糧を持ち去ったが、抵抗した村人に石を投げて攻撃したと副王ファン・デ・パラフォックスに訴えた。副王はサンチェスに罰として二〇〇ペソの罰金と、村人の怪我に対して賠償金を支払うように命令した。

●一七八八年七月、メキシコ州ウイチャパン管区ヒロテペック村の先住民ルイスとマテオは、スペイン人マリアノ・パエス相手に訴訟を起こした。ルイスたちの畑の中にいたペレスの数頭の牛に傷を付け、一頭の牛の両目を引き抜いたことで、ルイスとマテオは監獄の中に入れられていた。二人はその事件を「インディオ関係法廷」に提訴した。検察保護管に書類を送り、自分たちの正当性を訴えた。そして、以上のように執行官に説明した。

この結末は書かれていないが、先の事例でも耕作地に入り込んだ家畜を殺す権限が先住民に与えられていたことから、ルイスとマテオは好意的な判決を受け取ったと思う。

●一七九九年九月、イダルゴ州トゥランシンゴ村、アカショチトラン村の「分別ある人間」とみなされているスペイン人、ホセ・マリア・アレジャノは村の中で、たくさんの豚と牛と、鶏、その他の動物を飼っていて、こうした動物が道や広場をうろつき、畑に多くの被害を引き起こしていることを村人が訴えた。とくに豚による被害はひどかった。こうした多大な迷惑を排除するために、地方裁判所に、「分別ある人間」がその動物を家畜柵の中で飼うことを命令するように訴え出た。副王はスペイン人たちにその訴えに応える命令を発した。

聖職者とディエスモ（宗教税）に関する訴え

●一六一八年四月、ベラクルス州、副王は領内の先住民たちに課している宗教税、ディエスモを奉仕労働という形で支払わせてはならないし、不正防止のために一人の補吏によって集められてはならないと命令していたのに、パヌコ管区トランチノルティクパックの修道院長エルナンド・デル・ビジャミソールは、訴えられるまでこの方法で先住民にディエスモを支払わせていた。

メキシコがコルテスによって征服されてすぐの一五二四年に、国王はメキシコに、キリストの一二使徒の意味を込めて一二人のフランシスコ会の修道士を派遣したことは先述した。彼らをスペイン語で「ロス・ドーセ（一二人）」と呼んでいる。メキシコでキリスト教を伝道する目的で渡ったのだったが、いまだ不穏な状態にある先住民と征服者スペイン人との間の緩衝材の役割を果さなければならなかった。そのために修道士たちは政治と密接な関係を持ち、地方の修道院は統治機構の出先機関のような様相を呈していた。後にアウグスティヌス会、ドミニコ会、そしてその世紀末に新興のイエズス会がメキシコに入植して伝道、改宗活動を始めるが、一六世紀末には八八もの托鉢派の修道院がメキシコの各地に建設されていた。日本人は、修道院といえば人里離れた辺境にあると思いがちだが、メキシコでは町のど真ん中に鎮座し、毎朝のミサで住民を導き、スペイン化に誘導する役目を担っていた。ディエスモと呼ばれた宗教税は巨大修道院建設資金となり、修道士の日常活動の資金となっていた。

●一六二八年八月、メキシコ市、メキシコ市内にある王立インディオ救貧院の院長アロンソ・デ・カストロ・グスマン学士は「インディオ関係法廷」に保護命令の誓願を出した。救貧院で死んだ多くの先住民たち、ほとんどは身寄りのない「哀れ人」たちだったが、彼らの葬儀のために最寄りのサン・フランシスコ修道院、サンタ・マリア修道院、サン・ペドロ修道院の教会で葬式を行えば聖歌隊に支払う謝礼金が大きな出費となっていて、救貧院経営を圧迫していた。後日、その経費を削減しようとして、救貧院付属礼拝堂で日ごろから活動している数人の先住民の歌い手をともなって葬式を行っていた。ところが、先の修道士たちがそれに干渉し、先住民の歌い手たちに邪魔立てをしていた。副王の法律顧問の助言は、もし、先住民たちが祭りや救貧院の行事でお金を受け取らずに歌っているのなら、あるいは救貧院の権限の下で祭りや行事に参加しているのでなければ、その権利はけっして侵されるものではないとした。副王は救貧院に保護命令を発布した。

メキシコ市フランシスコ修道会教会の黄金の主祭壇。清貧を信仰信条としていたが、時代とともに教会の装飾が豪華になった。

メキシコ市に最初の修道院を建てたのは、フランシスコ修道会の「ロス・ドーセ」だった。それから一〇〇年後の修道会はすっかりメキシコに定着していたが、ここにも権威主義や拝金主義がはびこっていた。清貧を修道会の信仰信条としていたフランシスコ会だったが、今日のメキシコ市の中心部にある旧修道院や教会が示すように、その祭壇は目もくらむような黄金の装飾で埋め尽くされていた。ところで、一六二八年といえば、メキシコの先住民人口が最低の七五万人を示した時期で、メキシコ市の王立インディオ救貧院では死に瀕した多くの先住民が囲われていたことがこの請願事例からもわかる。

●一六四〇年三月、サン・ルイス・ポトシ州、メスキテペック村がイエズス修道会の修道士相手に訴訟を起こした。メスキテペック村のトラスカルテカス族（トラスカーラ州から移住してきた一族）とチチメカ族（この土地で遊牧していた一族）は、村の権利を侵す行為だとイエズス会の修道士相手に訴えた。イエズス会が経営するサン・ルイス・ポトシの鉱山の関係者が、銀鉱石の精錬に使う木炭用の木材を探すために、メスキテペック村に侵入し、牧草と木材をあちこち探しまわり、三レグア（一六キロメートル）ほど村に侵入したのだという。その村の土地は副王によって村に分譲され、古い特権によって保障されていた土地だった。さらに、メスキテペックの住民はスペイン人土地所有者ガブリエル・オルテス相手に境界線の問題で訴訟を起こしていた。その後彼は死亡したが、その未亡人は係争中の土地をイエズス会に売っていたことが住民に知れて、また問題となった。

イエズス会はこの地域で伝道活動を行うと同時に、活動資金獲得のためにさまざまな経済活動にも力を入れていた。神学校と鉱山学校を経営していて、卒業生の受け入れのために各地、とくに北部地帯に伝道所を設け、鉱山を所有していた。

● 一六五四年一月、オアハカ州ミアウアトラン管区オセロテペック村の住民たちは「司祭がお金とコチニールを要求し、住民に労働奉仕を求め、財産を奪い、鞭でたたき、投獄するぞと脅した」と訴えていた。そして三五ペソの返却を求める高等司法行政院の手紙を添えて、万能な宗教裁判所に訴えた。

検察保護官は司祭に対して恥ずべき行為だといって裁断し、謝礼金の公式な価格表に従って信徒によき扱いをするように求刑した。副王はその求刑を全面的に受け入れ、司祭に対して罰金として五〇〇ペソを求めた。

● 一六九一年九月、サン・ルイス・ポトシ州、トラスカーラ・デ・フロンテラ村の先住民たちはフランシスコ会の修道院に請願書を提出した。その中で、「保護者」としてハシント・デ・キソス神父の着任以来、村は混乱状態だと訴えていた。以前に着任していたコロトラン村でのように、彼は有無も言わさず先住民に服従を迫り、まったく融通の利かない頑なな神父だった。この「保護者」は、住民たちが自分たちの小さな畑地にさえ灌漑が許されていないのに、地域の貯水池の水を修道院内の畑と果樹園で我がもの顔に使っていると噂されていたし、神父を手伝うために修道院の僧房の中に入ったみすぼらしい衣服を着けた数人の子どもに対して、棒でたたくという野蛮な行為をし、ほかにも修道院の畑で駄賃も払わず働くように命令したのだという。そしてそれを拒んだことで、修道院の門衛所で子どもをむち打ちしたのを住民が見たと証言していた。住民はその地区でもっとも公明正大な人物、グアダラハラ司教に対して、彼の左遷を要求した。

●一七七八年、ゲレーロ州イスカテオパン管区イスカテペック村の先住民で、サンティアゴ・ロス・ランチョス信徒団のまとめ役をしていたファン・トマスは、小教区内の僧侶の先住民乱用や強要、その他の狼藉を「インディオ関係法廷」に訴えた。先のファン・トマスはほかの住民と一緒に、イスカテペックで起きている事件をインディオ担当訴訟人に委任するために先の信徒団を形成したのだった。この信徒団結成は守護聖人サンティアゴに帰依する村人たちの集団だったと想像するが、訴訟に参加する人数を確保する必要があったためにそうしたのだと思われる。

「インディオ関係法廷」は僧侶に先住民乱用や強要、その他の狼藉をやめるように求め、教会の各種サービスで、「慣例より安い」料金表に従って謝礼金を支払うという判定を下した。

ところがその僧侶は先の料金表による謝礼金の受け取りを拒否した。ファン・トマスは、再び「インディオ関係法廷」に訴えを起こし、一通の至急の手紙を手にした。それは僧侶へ注文する内容で、「王室の法定料金表を確認するように……」というあいまいな見解が書かれていた。結果として僧侶は敗訴とはならなかったが、ファン・トマスの声に耳を傾けざるをえなかった。

ところがその後のこと、僧侶は恥をかかされた憎きファン・トマスを破滅させるために、いくつもの策略を考え出した。その一つとして、教会の扉の前に、「娘で謝礼金です」と手紙を添えて生まれたばかりの赤ん坊を放置した。

話は少々横道にそれるが、当時、スペイン人と先住民の女性との間に生まれ、「チンガータの子ども」と呼ばれて先住民から蔑まれていた私生児がおおぜいいて、教会の前に放置される事件がたくさん起きていた。チンガータとは、スペイン人の男によって性的暴力を受けた先住民女性のことをさす侮蔑の言葉で、動詞チンガール、名詞チンガータはともに、先住民の言葉チンガから派生したメキシコ起源のスペイン語である。もちろんスペイン王立アカデミーによって認められていない言葉で、スペインで発行されるスペイン語辞書にはない。

さて、本題に戻ろう。その赤ん坊はフアン・トマスの妻によって助け出された。しかし、先の僧侶は訴訟を起こし、偽装証拠と一緒に「インディオ関係法廷」に訴状を送った。一七八三年、裁判官はフアン・トマスに接見しないまま、先の「謝礼金」(赤ん坊)は不道徳ということで結審し、このことで彼は二五回のむち打ち刑を受けていた。その後、この僧侶は同じような容疑で、アカペトラウアヤでもフアン・トマスを投獄した。そして、五〇回のむち打ち刑を言い渡されたために、そのむち打ちを先の僧侶自身が実際に行い、六回のむち打ちごとに、フアン・トマスにキリストの教義について質問していた。というのも、フアン・トマスはそのとき、妻との結婚を解消しようとしなかったからだったという。その僧侶の意図は、フアン・トマスを家族から引き離すことだった。

フアン・トマスは引き続き牢屋に入っていたが、一七八四年一一月、僧侶は突然彼を解放し、檻の中での長い生活の間に彼が自分の家族に与えた苦痛や悲惨な状況を見せつけようとした。当時、先の僧侶はロス・ランチョス信徒団の会計簿の綴りをしつこく要求していた。自分に都合の悪い内容が書かれていないか危惧してのことだった。フアン・トマスはもちろん持ってもおらず、見たこともないものだった。一七八四年一二月、フアン・トマスの妻は、家族全員を集めて、夫を解放するように僧侶に膝頭を屈して懇願した。これに対して僧侶は再び会計簿を要求し、どこに隠しているかの告白を迫った。僧侶の究極の意図は、自分が檻の中で死ぬのを待っているのだとフアン・トマスが知って、「インディオ関係法廷」に訴えるために監獄からの逃亡を試みた。

一七八六年五月、「インディオ関係法廷」に「僧侶の言いがかりとインチキ証言で、私は七五回のむち打ちを食らいました。この事件でです」と訴えた。反対に僧侶はフアン・トマスに一五〇ペソの支払いと監獄経費に充てる四〇〇ペソの賠償請求をし、自分に対して行ったすべての告訴の修正を求めた。

検察保護官の意見に従い、副王はその地区の裁判官に命令書を出した。「フアン・トマスに対するこのような扱いと、すべてのインディオたちに対する扱いは、慈悲心を持ち、法に則って行われるべきことである」。そして、その僧侶への返信と同じ日付で、フアン・トマスに一通の手紙を発信するように委任した。「王室のどんな役人であろうとも、けっして僧侶に対してそれにふさわしい処置を言い渡すことはできないのです」とフアン・トマスに慰めの言葉をかけた。

国立メキシコ古文書館に残されているこの訴訟の記録では、告訴されている僧侶の名前は伏されてある。それは聖職者に関する訴訟ではどれも同じで、征服当時から修道会がメキシコの植民地統治と深く関わってきた長い歴史と関係がある。国王や副王によって指名される行政官職の任期が、最長五年と決められていたいっぽうで、修道士と司祭たちは自分の気に入った宗教的な目標を達成するまで、あるいはより高位の地位を獲得するまで、あるいは年齢でそこに隠遁を決意するまで、はたまた死ぬまで自分の担当した教区や修道院に居座っていた。長いこと同じ地区で活動することで独裁者や暴君となり、影響力と権力を行使していた。王室や副王の政府権力は、右記のような訴訟を知り、救済を施そうにも、宗教的特権によって大きく制限されていた。さらに教会は、独自の法廷と独自の管理権を所有していて、破門や禁止という、信徒に対する驚くべき脅しによって自らを自衛する、もう一つの裁判所でもあったのだ。

職業の許可とプルケ専売権に関する訴え

● 一六一六年二月、オアハカ州ノチストラン村の住民は、村の代官ディエゴ・ラドロン・デ・グエバラが、村人のプルケ生産を禁止し、破った者には罰金を科したことで訴えを起こした。マゲイサボテンからつくる醸造酒プルケの生産は、明確に制令で認められていて、村の重要な産業でもあった。プルケはその土地でつくられ、村の市場で売られていたのだったが、代官グエバラは、プルケ生産の権利を独占して、儲けようとしたようだった。

● 一六二八年一〇月、ベラクルス州パヌコ地区タモス村の住民は、パヌコの役人がパヌコ川の漁場の権利を一人のスペイン人に勝手に譲ったことで訴えた。そこは先住民が有史以前から魚を獲って暮らしていたところだった。役人とそのスペイン人は禁止されていたパヌコ川に注ぎ込む支流で漁をしていたことや、そのスペイン人から役人が賄賂を貰っていたことが明るみになった。後にタモス村の住民にこの川での漁が許可され、役人に厳しい罰金の支払いが命令された。

●一六三〇年三月、メキシコの副王領傘下にあったマニラ、そのマニラ生まれの中国のインディオを意味する「インディオ・チノ」と呼ばれていたフィリピン人メルチョール・デ・ロス・レイエスは、織物製造と「マゲイの熱い水」（メスカル酒）を売る仕事で、ヌエバ・エスパーニャの裁判官から嫌がらせを受けたと訴え、保護命令を請願した。副王は法律顧問の助言を受けて、保護命令を発した。

この請願はメキシコでとくに有名になったという。というのも、インディオ・チノとして知られていたフィリピン人が「インディオ関係法廷」の裁判を受ける権利を持っていたことと、マゲイサボテンの根株から抽出された樹液を発酵させ、蒸留したリカーである「マゲイの熱い水」、つまりメスカル酒に初めて言及したことだったからである。メスカル酒を売る権利の保護命令は、テキーラ、ラムなどの蒸留酒の急速な普及と関連があった。マゲイからつくられる醸造酒プルケは度数が四パーセントほどで、先住民の男たちが飲料水代わりに飲んでいたが、メキシコにはそれまでメスカル酒はなかった。彼らが蒸留技術を持っていなかったためだが、ヨーロッパから持ち込まれたウイスキーやラムが、メキシコ先住民に強い酒を飲む習慣を根づかせてしまったために、安いメスカル酒が大量にメキシコに出回ることになった。先住民たちは鉱山の採掘場で、そしてアシエンダの畑で、スペイン人のために過酷な一日を過ごしていたが、やがてその辛い境遇を一時忘れるためにこのメスカル酒に手を出した。こうして日雇い労働で手にしたお金は、メスカル製造のアシエンダ経営者の手に還元されることになったのである。

●一七四八年六月、メキシコ州トラヤカパン市、チャルコ地区とトラヤカパンでプルケの独占権設定にともない、次の数年間にその権利が競売で二〇〇ペソで売られることになったことが問題となり、「インディオ関係法廷」への提訴となった。検察保護管は先住民が抱えている問題に関する証言を集めた。こうして次のようなことが表面化した。

一　乾燥した土地での飲料水の供給不足につながる（先住民は昔から水代わりにプルケになる前の「アグアミエル」（甘い水）を愛飲していた）。

二　砂糖工場で働く黒人たちが先住民に悪事を働き、先住民が砂糖をつくることを妨害している（先住民たちは「アグアミエル」を煮詰めて砂糖をつくっていた）。

三　「アグアミエル」の発酵酒プルケは酸化によって傷みやすく、消費されるその地域で生産されるべきで、独占権は困難な状況を生み出すことになる。

四　プルケの集荷人トラチケロ一人につき〇・〇六ペソの課税をしても、プルケの酸化防止剤パロ・グアパトルを投じた場合、税収につながらない。

メキシコ市に集められたすべての資料をもとに、検察保護管は自分の見解を述べた。「プルケは、ある地域では水不足に対応するために不可欠であることは明確で、酸化防止剤の使用に関しては、このような習慣は禁止されるべきで、けっして正当化できない。そしてプルケ独占権による収入、あるいは〇・〇六ペソの税は、その地域の教会のために使われなければならない」と述べた。副王はそのように命令を発布した。

後に紹介することになるメキシコ市周辺のアシエンダは、マゲイサボテンから抽出されるアグアミエルを醸造して得られるプルケ酒を生産し、大いに繁栄をみせていた。プルケは、前述のように酸化によって傷みやすく、消費地に近いことが生産条件であった。二〇世紀初頭まで、プルケはおもにメキシコ人によって消費されているが、メキシコ革命以降に急激にその消費が落ち込んでいる。そのために首都近郊のプルケのアシエンダはプルケ製造から手を引き、衰退していった。その理由の一つは、ドイツからのビール製造技法がメキシコに導入されたことである。古来、先住民の間で行われていたプルケ醸造はいたって簡単であったのだが、アグアミエルをマゲイサボテンから集めるトラチケロと呼ばれる労働者をおおぜい必要とした。彼らは広大なマゲイサボテン畑の鋭いトゲのある切り株に挑んで、サイフォン代わりの長いひょうたんを使ってアグアミエルを吸い取り、専用の樽に入れてアシエンダのティナカルと呼ばれる醸造蔵に運ぶ仕事をしていた。人手を大量に必要とするプルケ製造に代わって、工場生産が可能なビールがメキシコの市場を席巻していったのは、資本主義経済社会のならいだった。メキシコの

マゲイサボテンの中心部を切り取り、アグアミエルが溜まるのを待つ。

ひょうたんから専用の樽に移し、ロバか労働者の背でアシエンダに運ぶ。(Photo by Toshihiko Yamada)

溜まったアグアミエルを両端に穴の開いた長いひょうたんで吸い上げる。

醸造用の樽で何日か発酵させると、白濁したプルケができる。(Photo by Toshihiko Yamada)

20世紀半ばまではプルケは清涼飲料水のように愛飲されていたが、セルベッサ（ビール）の出現で市場から姿を消した。マゲイサボテンの畑は大麦畑に変わり、現在ではあまり見られなくなった。

ビールのアルコール度数が四パーセントと比較的低いのは、プルケの度数に合わせた結果だと想像するが、今日では低度数のメキシコのビールが世界中に輸出されている。地酒プルケはもう過去の飲料となって、メキシコでもあまり見かけなくなってしまった。メキシコの農村地帯を歩き回っても、小麦や大麦畑はあっても、マゲイサボテンの畑を見ることはほとんどなくなってしまった。メキシコの文化がまた一つ消えてなくなりそうなのは、残念である。

身に着ける物、贅沢品所持のライセンス

●一六一六年一〇月、トラスカーラ州トラスカーラ市の先住民女性マリア・カステラン・ショチトルは訴えを起こした。彼女は息子たちと自活するために自分の家に織機を所有していた。色鮮やかなたくさんの布地を織り、ペチコート、スカート、ブラウス、シーツ、マントを織り、そしてそこには、織機ばかりでなく、紡

ぎと染めの道具の備えもあった。マリアは仲間の先住民たちに自分の仕事を教え、働く場を与えていた。それはいい収入になっていたし、自分自身の意思によって働くいい機会にもなっていた。それでも、彼女は先住民の女性であり、先住民に着ることが許されていない衣装の製造は制限されていた。そこで、彼女はスペイン人と結婚していることを申し立てた。地方裁判官は仲介をとりもち、「裁判所」に訴えるように勧めた。副王はマリアとその夫に、絵のような美しい品物を製造する許可を与えた。だが製造はその家の中で行うように義務づけられ、トラスカーラ以外で売ることもできなかった。

この訴訟はトラスカーラ州でのことであったが、メキシコ市に住む先住民たちは、スペイン人が自分たちと区別するために、マントを持つことも、靴下をはくことも、長い髪を切り落とすことも許されなかった。一六九三年には、メキシコ市に住むカシーケ、ミゲル・オソリオは首都の先住民が「インディオ」の服を身に着けなければならないという命令からの解放を要求し、その許可が与えられている。それでも、それは先住民貴族に限られたことで、一般の「インディオ」には認められていなかった。

公務員の不正

第二章の土地分譲、第三章の裁判制度改革の節で、スペイン人公務員の拝金主義の姿を目の当たりにしてきた。彼らはスペインで司法試験に合格した有資格者たちだったが、本国で職にあふれた落ちこぼれがおおぜいいた。植民地メキシコで職にありつけると噂を聞いた者たちは、はるばる大西洋を越えてメキシコに渡ってきた。それは家族や友人に多額の借金をしてのことだった。その借金を返済するためにも、新大陸で一旗揚げなければならなかった。彼らは副王政府の公務職をお金で手に入れて、家族や友人の自分への投資に応えなければならなかった。そこに公務員たちの不正がはびこる原因があった。

●一六二三年四月、ベラクルス州アトルパイとチクアソンテペックの住民は代官を相手に訴えた。訴訟内容は、集落の法外な数の監査、選挙確認のための法外な出費、そして住民からの金品の搾取、住民たちへの無報酬仕事の中止だった。さらに、ベラクルスに住むスペイン人が市場で先住民の産品販売を妨害し、市場価格よりかなり低い値段で先住民から産品を奪っていると訴えた。その代官の悪事は止まることを知らず、住民に自分のために漁をするように要求し、それに金を支払うことはなかったし、移動用に馬とロバを用意するようつねに住民に要求していたと訴えた。訴訟内容はさらに、この代官とその友人が住民にお金を強制的に貸し付けて、その支払いとして雌鶏と卵を住民に要求していたのだが、市場では一羽の鶏は〇・五ペソなのに、このスペイン人たちは〇・二ペソしか払わないことにふれ、さらにこの代官はメキシコ市とプエブラ市からスペインに送る積荷に個人の荷物を忍ばせて住民たちに運ばせたが、それに対し何の支払いもなかったとしていた。

地方に派遣されたすべてのスペイン人の役人が右記のような人格の持ち主だったとはいえないが、収入不足を補うために、懐を温めることができる代官のような職務への誘惑に負ける人間がおおぜいいたことは、そうした誘惑にそっぽを向き、自分自身で運命を切り開こうとするまっとうな人間にも耐えがたい環境だったといえる。そのまっとうな生き方を貫く困難は、公務員の給料体系の中にあったという。先住民集落の長や代官の年俸は、年間一〇〇ペソ、高くても数百ペソ以上であることはなかったし、その金額は職務を買い取るための経費を賄うことさえできない額だったのだ。

● 一六五四年九月、オアハカ州、フランシスコ・デ・ロサレス・イ・マリアの娘ライザは、ヤンウイトランの代官の仕事を手伝っていた。その代官はチョコレート、たばこ、砂糖、石鹸、それから他の商品を副業として売っていて、その商いで五〇日間で四五〇ペソの利益を得ていた。しかし、代官は給料としてライザに一三ペソにも満たない金額しか支払わなかった。彼女が代官のために働くのを拒否すると、彼女を監獄に閉じ込めてしまった。四か月も閉じ込められている間に、彼女の家から三枚のスカート、一着の作業服、銀二ブラスを奪ったと訴え、ライザは監獄からの解放と給料の支払い、身の安全を要求して訴えを起こした。

● 一六九五年一一月、トラスカーラ州、カルプラルパンの住民たちがイステペへの代官相手に訴えた。カルプラルパンの住民はコチニールの取引を生業としていた。彼らの地区での取引すべてを自分たちの力で増やし、一リブラ（一ポンド）につき〇・二から一・二ペソで買い取り、アンテケラ市（オアハカ市内にあるスペイン人町）で一リブラにつき三ペソでコチニールを売るという方法で生計を立てていた。これに目をつけたスペイン人やメスティーソの悪党連中は先の代官と結託して、アンテケラに通ずる道で、カルプラルパンの住民の通行許可と称して、不法な金を手にしてその利益を分配していた。その結果、通行料金がコチニールの価格に転嫁されることになったが、この通行料金の悪習が残忍な殺人事件につながることになった。コチニール売買の些細な話から、先のイステペへの代官が激高して一人の先住民貴族を殴打し、傷害致死事件を起こしてしまった。

捜査の結果、犯人を代官と確定した。検察保護管は代官任務の一時中止、フィリピンにおける四年の無料奉仕、メキシコ植民地からの永久追放、住民たちから略奪した金品の彼らへの完全なる返還、代官の手によって起きた貴族の死による金銭的な損害と罰金として一〇〇〇枚の金貨の処罰を求刑し、副王はその通り裁定を下した。

●一七一四年一二月、メキシコ州ヒロテペック地区テコサウトラの住民へロニモ・デ・トレホとその妻は、救済と保護を訴えた。二人はペドロ・ゴメス・ロホから借りている小屋付き農場に住んでいた。それから三か月がたったある日、近くのサン・ホセ要塞から数人の兵士が、盗まれた布地一反を探すためにその小屋にたどり着いた。その布地は、正しくは、妻の兄が盗んだものだったが、当然、その小屋からは何も発見されなかった。ところがトレホとその家族は、テコサウトラの監獄に連れていかれ、そして、先の一反の綿布の代償として一三〇匹の山羊と羊、二匹の子山羊、二頭の乳牛、二頭の馬、三つの馬の鞍、投げ縄一丁、一オンスの絹、一玉の木綿、一反の布地、アコヒナダ（キルティング）を差し押さえられてしまった。監獄で三日を過ごした後、ヘロニモの家族は織物工場での強制労働のためにそこに送られ、八日間働かされた。その後、夫は要塞に連れていかれ、妻は小屋に戻されたが、三か月間、右記の家畜の世話をし、マゲイの葉の繊維をほぐし、トウモロコシを挽いて、いっさいの家事を一人でこなしていた。まもなく、その夫婦はサン・ホセ要塞司令官ガブリエル・ゲレーロ・デ・アルディラに会いに彼のアシエンダに行くことになった。アルディラにこれまでの不法な取り扱いに対する賠償と財産の返還を訴えた。ところが二人は、織物工場の仕事に戻すぞとアルディラから脅されただけだった。落胆して家へ戻ってみると、彼らの二人の娘がいなくなっていた。さらに、小さな畑が荒らされていた。トレホとその妻は、ついに司令官アルディラとその部下に、自分たちから奪った財産のすべてを補償するように副王に訴えた。損害賠償を求めるために、まずは妻の兄との共犯の疑いを晴らさなければならなかったのだが……。

この事件のように強権の前に被害を受ける先住民が、実際には訴訟に持ち込むことができなかったのだと思う。勇気ある先住民の訴えだったが、スペイン人の行き過ぎた扱いの前に沈黙を強いられていた多くの人たちがいたことを忘れててならない。

●一七七四年六月、オアハカ州テオサコアルコの住民ベルナルド・マルティンは副王に、監獄から解放して下さるようにと訴えた。テオサコアルコの代官は借金を理由にマルティンを監獄に収監していたが、担保として一リブラ（一ポンド）につき一・二ペソで、コチニール一〇・五アローバ（一〇・五キログラム）の引き渡しを求めていた。その価格は法外に安かった。すでにコチニールは一リブラにつき二・四ペソの価値があり、そのコチニールの総量は二五ペソを超える価値を持っていたからだ。代官がそのコチニール全量を、あるいはその全額を要求しているとマルティンは訴えていた。

●ゲレーロ州テロロアパンの行政官フランシスコ・ハビエールは、サクアルパンの属村に対して訴えを起こした。属村は税金の支払いをしつこく求められていたが、それを拒否し続けていた。一八〇一年二月、そのことを知って、取り立て屋の義勇兵ホセ・マリア・アレジャノは先の行政官ハビエールから六ペソの借金をして、公務を行ううえでの錫杖（権限）を授かろうとした。アレジャノはその行政官に返済しなければならないその借金のことを念頭に、支払いを拒む属村から税金を強引に徴収して、取り立てたそのお金の一パーセントの戻しを受け取る契約を行政官と交わしていた。さらに先の属村の延滞に対しても、彼は二〇ペソの罰金を科していた。

先の訴えを受け取っていた副王は、手紙でその地区の裁判官に捜査命令を発した。ところが、このときすでにテロロアパンの行政官の胸のつかえが取れていた。というのも三月四日、先の属村は正式に主村サクアルパンに服従を示したからだった。そして行政官は属村の住民たちが、もし自分たちが求めていた以上の贈答がもたらされたと判断すれば、税の支払い遅延を猶予し、罰金を科さないと伝えてきていた。三月二七日、「インディオ関係法廷」の法律顧問は属村の住民たちに「イエスかノーか」の返事をするようにと命令した。

だが、この事件はここで収まらなかった。一八〇二年二月、主村サクアルパン村で、会計の再監査が終わりを迎えようとしていたときだった。先の行政官にその全税額の一パーセントが支払われていたことが発覚したのだ。そして、それが褒美として義勇兵ホセ・マリア・アレジャノに還流していることがわかった。

スペイン人、メスティーソの犯罪

●一五九五年五月、オアハカ州テポスコルーラ市の住民は副王ベラスコ二世に訴訟を起こした。暴力、泥棒、そして殺人鬼と呼ばれていた森林業を営むメスティーソの男、ファン・バウティスタが町で大きな騒ぎを起こしていた。その地方の言葉に訳した追放命令が発令されていたのに、その命令に逆らってそこに住み続けていた。これに対して市の役人たちは彼を擁護していた。というのも役人たちにとって、彼の存在は都合がよかったからだった。たぶん賄賂を受け取っていたものと思われる。一五九五年六月、副王は、「もし、ファン・バウティスタがその地方のインディオ女性と結婚していなければ、追放するように」と命令を出した。ところが彼は結婚しているという虚偽の口実で、そこに居座り続けていた。一五九六年末に、再び先住民は副王に訴えを起こした。そのとき、副王はモンテレイ伯爵だったが、彼もまた、「もしファン・バウティスタが市のインディオ女性と結婚していたら、村やその管区から追放することは引き続き困難だ」と裁定した。

それからすぐ後の一六〇二年一〇月、同じテポスコルーラ市でメスティーソが訴えられた。その近郊の町のメスティーソのクリストバル・デ・アクーニャが、町の住民たちに悪事をはたらき、住民を殴ったことで訴えられた。彼は鎖に繋がれて刑務所に入れられ、その後、町から二年間の追放の裁定が下された。

先住民たちのこうした訴えは、たぶん、言葉による障害で封じ込められていたものと思われる。スペイン人と先住民の言葉を流暢に操るメスティーソは、「チンガータの子」として蔑まれてきたが、征服から一世紀後、その存在感を存分に発揮して、メキシコ社会に入り込んでいた。先住民の嫌われ者ファン・バウティスタは、蔑まれて生きた少年時代の怨恨を晴らすために、この地で生きていたのではないかと思われてきて、痛々しくもある。

●一六四九年三月、メキシコ市南部のショチミルコの先住民たちが、村に定住しているスペイン人クリストバル・ペレスを相手に、追放命令を発するように訴えた。告訴状は、ペレスが住民たちから土地や財産、その他もろもろをだまし取ったり、住民を支配して悪事をはたらいていると訴えていた。裁判慣れしたしたたかなスペイン人相手で、裁判は長引いたが、ペレスは最終的にショチミルコからの追放とフィリピンでの労働奉仕二年という刑罰が言い渡された。

レパルティミエントに関する訴訟

メキシコ中央部の農民をスペイン人が経営するアシエンダや鉱山で働かせようという発想は、一六世紀初期にすでにエスパニョーラ島やキューバ島であり、メキシコ植民地ではそれを踏襲した形で発展をみた。新貴族に成り上がるためにスペイン人入植者たちは、当然のごとく征服した先住民を自分の仕事で使役し、利益を生み出そうとしていた。

先述したが、メキシコにスペイン人が定住し始めた当初、先住民の集落に入植することが禁じられていたために、スペイン人は先住民の労働力を入手するのが困難だった。とくに人口が希薄なメキシコ北部地帯に銀鉱山が発見されると、スペイン人は人口密度の高いメキシコ中央部の先住民集落に労働力を求めるようになっていた。この労働力確保の問題は鉱山ばかりではなく、サトウキビのプランテーションや小麦の生産農家でも起きていた。メキシコ植民地の徴税システムは現金による納税だったために、換金作物をつくるほどに土地を持っていない農民集落は、短期間スペイン人の農場や鉱山で働くことを余儀なくされていた。集落ごとにまとまった人数の労働力が、高等司法行政院の分配指導官の手引きで、スペイン人に貸し出されていた。これがレパルティミエント、労働力分配制度で、この制度はメキシコ植民地の先住民に多くの困難を押しつけていた。

●一六一六年五月、ミチョアカン州のトゥリコト村の住民が、レパルティミエントの手配をする指導官が村から四六レグア（二五三キロメートル）も離れた鉱山で働くように強制したと訴えた。訴えの内容は鉱山までの旅程の険しさ、遠距離、一日三交代の重労働を強制したというものだった。このとき一三〇人の納税者の労働力が求められたのだったが、直前に発生した疫病で、村には二五〇人の納税者（おもに男性の村人）が残されているだけだった。レパルティミエントによる村外労働で、住民は現金で税を納めていたのだが、住民たちは、人数不足、疫病による困難な状況、それに加えて教会建設の完成を急がなければならない村の事情を理由にして、鉱山での労働の免除を訴えた。先の指導官は村人を奴隷状態において、鉱山やカカオ農園に送り込んで、鉱山主や農場主から賄賂を手にしていると訴えられた。同じくミチョアカン州セビナ・アランサ村の住民たちも同じ訴えを起こした。

●一六一八年一〇月、メキシコ州スルテペック、テマスカルテペック地区のテフピルコ、イスタペン村は訴訟を起こした。岩塩採掘を生業とするアシエンダの支配人が周辺の村の住民をレパルティミエントで召集して働かせ、塩の採掘を独占して、七か月間で六〇〇ファネガ（袋）以上の銀精錬に使う塩をテマスカルテペックとスルテペックの鉱山に送っていると苦情を訴え、村人に直接塩を掘り出す権利と、公設市場で自由に塩を売る許可を与えるように求めた。

村人は、もし自分たちで岩塩を掘ることができれば、それを換金して税を納めることが可能だったわけで、わざわざアシエンダの所有者への労働提供で現金を手にする理由はなかった。このことでも、レパルティミエント制度はスペイン人本位の制度だったことがわかる。

●一六三三年四月、オアハカ州チチカパ鉱山地区、テティクパック村とその属村サン・ディオニシオ・イ・サン・パブロの先住民指導者たちは、オアハカ司教が教示した、「彼らに何かを与えたとしても、何かしらの支払いを義務づけてはならない」という教皇令を示し、教会の助祭であるドミニコ会の修道士が村人に命令して服従させ、不当な労働を強いていると訴えた。これに応えて副王は、チチカパ鉱山町の代官に、「修道士たちにインディオ労働者をあてがってはならないし、修道士たちがインディオたちに仕事を強制するのを放置しないように、そして鉱山アシエンダの支配人がインディオに仕事を課すことを許さないように」と命令した。

一六三二年一二月の国王の命令書には農業部門での先住民のレパルティミエントの終了が書かれていたが、鉱山部門でのそれにはふれられていなかった。この時代、植民地メキシコの経済はいまだに銀鉱山に支えられていて、スペイン人鉱山経営者の圧力に屈した形で鉱山ではレパルティミエントの継続が認められていた。何度もふれたが、メキシコ先住民の人口グラフが最低を示していたのに、植民地政府は農業よりまずは鉱業という経済政策を推進していたことは、「インディオ」をスペイン国民ではなく、単なる労働力として考えていたスペイン人たちがいたことを示している。そうした先住民を思うとなんとも胸が痛む。

●一六三九年七月、ミチョアカン州アランサ村は、一六〇九年と一六二二年の王室詔書の複写を高等司法行政院に請求していた。その王室詔書にはメキシコ先住民に対するレパルティミエントを終了する主旨が書かれていた。ところがアランサ村の助祭フアン・デ・コバルビアス学士は、村がレパルティミエントでの住民の労働力提供を拒否したことへの報復として、各種宗教サービスで法外な金額を支払うように義務づけた。埋葬のためには八ペソ、結婚のために六ペソ、そしてそれと同規模の他の宗教サービスでも六ペソとした。住民はそれに訴えの声を上げた。村の習慣に従えば以前は、埋葬には大人で三ペソ、赤ん坊には〇・二五ペソ、結婚には四・五ペソだった。村人はもはやこのように高額な謝礼金を支払うことができなかった。裁判所で正しい判断を仰ぐために、先の王室詔書の正確な複写を先の村が保存することにしたのだった。

この訴訟からは、スペインによる統治も一〇〇年が過ぎたこの時代、強制的にあるにしろ先住民が改宗に応じ、人々の暮らしにすっかりキリスト教が根づいていたことがわかる。誕生、結婚、埋葬でカソリックの聖職者により執り行われる宗教行事が、先住民にとって欠かせない重要な催事となっていたことに驚きを覚える。

アシエンダに関係した訴訟

●一六三三年二月、プエブラ州ホノトラとテテラ地区テツイカパの住民ガスパール・エルナンデスは、近所の人間でテテラの鉱山主ガスパール・ディアスを訴えた。というのもエルナンデスはこの鉱山主のもとで働いていたが、日曜日と祭日も働くように強要されたためだった。そして、もしエルナンデスが楯を突くようなことがあれば、手足を鎖に繋ぎ、鉄床台に繋いでいた。さらにこの鉱山主はエルナンデスの妻と息子を人質にしていた。そのためにエルナンデスはディアスに手も足も出ず、何もすることができなかった。しかも金の借入証書は鉱山主ディアスが偽造したものだった。エルナンデスは妻と子どもの解放を訴え、地方裁判官にそのように命令を下されるように請願した。

手も足も出なかったエルナンデスが、どのようにしてディアスを訴えることができたのかその顛末を知りたいが、残念ながらそのことには何もふれられていない。

●一六三五年六月、メキシコ州テスココ管区ナティビタスの先住民の未亡人アナ・クララは、テスココのランチョ（農場）の持ち主ハコモ・パサージの作男（鍬を扱う奴隷）だった夫の死後、自分と息子を耕作地で働かせるためにその小屋に押し込め、住まわせたことで訴えた。というのも、先の農場主パサージは彼女の夫が残した借金を彼女に支払わせようとしたのだった。そのほかにパサージは彼女の夫の服や金品を持ち去っていた。パサージがテスココの地方裁判官に強い影響力を持っていることを知って、アナ・クララは副王に対して自分と息子の自由と衣服と金品の返還を求めて訴えた。副王の裁定は次のようなものであった。「日雇い労働であろうと、砂糖工場の工員であろうと無償で、あるいは無償でないにしろ工場の中に閉じ込めてインディオに仕事をさせてはならない」。

このようにスペイン人の金儲けのために死に追いやられるような労働を押しつけられ、それから逃れるための訴訟の機会を与えられない先住民が多数存在していた。この「負債労働システム」には不当行為を警告する一連の規制が設けられていた。それに従えば、借金は給料一か月分の金額までとされた。これは一か月分の給料に見合う一か月分の等価労働を意味していた。さらに債権者本人だけが債務を負うとされていた。

●一六五一年七月、メキシコ州テスココ市、コアテペックに住む先住民女性アグスティナ・ミカエラは、大アシエンダ経営者フランシスコ・モンロイ隊長相手に副王へ訴えたことで、その事件は表沙汰になった。彼女の訴状によれば、モンロイ隊長は夫ルイスをアシエンダで有無も言わせず強制労働させ、家に帰ることも許さず、「インディオ関係法廷」に訴えることも許さなかった。モンロイ隊長は住民を奴隷状態にしていないと見せかけて、その事実が外に漏れないようにしていた。そのためコアテペックのスペイン人代官は、法に違反していないとしてモンロイ隊長に何かしらの命令を下すこともなかった。副王は先の訴えを聞き、テスココの市長に対して、モンロイ隊長の過去の行いを精査し、その情報を流すように命令した。このことで彼の犯罪歴が発覚した。テスココの市長はコアテペックの代官に先のルイスのことを問いただすと、ルイスはモンロイ隊長のアシエンダから逃亡していて、農園内にいないと嘘をついたことがわかった。後に、一連の偽証言はモンロイ隊長自身と彼の手下が行ったもので、モンロイ隊長が先住民たちに十分な食料を与えることもなく勾留し、支配し、圧力をかけ、殴打し、危害を加え、ありとあらゆる犯罪に手を染めていたと証言する者が出てきた。捜査はモンロイ隊長に対するさしあたり八つの罪の告発の詳細を確認することになった。

● 一六八五年九月、トラスカーラ州テペトマティトラン村の役職と五人の住民とその妻たちが、スペイン人フアン・ベルナル・ベハラノのアシエンダで一〇年間、労働奉仕をさせられ、ときにはむち打ちされたと訴えた。そのベハラノが死んだ今、その農園を継いだ息子が住民に先の労働に対する賃金の支払いを拒否しているために、トラスカーラの裁判官へ支払い命令と保護を訴えた。同じ時期、トラスコ村の助役が、ベハラノによって監獄に閉じ込められている住民を解放するように裁判所に訴えた。

一七世紀のなかごろ、先述の通りスペイン人のアシエンダで働く日雇い労働には二つの形態があった。一つは市街地と周辺の村で一般的になった日雇い労働者で、トラスカーラ州地区では「トラケウアレス」

と呼ばれ、日曜を除く毎日、自宅から農場に通っていた先住民がいた。事実、彼らは借金によって縛られていたが、裁判所は彼らを家庭に帰す権利を支持し、なおかつ集落の成員であるという権利を保証していた。他方、アシエンダ内に定住していた労働者は、永年、農場内の作業に従事していた。そして、もしそこから逃げるようなことがあれば、アシエンダが抱える警備兵によって連れ戻されていた。遠隔地での閉鎖的な環境、たとえば北部の鉱山地帯では、アシエンダ経営者や支配人に裁判権が移譲されていることもあった。このことはアシエンダ経営者に不都合となる裁定、反対に先住民労働者に好意的な裁定が望めないことを意味していた。

●一七二二年六月、メキシコ州トラルマナルコ地区のアヤパンゴ村の住民フェリペ・マウリシオは、その地区のスペイン人フアン・バウティスタ・デ・エチェガライ所有のアシエンダで、無償で働いていたと訴えた。その訴えの中で、エチェガライがマウリシオに飼育を頼んでいた家畜の面倒をよくみていないと叱責し、激しく彼をむち打ちしたことが表面化した。そのことでマウリシオはその農場主からの保護と賃金の支払いを訴えていた。七月、副王がトラルマナルコの市長にその件に関する情報を送るように命令した。それに対して先の市長は「インディオの罪は、家畜に草を食べさせるために連れ出さなかったことに原因があり、そのむち打ちは、いわれるほど残忍ではなかったし、給料の精算に関しても、マウリシオには四一・四ペソの借金があります」と報告していた。この報告で訴訟はマウリシオの敗訴となったために、彼は裁判経費を支払うことになった。

先住民であるマウリシオが勇気をふるって訴訟を起こした結果、敗訴となってしまった。だが、何か不正の匂いがしてならない結論である。

●一七二二年六月、トラスカーラ州、トラスカーラ地区の大アシエンダの経営者フアン・フランシスコ・デ・コルドバは、ホセ・エルナンデスから相続したサン・バロトロメ・ショナクラの農場の七人の作男たちに、給料を支払うように求めて訴えられた。しかし、そのアシエンダの支配人は彼らに支払わないばかりか、彼らを冷遇し服従させていた。ついには彼らを残酷にもむち打ちし、ふだん以上に長時間働かせていた。その結果、一人の少女が死に瀕していた。「インディオ関係法廷」への訴えの中で、自身で選んだ村に自由に行って生活する許可申請が出された。当然、副王から作男たちに好意的な判断が下されたが、メキシコ植民地では「鍬を扱う奴隷」と称されていた作男たちは、一八世紀になって増えていた。

一七世紀初期に先住民の人口が七五万となり、底を突いたことはこれまでに何度か述べてきた。征服以前に二五二〇万人を超える人々の糧を支えていた彼らの農地は、その結果、いたるところで耕作されず、放置状態となった。スペイン人入植者はそうした農地をめざとく見つけ出すと副王に分譲を願い出て登記し、自分のものにしていた。それがスペイン人のアシエンダに土地が集約したからくりの一つである。ところが、一七世紀初期以降、先住民の人口がわずかずつ回復してくると、かつての先住民の耕作地はすっかりスペイン人の手に渡っていて、先住民の耕作すべき土地はなくなっていた。こうして彼らの行く末は「鍬を扱う奴隷」になることを余儀なくされていたのである。

●一七六一年二月、イダルゴ州、イスミキルパン地区ヌエストラ・セニョーラ・デ・ロス・レメディオス・デ・ラ・サバーナ村の住民たちは、アシエンダ経営者パウリンへ賠償を訴えた。その村は長い間、パウリン所有のデボデの農場の日雇い労働者と門衛兵との間で、場内にある水くみ場への出入りのことでいざこざがあり、その件で経営者パウリンは訴えを起こしていた。それを受けてイスミキルパンの代官は一〇人の先住民を監獄に一〇か月間も閉じ込めていた。それに対して先住民たちは副王への訴えを起こし、監獄からの解放命令と四〇〇ペソの罰金支払い命令書を手にした。しかし、それが実行されることはなかった。いっぽうで、代官は住民たちを解放したが、四〇〇ペソの罰金支払いをするどころか、収監中の経費と監獄での仕事を要求していた。一人頭四から六ペソ、そして担保として差し押さえていた六頭のロバを要求した。副王はその一〇人の先住民が監獄にいなければ、農場で働いていたはずだといって二〇〇ペソの罰金を科し、飲料のために必要となる水くみ場までの通行を先住民たちに禁止してはならないと命令を出し、読み書きに縁がないこのような先住民たちにその決裁を伝えた。

●一七六八年三月、メキシコ州エカテペック市、サン・ペドロ村の先住民イシドロ・フェリペが、二人のスペイン人フアン・カヨンとフランシスコ・カベジョ相手に訴えを起こした。このフェリペはサン・フアン・デ・リエスコの大アシエンダで先の二人に雇われていたが、彼らにむち打たれたことで副王に訴えた。このアシエンダの二人の支配人はむちを使ったことを認め、さらにむちでできたミミズ腫れの診察を認めて補償することに同意した。副王はエカテペックの市長に捜査を命令し、もし有罪であるなら、先の支配人たちを投獄し、早急に報告するように命令した。その捜査の段階で、支配人長は、フェリペはアグアミエル（マゲイサボテンからとれる甘い水、プルケの原料）を盗んだからだと言い訳していた。エカテペックの市長はその訴えとむち打ちの状況と、このアシエンダがアグアミエルのことで二つの先住民集落といざこざが続いているという情報を送った。フェリペの訴えに、副王はアシエンダ経営者に、その裁判経費のほかに先住民フェリペに対して費用や治療費一七・二ペソを支払うように命令した。

●一七七四年一二月、メキシコ州テオティワカン地区エカテペック市とトトルシンゴの先住民ペドロ・パブロはスペイン人ブラス・デ・オルベラが自分と娘をむち打ったことで訴えた。パブロとその娘アンヘリカは「インディオ関係法廷」の法律顧問の前でオルベラからむちをあてがわれたと、アンヘリカの小さな背中のむちの痕を示して訴えた。次の日、「インディオ関係法廷」の外科の権威でサン・フアン派の外科医、そしてもう一人の外科医がその傷の所見に関する訴状に署名した。こうしてパブロは正式に副王に訴え出た。副王はエカテペック市の近くに住む裁判官に捜査を依頼した。これを受けて裁判官はエカテペックの市長に、最終的な判決を下す前に証言を取り記録するように命令をした。ところがその証言は、アンヘリカがブラスの牧童のマントを持っていたと副王に報告され、さらにエカテペックの市長はブラスがいつも先住民を親切に扱い、彼らを支援していたと報告していた。しかし、その証言が本当かどうかはわからないとも付け加えていた。

後に訴訟人であるペドロ・パブロは一枚の資料を市長に提示した。その中で彼は、以前からオリベラは親切だったと持ち上げ、自分の娘の挑発的な言動があったことを理由に、訴えを取り下げると申し出た。すべての資料がメキシコ市に送られ、そこで保管された。その事件の記録によれば、その内容はその村で事件の隠蔽が行われたことを示していた。たぶん、ペドロ・パブロはブラスから金を受け取り、娘の事件を取り下げるように頼まれたのだと思われる。お金で解決したとしても小さな娘の心の傷を思うと、胸が痛くなる。

●一七八六年四月、メキシコ州トランシンゴ市、クアウティィナンゴのスペイン人地主ロレンソ・デ・ラ・ロサから土地を借りている先住民の作男マヌエル・マリア・デ・アレジャノは「インディオ関係法廷」に、いつも過酷な仕事を強要し、脅しをかけるとして、先の地主相手に労働奉仕からの解放と天災（干ばつ、疫病）が起きたときのための保険料五ペソを返すようにと訴えた。「インディオ関係法廷」はトゥランシンゴの市長に捜査を進めるように指示した。捜査に対して地主ラ・ロサは「納める穀物を多めに計量しているのは、穀物をインディオが盗むからその穴埋めのためで、不正ではない」と主張した。そこでは、トウモロコシ市場でプルケを買うために、穀倉からトウモロコシが盗まれることがよくあった。地主がアントニオに前貸しするのを断ったために、絶望的になって彼は嘘の証言を持ちだしたと裁定された。

先住民への根拠が希薄なこうした当てつけは、メキシコ植民地のスペイン人にとってはすでに学習済みで、造作ないことだった。口八丁のスペイン人は無感覚になり、寡黙な先住民を自分の意のままにすることに何の抵抗も感じていなかった。

第五章　アシエンダ

これまで、メキシコ植民地のスペイン人による土地争奪戦、スペイン法にもとづく裁判制度のひずみや裁判に関わる貪欲なスペイン人公務員たちの暗躍と不正、そしてスペイン入植者の重圧に苦しんでいたメキシコ先住民の姿をみてきた。そして最後に、古文書に記録されているアシエンダ経営者と先住民間の訴訟にも目を通してきた。

これからは、実際のアシエンダに視座を移し、メキシコ先住民がどんな生活をその中で送ってきたかを検証しようと思う。

メキシコの征服以降の風景には、アシエンダの原型がどこにでも点在していた。そのアシエンダの最初の持ち主の住居は、貧しくも石とアドベ（日干し煉瓦）で造られていて、きわめて質素だった。そしてその中には、必要最低限の備品があるだけで、たった一つの贅沢は銀の食器類だった。なぜかそれはメキシコでは共通の財産だったが、それに加え乗馬のための鞍一式と拍車もそうだった。彼らは分譲された土地で、家族数人と数十頭の家畜を守って暮らしていた。

もし、そうした人間がこの植民地に長く留まっていられたとしたら、これまでみてきたように彼らは大エンコメンデーロ、鉱山主、商人、公務員であり、大土地所有者で、闇で金貸しをしている者たちだった。スペイン帝国に限って話すなら、一七世紀初期のメキシコ植民地には、セビージャや地中海沿岸地域、ポルトガル地方の都市や町にいるような富豪は残念ながら一人もいなかった。メキシコ市が首都として繁栄をみていながら、先のようなヨーロッパの都市の平均に比べても、それほど重要ではなかったのだ。

それにもかかわらず、メキシコ市は副王領内ではきわ立って重要な都市で、一七世紀にさしかかると大牧畜業者と大富農は、首都やプエブラ市に居住し、地方にある自分の土地に別荘兼アシエンダを抱えていた。特別な機会でもなければ、一年を通じてアシエンダに留まる経営者はおらず、ほとんどは信頼する支配人に管理を任せて、メキシコ市で左うちわの生活を享受していたのである。

ところがメキシコのアシエンダの経済活動、誤解を怖れずにいえば搾取で生み出された資産のほとんどは、残念ながらつねにメキシコ植民地から流出した状態にあった。その理由は、スペイン本国の重税と、これまでみてきたように任期を終えた高級官僚たちの持ち去りだった。彼らは母国スペインへの帰還にさいして、職権を利用して手にした違法な所有財産や事業を売り払い、金貨や銀の延べ棒として持ち去っていたのだった。このように多くのスペイン人は自分の好運を探り当てた後、故郷の町に錦を飾っていた。概して、ヌエバ・エスパーニャ副王領、そしてペルー副王領などのインディアスの富がイベリア半島に吸収されていたのだった。黄金時代のスペインのコメディーや小説は、こうした戻りインディノスとペルアノスを、皮肉を込めて取り上げていたのだという。

いっぽう、独立後のメキシコにとって、アシエンダをメキシコ革命の視点でとらえることは意義深い。それらは革命の指導者エミリアーノ・サパタの改革プログラムの中心課題となっていたからだ。これまでに何度も出てきたこのアシエンダを十分に説明することを怠っていたが、アシエンダを資産的な見地から説明すれば、単なる耕作地や放牧地とは異なり、そうした土地に投資された資本、たとえば川をせき止めて貯水池をつくるための資本や作業小屋、倉庫、機械小屋と水車などの装置建設のための資本、鉄の道具と馬車、牛車、家畜のための資本のほか、忌まわしいことに奴隷と農奴に投資されたものも含んでいた。

他方、アシエンダを社会的な見地から説明すれば、支配的土地所有者と個人労働者との契約によって構成された、市場に産品を供給する企業形態ということができる。それはとくに植民地メキシコでは資本蓄積に加えて、経営者の貴族称号獲得のためのプログラムでもあった。農奴状態にあった先住民労働者サパティスタの蜂起、一九一〇年のメキシコ革命への突入は、植民地時代を通して深く根づいていたアシエンダの解体、農奴解放、農地解放を希求した結果だった。

鉱山王たちのアシエンダ

一六世紀、公職に起源を持たない富豪といえば、鉱山を所有している者たちだった。彼らにとって農業と家畜飼育業は収入源の補助的な事業で、ごく初期には計算の中に入っておらず、自分の鉱山への食糧供給以外に必要でないものだった。だがその後、農業と家畜飼育業は、徐々に収益を求める事業となり、魅惑的な投資対象となっていた。というのも食糧と使役用家畜は鉱山地帯で急激に需要が高まり、高値で取引されていたからである。

こうした富豪たちは、じつは高等司法行政院や教会関係者、副王からさえも距離をおいて、ほとんど独立独歩を貫いていた。一五七六年、ハリスコ州グアダラハラのある治安検事は国王に対して、高等司法行政院は管区内の鉱山主に対してまったく関与していなかったと自白している。その理由はその鉱山が遠距離にあったことや道中が安全ではなかったことに加えて、桁外れに裕福な実業家に対してあれこれ命令できる立場になかったからだったという。同じく一五七二年に英国人ホークスは、数人の鉱山主の栄華と寛容精神を賞賛して次のように書いていた。「彼らは自分たちの食事時間に、屋敷の傍を通過することになる旅人が遠くにいても聞こえるように、そして旅人をテーブルに招き入れるために、門の外にある鐘を高らかに打ち鳴らしていた」。

当初、そうした鉱山主たちは、チチメカ族や盗賊たちの恐怖以外に何もない岩だらけの荒地に、自分のために働いてくれる奴隷や労働者を呼び寄せなければならなかったし、大量の使役用の牛とラバを確保するという深刻な問題を抱えていた。それは鉱石を掘り出し、運び、とくに重たい鉱石粉砕機を運転する動力を必要としていたからだった。動力源として近くに川があれば好運だった。でも乾燥地帯ではそれは奇跡的なことだった。それに加えて食糧生産地からとんでもない遠方の鉱山では、食糧と家畜の価格は法外で、許容しがたい価格になっていた。

結果として多くの鉱山主は、鉱山の周辺に家畜用の牧草地と小麦やトウモロコシの畑を整備していた。さらに溶鉱炉に大量の木炭が求められると、彼らは森林を求めて近くの山を探し歩いていた。彼らはそこに木炭をつくる窯を設置していた。

以上のような個々の事業は混合形式のアシエンダの起源となった。亜熱帯地域のメキシコ市以南で大きな発展をみた精糖工場では、ボイラーに必要十分な燃料用の薪があったことを思い起こすが、鉱山では膨大な量の材木と木炭、穀物の畑、使役家畜、奴隷や日雇い労働者が必要だった。鉱山が不毛の砂漠の中に位置する場合には、そのアシエンダは、動力源として十分に水量のある川を必要とした。精錬所はそうした川や貯水池の傍に建てられた。そうした場合では、ときには一〇〇キロメートル近い距離をラバの背や牛車で鉱石を運ばなければならない不便がつきまとった。貯水池は鉱石洗浄と小さな畑の灌漑のためにつくられたのだったが、そうしたところでは巨大アシエンダへの足がかりとなり、大きく成長する兆しを示した。アシエンダ経営者のほとんどは、狭い耕作地と小さな放牧地の正式な所有権を持っていたが、彼らが不正使用している土地に対して誰も問題にして邪魔だてすることがなかった。そのために自分の土地の周辺の空き地を、あたかも自分のもののように堂々と使用し支配していた。

北部アシエンダの労働者事情

メキシコ中央高原の中心地区と南部地区に比べて、及びもつかない広さを有する北部の大地に、アシエンダは新しい人口の集中をみせていた。一六〇八年のヌエバ・ガリシア管区の検察官が書いた手紙の中に、「すべての鉱山アシエンダと多くの牧草地地区には、既存の集落に住むインディオよりも、多くの移住者インディオが住んでいた」とある。その理由は、東部には遊牧のチチメカ族以外の先住民の集落がなかったし、西部には、集落はまばらで小さいものしかなかったからである。そこではレパルティミエント、労働力分配制度はまったく機能しなかった。あるいは奉仕による労働力確保（強制労働）が十分にできず、遠隔地の鉱山と放牧地は、奴隷と使役用のラバや牛、そして日雇い労働者を使わなければならなかった。後者は中央地区から導かれた先住民で、さまざまな手管で、とくに彼らを借金状態にして留め置くという方法で確保していたのだった。一六〇八年といえば、二五〇〇万人以上あった先住民の人口が一〇〇万人を切ろうとしていた時期だったが、すでに先住民に労働力を求める限界をスペイン人たちは理解していたはずなのに、それでも先住民を酷使して利益を上げようとしていた。付け加えていえば、この一〇〇万人という人口は各年代層を合わせたもので、つまるところ、労働可能な人口はその半分以下と考えなければならない。

いずれにしても十分に人口密度の高い地区は南部で、そこではアシエンダ内にほとんど誰も住まず、耕作地は近隣の先住民の村から毎日、あるいは季節ごとにやってくる日雇い労働者によって作業が進められていた。いっぽう、北部のアシエンダ経営者は、捕まえたチチメカ族奴隷か犯罪者、平定した部族を有無も言わせず仕事に就かせていた。彼らをその鉱山や農場に囲って仕事に従事させていたが、けっして熟練した優良な労働者とはいえなかった。

勝手に司令官

もともと軍隊に所属していた兵士たちの一部は、メキシコ植民地の征服がほぼ一服したことで職替えを迫られ、牧畜業者から預かった家畜の群れを盗賊から守り、あるいは「銀街道」を行き来する隊商を警護する仕事に就いていた。そうした軍隊は、富豪の鉱山主や大土地所有者の私設の軍隊だった。というのも国王は物理的に広大なチチメカ領域での軍隊編成が不可能だったからだった。結果、国王は富豪の鉱山主と大土地所有者に軍司令官の職権を手渡し、それも何の正式な報酬もなく行われていたために、自分の所有する土地で絶対的な権力を許すことになった。それは裕福な人間にとって都合のよい政策となり、アシエンダへの当然の道筋となっていた。

メキシコ北部のチチメカ領域一帯では、ある者は国王から「軍司令官兼チチメカ領域最前線平定公務主任」に指名されていたが、それは名誉職だった。たとえば、サン・ルイス・ポトシ近くの鉱山主、アリスメンディ・ゴゴローン（この後の「アシエンダ探訪」で紹介する）は、チチメカ族平定のために自分のポケットから五〇〇〇ペソを支払ったことを鼻にかけていたし、サカテカス北部とドゥランゴでは、クリストバル・デ・エレディア司令官が、一六〇四年に大きな農場と馬とラバの牧場のほかにインデというところで、多数の鉱山と四つの溶鉱炉を所有していたのだが、後にその地域の市長に転身していた。

こうした司令官が誓約書に綴ったサインの文字は、ペンよりも剣のほうが巧みに使いこなせたことを示しているのだそうだ。一部の司令官たちはチチメカ族の憎悪むき出しの攻撃に、目に余る残虐行為で報復していた。彼の兵士たちはチチメカ族を捕縛し、戦利品として奴隷にしたて上げて鉱山に売り飛ばしていた。たとえば、コアウイラ州サルティージョの創始者、アルベルト・デ・カント司令官は、チチメカ領域で無慈悲な戦闘状態を日常化していた。高等司法行政院は数々の虐待の咎でこの男を取り調べようと呼びつけたが、姿を見せなかったし、けっして捕まることはなかったのだという。

肩書きとしての司令官とアシエンダ

一七世紀を通して、肩書きや地位はかなり多様化されていた。「キャピタン」「軍司令官」とは軍曹のようだったし、主任軍曹と旗手は主任旗手、そして「ジェネラル」と呼ばれた長官という最高位の地位は、しばしば政府の司令長官に仕える副官の立場のようだった。つまり、本来の位より一ランク下のような扱いだった。被指名者数はどんどん増えていて、一六七六年にはサルティージョに住んでいるスペイン人五一人の武装住民の間に、一一の役職があったそうだから驚きである。

征服が一段落した一六世紀末でさえ、司令官の肩書きを持っていることを鼻にかける鉱山主と牛飼育業者がいた。彼らは国王から爵位を授かりたいと思っていた。そのために彼らはしばしば危険な地域でアシエンダを経営していたのだった。

ドゥランゴ市のミゲル・デ・バラッサは一六一五年に国王に、行政官と先住民保護官の肩書きを誓願した。彼は国王からの支払いもなく自分の資金で「武器を与え、部下と馬を与え」、二〇年、あるいは三〇年間を戦いに人生を費やした男だった。ほかにも古参の司令官ペドロ・モルシージョは、チチメカ族や盗賊の多い危険なドゥランゴ州クエンカメの新地区に駐留する偵察人だった。しかし、彼はチチメカ族を懐柔し、そして自分のお金で用意した贈答品を与えることで平定していたのだそうだ。それは一五六九年からのことだったが、結果的にヌエバ・レオン州アメリカ国境近くのサン・ホセの大アシエンダ、一五エスタンシアの放牧地と三〇カバジェリアスの耕作地を形成したのだという。

アメリカとの国境地域では一七世紀末まで、司令官でないアシエンダ所有者はほとんどいなかった。彼らはみんな屋上に胸壁、壁に銃眼、そして監獄のある要塞のような住居に住んでいた。副王政府の統治の手が及ばないそこでは、兵士の俸給のために先住民集落に対して戦争を仕掛け、奴隷に仕立て上げるような悪事が復活していた。

アシエンダ探訪

今日のメキシコに残されているアシエンダは以外に多い。放置されて廃墟の状態にあるものがあるいっぽうで、その形を保持して、豪華に改装され、ホテルやイベント会場として利用されているものもけっこうある。またいまだにアシエンダとしての機能を保持し、少人数の従業員を抱えて農業を続けているところもある。私が訪ねたのはおもに後者で、植民地時代やメキシコ独立後、メキシコ革命までに建設されたものも含まれていて、往時の豪華なアシエンダを彷彿させている。

シエネガ・デ・マタ

北部地帯の土地集中プロセスの特異な景観を示している有名な例がある。シエネガ・デ・マタのアシエンダがそれである。バイーオの農業地帯北部に隣接したそれらの土地は、資本が鉱山関係者でない人

シエネガ・デ・マタ本部の主館。配下に多数のアシエンダを所有し、現在の国道 70 号線でつながっていた。チチメカ領域にありながら平坦で水利に恵まれた土地で、鉱山町に食糧を供給していた。

たちによって持ち込まれていたことで異質だった。

一六世紀末、スペイン人農民ペドロ・マテオはバイーオ近郊の土地、ハリスコ州北部とアグアスカリエンテス東部地域でかなりの繁栄を示していた。彼はたぶん、グアダラハラ高等司法行政院に友人を持っていたのだと思うが、彼と彼の息子ディエゴはチチメカ族の攻撃に晒されたアグアスカリエンテス東部にかなり広い土地の分譲を受けていた。彼は土地の開発と富を求めて技巧や奇策をこらしていたのだという。「彼のアシエンダとエスタンシアにある彼の家の近く」の畑を灌漑し、銀精錬のための特別な砕石機を四台建設するために、彼は小川をせき止め、大きな灌漑システムをつくる権利を持っていた。彼はたぶん、鉱石をアグアスカリエンテス近郊テペサラ鉱山から買ったものと思う。そこは彼らのファミリーが所有権を買っていたところだ。彼は持っている分譲地に満足することがなく、替え玉によって他の土地を求め、そしてその同じ地域、ラス・ボカズ要塞（オフエロス）の近

銀精錬のためのこの貯水池が、このアシエンダの拡大につながった。

アシエンダの前庭では、カウボーイから解放された馬が自由を謳歌していた。

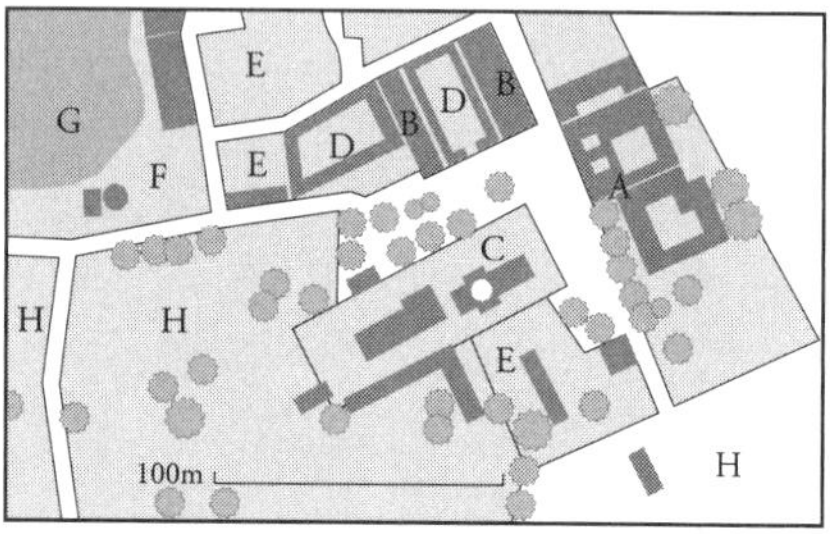

A：主館、B：穀物倉庫、C：礼拝堂、D：家畜柵・小屋、E：作業場、F：調教場、G：貯水池、H：耕作地

くの土地を買い足していた。とくに聖職者から、かなりの分量の土地を取得していたが、そうした土地はまさに聖職者への寄付行為によって、回りめぐって彼らにもたらされたものだった。

すでにこの壮大な領地は、孫アグスティン・リンコーンに受け継がれた。彼は祖父のように精力的かつ積極的な人間だったようで、役場の職員から初めて、いくつかの異なった町の主任保安官の職を得ている。それからサカテカスの行政官、司令官そしてついには総司令官となった。たくさんいる家族の中

主館（中央）の前の広場。教会の増築のせいか、意外に狭い。

所有者の永代供養のための豪華な礼拝堂。

で彼は最初の軍人だった。その彼は自身の領地拡大を続け、「銀街道」の町グアナファト州サン・フェリペ近郊のクリオーリョ（メキシコ生まれのスペイン人）の農家から土地を買い求めて大きくしていた。一六四五年までに、彼の堅固な金庫は、シエネガ・デ・マタのアシエンダ周辺のほとんど全域の八七エスタンシア（一五二三平方キロメートル）の牧草地、そして一八〇カバジェリア（六四・五平方キロメートル）の耕作地の所有権証書で埋め尽くされていた。

　アグスティン・リンコーンの死後、彼がその領地の限嗣相続を姪に設定していたために彼女の手に渡ったが、彼女が司令官ニコラス・ガジャルドと結婚してそこに定住していた。彼らの二人の息子の一人ホセは、リンコン・デ・ガジャルドの名を継いだ最初の人間だった。彼はメキシコのアシエンダ経営者の絵に描いたような人物で、教会の支援者であり、戦時には約五〇〇人の兵士と一〇〇〇頭の馬を抱える自警団の司令官でもあった。

　彼の土地所有事業がひと通り終わった後に、ホセは再び、シエネガ・デ・マタの巨大な所有地のために国王と決着をつけなければならなかった。王室の調査官はその領地の面積を二〇二エスタンシア（約三五〇〇平方キロメートル）だと査定していた。それは日本でいえば奈良県に匹敵する面積である。調査の結果、そのうちの半分一〇〇エスタンシア分の所有権証書が正式に認証されただけで、残りの半分は不正に取得したものと判断された。ところが、追加承認のためにわずか二〇〇〇ペソの入植税を支払っただけだというから、特別な配慮がなされたものと思う。

この小さな王国を形成するのに、わずかに一世紀を要しただけだったというから驚きである。本部は

耕作地は縮小したが、今も地域の住民がここで働いている。奥に見えるのは穀物倉庫。

もともとこのアシエンダは、荒涼としたメキシコ北部には珍しく湧水に恵まれた優良な土地だった。

アシエンダの場外に広がる労働者の住居。かつては500人の労働者がこのアシエンダで働いていた。

今日ではフランシスコ・プリモ・デ・ベルダーという村名になっているシエネガ・デ・マタで、その周辺部には、オフエロス、チナンパス、マタンシジョ、ロス・カムポスなどの下部組織のアシエンダと小集落を持っている。いずれもアグアスカリエンテスとオフエロスを結ぶ国道七〇号線でつながれていて、サカテカス鉱山とメキシコ市の交易路「銀街道」の要塞の町オフエロスを経由して鉱山町に食糧を供給していて、大いに繁栄をみたのだという。

この地域はほぼ平坦な地域であるだけでなく、アシエンダが立ち上がった地点は豊富な湧水に恵まれ、耕作地としてきわめて有効な土地だった。ヌエバ・ガリシアでもっとも広大で生産性の高い土地の一つであるシエネガ・デ・マタは、一六世紀から、一八六一年の最後の所有者が、多くの耕作地を小作に販売するまで分割されることなく続いた長命のアシエンダだった。メキシコ革命によって、農地解放が行われたために、このアシエンダは土地を失いその役目を終えることとなった。その中でも古くから「銀街道」の要塞のあったオフエロスは一八六一年以降、地方都市としての風格を備え、人口三万を超える都市に発展をみている。オフエロスに関しては、拙著『銀街道』（未知谷）を参照されたい。

独立戦争後の混乱にもてあそばれたペオティージョ

サン・ルイス・ポトシ州ビジャ・デ・イダルゴ市にあるペオティージョのアシエンダの起源は、一六三一年のホセ・デ・エチェゴヤンがここで木炭製造を始めたことによるといわれている。一六八〇年にこのアシエンダはアントニオ・マルドナド・サパタへ受け継がれ、サン・ルイス・ポトシ市東部のサン・ペ

1865年に建設されたペオティージョの豪華な建物。オーストリアの王冠をイメージした望楼をもつ。1631年、ホセ・デ・エチェゴヤンがここで、サン・ペドロの銀鉱山で使う木炭の製造を始めた。

ドロ銀鉱山に精錬用の木炭を供給して、かなりの発展をみたという。だがこのアシエンダはアントニオの直系の人間に相続されることなく、死後、管理人であったニコラス・フェルナンドに受け継がれた。それは彼がアシエンダの生産性を高めるために努力し、アシエンダ経営に精通していたためだった。一七三三年、そのニコラスが死ぬと、その全財産は現金四万八八〇〇ペソとともに、サン・ルイス・ポトシ市のソカロ

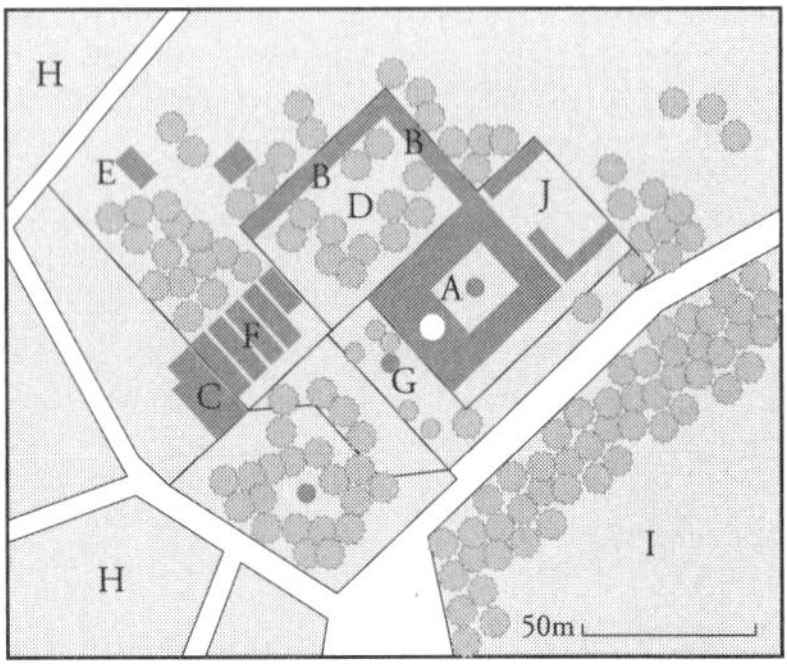

A：主館、B：作業棟、C：礼拝堂、D：作業場、E：水車小屋、F：穀物倉庫、G：前庭、H：住居、I：耕作地、J：家畜小屋

に豪華なバロックの修道院・教会建設のために、カルメン派の修道会へ寄贈されている。このアシエンダは一九世紀中ごろまでカルメン派修道院の所有となり、その時代に耕作地と放牧地の規模を一九三〇平方キロメートルに拡大したという。

一九世紀中葉、すべての修道会の財産が独立を果たしたメキシコ共和国に没収されるが、このアシエンダが個人に売りに出されたことで、イサベラ・デ・ゴリバールとパブロ・イバーラ夫妻のものとなり、

ペオティージョの資金によって建てられた豪華なサン・ルイス・ポトシ市のカルメン教会と修道院。

主館のパティオ。所有者や客人のための部屋が取り囲む。

石臼のある作業場。主館の望楼が見える。

一八六五年に今日見ることになる優雅な建築となった。この建物の象徴となっている展望楼は、先の二人がオーストリア出身であったことで、その王冠をイメージしてつくられたものだという。植民地時代以降に建てられたこの建物には、管理人が労働者に賃金を支払うときに、お互いの顔が見えない

教区教会堂。元はアシエンダの礼拝堂だった。

アシエンダ労働者が住んでいた村。今はひっそりしている。

支配人が顔を見せることなく労働者に給料を渡すための回転扉。

ロバの動力でギアを介し水車を回して、深井戸から水を汲み上げる装置。

ように工夫された回転扉の装置がある。独立を果たしたメキシコでも、革命以前にはアシエンダ経営者と貧しい賃金労働者との不和と葛藤が依然としてあったことがうかがえる。

多角経営のアシエンダ、ゴゴローン

サン・ルイス・ポトシ州南部、ゴゴローン山脈の麓、ビジャ・デ・レイエスのアシエンダは、軍司令官兼チチメカ領域最前線平定公務主任に指名されていた先述の鉱山主、アリスメンディ・ゴゴローンが、鉱山への食糧供給のために立ち上げたアシエンダだった。このアシエンダから東西南北を見回しても、

アシエンダ周辺を取り巻いている広大な耕作地と放牧地。

牧草地。奥に見えるのはゴゴローン山脈。

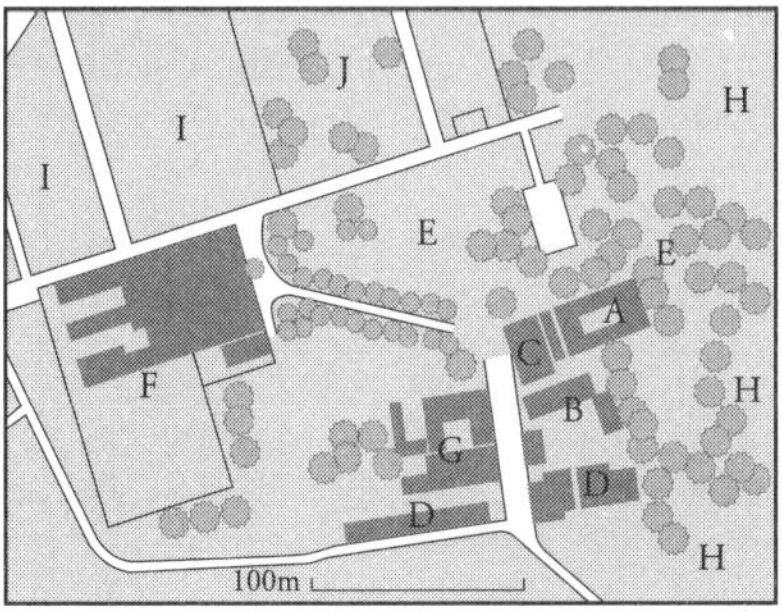

A：主館、B：倉庫、C：礼拝堂、D：作業小屋、E：前庭、F：織物工場、G：メスカル工場、H：耕作地、I：住居、J：家畜小屋

南を流れる川から、灌漑用水をアシエンダ内に引き入れる。

ほぼ平坦な土地が延々と広がっている。アシエンダの建物のすぐ南を横切る小川から灌漑用水を引き込み、その平坦な土地を優良な耕作地に仕立て上げていた。このアシエンダは、後に鉱山へ使役家畜、馬、牛、ロバを供給するとともに、鉱山労働者のために強い酒メスカルを生産して大いに繁栄していた。さらに広大な牧場で羊を飼育し、その羊毛を使って大規模な織物工場を経営していた。その工場跡が今も残っている。残念ながらアシエンダ・ゴゴローンの歴史資料を見つけることがかなわなかったが、一九世紀後期の横長のアシエンダのモノクロームの全景写真が回廊の壁に掲げられていて、繁栄を極めた当時の様子をよく伝えている。このアシエンダの女性所有者のご厚意でアシエンダ内を拝見させていただいたのだったが、外観を美しく保つ努力をされているのに対して、主館の内

織物工場から見た19世紀中ごろのゴゴローンのアシエンダ全景。中央が主館と礼拝堂、その右手がメスカルの工場。広い前庭をはさんで左の建物が、家畜のための囲い場や家畜小屋。

部はいたって控えめな装飾の印象を受けた。主館の西にそびえる壮麗な礼拝堂は、このアシエンダ所有者ゴゴローン家一族の永代供養のためのもので、アシエンダ周辺に暮らす住民には開放していないという。取材を終えて帰る途中、村の主要道に面して小さなコンクリート製の箱型の教会を見つけた。メキシコのけだるい昼下がり、多色の短冊飾りがその教会にまだらな影を落と

先住民労働者が溺れたメスカルでアシエンダは潤った。

敷地西側を占領する巨大な織物工場とその敷地。下の写真はこの屋上から撮影された。

主館とゴゴローン家の永代供養のための礼拝堂（奥）。村人には開放していない。

していた。メキシコ革命後の農地解放があっても、熱心なキリスト教信者である村人たちは、今でもゴゴローン家の礼拝堂のような豪華な教会を建てるほどの経済力を持ち合わせていないのだ。「過去は過去の中にあるのではない」というニューマン氏の言葉が頭をよぎる。

このアシエンダは、中世貴族の生活を思い描くのに保存状態において良好であるために、映画のロケ地として何度も使われていて、なかでも二〇〇五年、アントニオ・バンデラス主演の『レジェンド・オブ・ゾロ』は有名だという。居間にはヒロイン、キャサリン・ゼタ＝ジョーンズのサイン入り写真が飾ってある。

水銀鉱山サンタ・ブリヒダ

グアナファト州サン・ペドロ・デ・ラ・パス近郊のサンタ・ブリヒダのアシエンダは、一五八九年、水銀鉱山としてイエズス修道会が副王ルイス・デ・ベラスコ二世によって許可され、採掘が始められている。それまではスペインのアルマデン水銀鉱山の権益を守るために、スペイン本国から輸入する以外になかったのだったが、採鉱が許されたことでメキシコでのアマルガム法による銀の精錬を後押しすることに

水銀鉱脈の近くにイエズス会によってつくられた複合アシエンダ。周辺には耕作地が広がる。この炉で銀アマルガムを加熱し、水銀を蒸発させて銀を抽出する。

なった。すでにその東三キロメートルほどのところにある刑務所パルマ・デ・ベガ（チチメカ族を逮捕して投獄していた）近辺では、金銀、マンガン、鉛、銅、スズが採掘されていて、後にその土地がサン・ペドロ・デ・ロス・ポソスという露天掘りの銀鉱山として繁栄を極めている。金や銀の抽出に水銀を使ったアマルガム法による精錬法がヨーロッパで開発されたことで、サンタ・ブリヒダの水銀鉱山は、メキシコにある多くの銀精錬所にとって重要な鉱山となり、イエズ

アシエンダ主館の前庭はかなり広い。

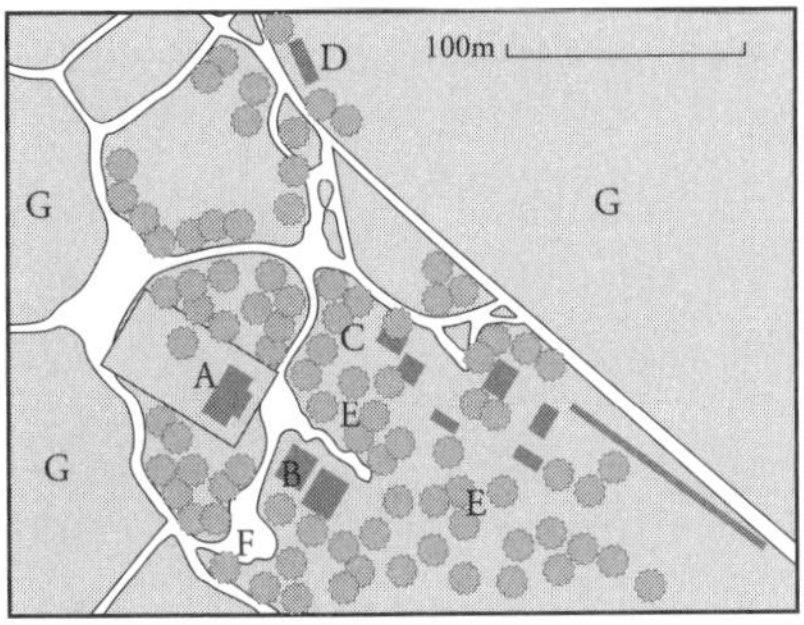

A：主館、B：穀物倉庫と作業棟、C：アマルガムタンク、D：製錬炉、E：水銀鉱床、F：作業場と荷さばき場 G：耕作地

ス修道会が一七七六年にメキシコから追放されるまで、彼らがこのアシエンダを経営していた。彼らは鉱山業のみならず、周辺部に広大な畑を耕し、農業と畜産、鉱山業の複合経営をしていたようだ。このアシエンダ近辺には村や集落がない。そのことから労働者は、住み込みの労働者か奴隷、ロス・ポソスからの通いの日雇い労働者だったことがわかる。

独立戦争の混乱で、ロス・ポソスでの鉱山業が停滞し、サンタ・ブリヒダのアシエンダも勢いを失い、

裏側から見た主館。手前が作業場と荷さばき場。

アシエンダの敷地内、煙突の下に水銀の鉱床がある。

穀物倉庫と作業棟。

革命後の政治的不安定、銀価格の落ち込みで鉱山は閉鎖されている。この地から三キロメートルほどのロス・ポソスには一時、七万人も住んでいたそうだが、今では人口は五〇〇〇人をやっと保っているそうだ。町にはいたるところに空き家が目立ち、ゴーストタウン寸前となっている。

水銀鉱床脇の製品（銀および水銀）保管庫と思われる建物。

水銀を用いるアマルガム法による製錬施設。手前がタンク。

すりつぶした銀鉱石の泥から水銀で銀を取り込むためのタンク。

サカテカス、グアナファト、サン・ルイス・ポトシの銀鉱山に食糧や使役家畜、メスカル、そして火薬を供給して繁栄していた。労働者はこのアシエンダの周辺に住んでいたが、今日では若者はメキシコシティや米国で働いている。

メスカルと火薬製造で栄えたハラル・デ・ベッリョス

グアナファト州サン・フェリペのハラル・デ・ベッリョスのアシエンダは、一五九二年にある牧畜業者が副王から土地を分譲されたことによって始まった。この地帯はチチメカ族の領域で、放牧以外に魅力的な土地ではなかったが、一六一三年、この地に小さな建物を建てたのはマルティン・ルイス・デ・サバラで、その後、相続や転売を経て、一六八八年にダマソ・デ・サルバティエラの手に渡っている。その娘ジョゼファ・テレサがアンドレ・デ・ベッリョと結婚したことで、一六九四年にアンドレがこのアシエンダの所有者となった。

アンドレ・デ・ベッリョの経営時代、このアシエンダは、近隣の鉱山地帯に供給する食糧や食肉、皮革のほか、メスカル酒や火薬の製造で高い収益を誇り、彼は侯爵の爵位を授かっている。彼はメキシコ市旧市街地中心に豪華な石造りの館を残している。二代目侯爵ミゲル・デ・ベッリョはその傘下に九九のランチョ（農場）を持ち、その息子ファン・ネポムセノ・デ・モンカダ・イ・ベッリオは九九人の自分の子どもに農場を分け与えたといわれて

2階建ての主館の広いパティオに面して、多くの客間が並んでいる。

繁栄を極めた1890年に、創始者アンドレ・デ・ベッリョの像を戴いて豪華なアシエンダが建ち上がった。

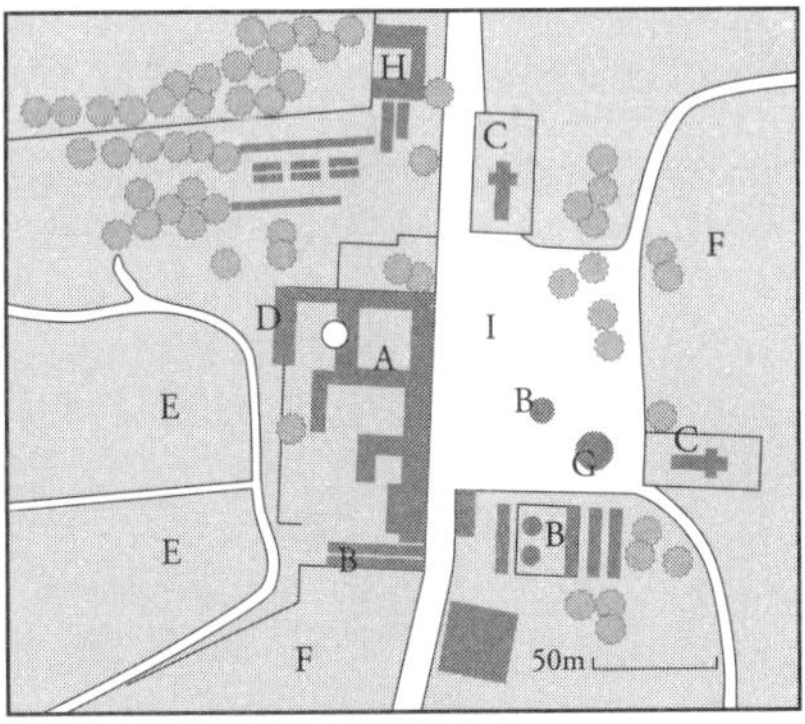

A：主館、B：穀物倉庫、C：礼拝堂と教会、D：家畜柵と小屋、E：耕作地、F：労働者の住居、G：脱穀場、H：メスカル工場、I：前庭

前の広場で行われる荷さばきの状況を支配人が監視する2階のバルコニー。

かなり広いアシエンダ前の広場。奥に教区教会堂が見える。

主館脇の家畜柵と家畜小屋。遠方にメスカルの工場らしきものが見える。

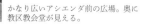

脱穀場と思われる円形の囲い。右奥にアシエンダの礼拝堂がある。

林立する穀物倉庫。サイロ群は壮観である。

穀物倉庫と作業小屋、納屋の廃墟。

いた。彼は独立戦争では副王フランシスコ・ザビエル・ベネガスを支援し、「モンカダのドラゴン」という名の農民軍隊を編成し戦ったという。一八一六年にアシエンダの敷地内に教会を建てたほか、ハラル・デ・ベッリョスの永代供養のために礼拝堂を建設している。

カルメン修道会のサン・ホセ・デル・カルメン

グアナファト州サルバティエラに位置するサン・ホセ・デル・カルメンのアシエンダは一六四八年にカルメン修道院として誕生し、タリモロ川周辺の土地一六八ヘクタールを所有して始まった。その後土地を買い集め、放牧地として一五七五ヘクタール、耕作地として三カバジェリア、さらにホセファ・デ・ボカネグラ（エルナン・ペレス・ボカネグラの末裔）から耕作地一五カバジェリアを購入して拡張している。

一六六四年、カルメン修道会は人口密度の低いこの地を離れて、今日のサルバティエラ市に新しい修道院・教会を建てるためだったと思われるが、突如、このアシエンダを一万四〇〇〇ペソでニコラス・デ・テッロに売却している。この時点でこのアシエンダはこの地域でもっとも大きなアシエンダの一つに成長していた。

ニコラス・デ・テッロの死後、このアシエンダは彼の子どもたちに相続されたが、一七二九年、カルメン修道会への借金返済のために修道会に売却され、その後修道会が経営することになった。ところが一八五六年の修道会の私有財産没収令によって国家のものとなり、競売にかけられ、個人所有となった。その後、メキシコ革命に至るまで植民地時代と同様の経営形態を保ち、居住労働者と日雇い労働者とを

1648年にカルメン派修道会のアシエンダとして起業した。作業棟から主館、教会の尖塔を望む。

アシエンダ南側の壁。手前に広大な畑が広がる。

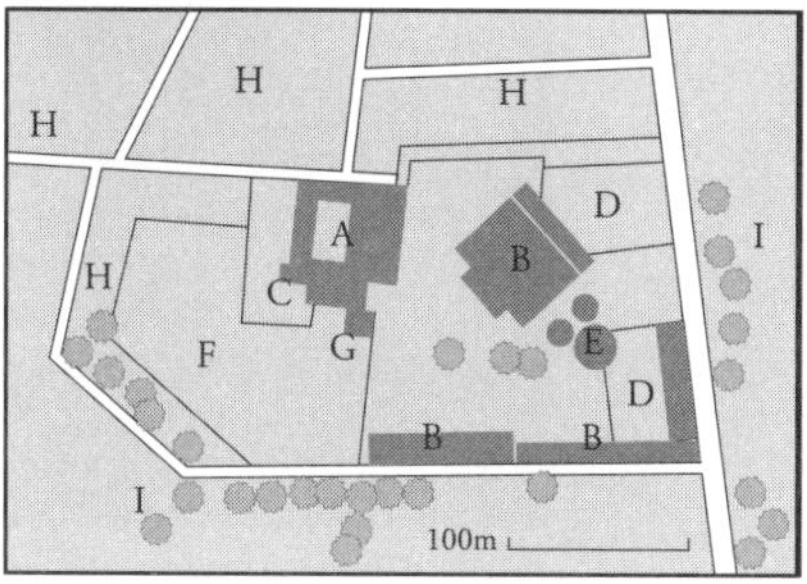

A：主館、B：穀物倉庫と作業棟、C：礼拝堂、D：家畜柵、E：脱穀場、F：自給用耕作地、G：道具小屋、H：住居、I：耕作地

かつては修道士の自給のために開かれたアシエンダ内の耕作地。

穀物倉庫と作業棟。

修道院の中庭。庭を囲んで多くの修道士の僧房があった。

南側の壁に沿うように建てられた、大規模な作業棟。

アシエンダの穀物倉庫。

主館のバルコニーから広い庭を望む。

合わせて約五〇〇人を抱えていたという。

修道院としてスタートしたために、場内に修道士のまかない用の耕作地を抱えているほかに、主館には中庭を囲むように僧房が取り囲んでいる。また広い場内には巨大な作業場と穀倉が点在していて、往時の栄華を連想することができる。二〇一九年、現在の所有者の計らいで内部を撮影させていただいたが、修道院だった回廊も礼拝堂も聖域としての装飾もなく、残念ながら荒廃寸前であった。

首都にプルケを供給するサン・アントニオ・デ・シャラ

一五二〇年六月、コルテス軍の首都テノチティトランからの敗走の折、アステカ軍と死闘をくり広げた古戦場オトゥンバ町に従属する二つの属村アシャプスコとオストティパックは、征服後、先の町から分割され、征服者たちのエンコミエンダにされている。サン・アントニオ・デ・シャラのアシエンダのあるアシャプスコのエンコメンデーロはフランシスコ・デ・サンタ・クルスとなった。彼はそれを一五六〇年代まで保持し、その息子アルバロがそれを相続して一五六九年まで保持した。ところが一五七〇年代、先のアルバロの死とともに、国王にそのエンコミエンダが返却されている。

一五七〇年から一六二〇年にかけて、国王はそのオトゥンバ管区内で土地の分譲による一二の恩賞を与えている。その土地を核にして定住者は周辺で分譲申請をくり返した結果、一七一七年にはこの地区に一七人の個人が一三のランチョ（農場）と一〇のアシエンダを所有していた。メルチョール・ウルバノ将軍所有のシャラのアシエンダは、一六一四年にファン・ペレス・サラサールに分譲された五〇頭の

シャラのプルケのアシエンダ。シャラはプルケのアシエンダとして大いに発展をみた。伝票の日付からわかるように20世紀まで続いていて、鉄路でメキシコ市に出荷していた。その後ビールが流行るとともに、プルケ産業は衰退した。中央に見えるのは礼拝堂。(Photo by Toshihiko Yamada)

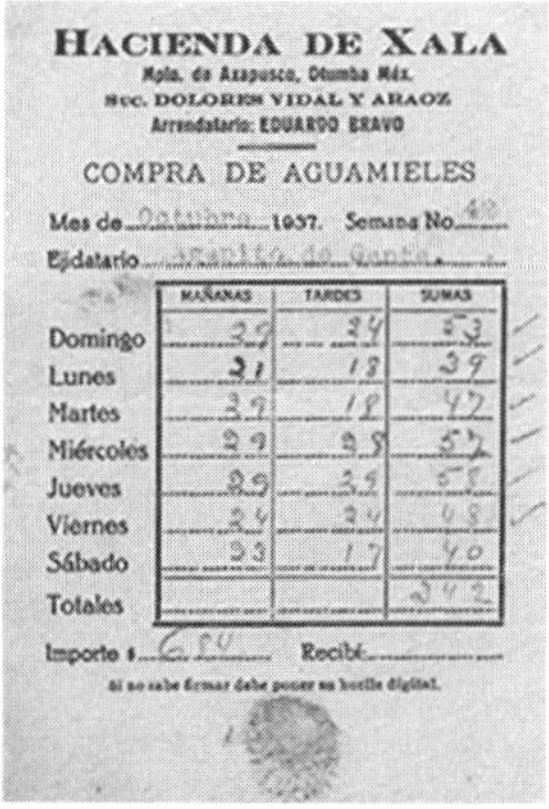

HACIENDA DE XALA
Mpio. de Axapusco, Otumba Méx.
Suc. DOLORES VIDAL Y ARAOZ
Arrendatario: EDUARDO BRAVO

COMPRA DE AGUAMIELES

Mes de Octubre 1937. Semana No. 40
Ejidatario [illegible]

	MAÑANAS	TARDES	SUMAS
Domingo	29	24	53
Lunes	21	18	39
Martes	[illegible]	18	47
Miércoles	29	[illegible]	52
Jueves	[illegible]	[illegible]	58
Viernes	24	24	48
Sábado	23	17	40
Totales			342

Importe $ [illegible] Recibí

Si no sabe firmar debe poner su huella digital.

1937年に先住民の集団農場からアシエンダがアグアミエルを何リットル、あるいは何樽購入したかを示す伝票。(Photo by Toshihiko Yamada)

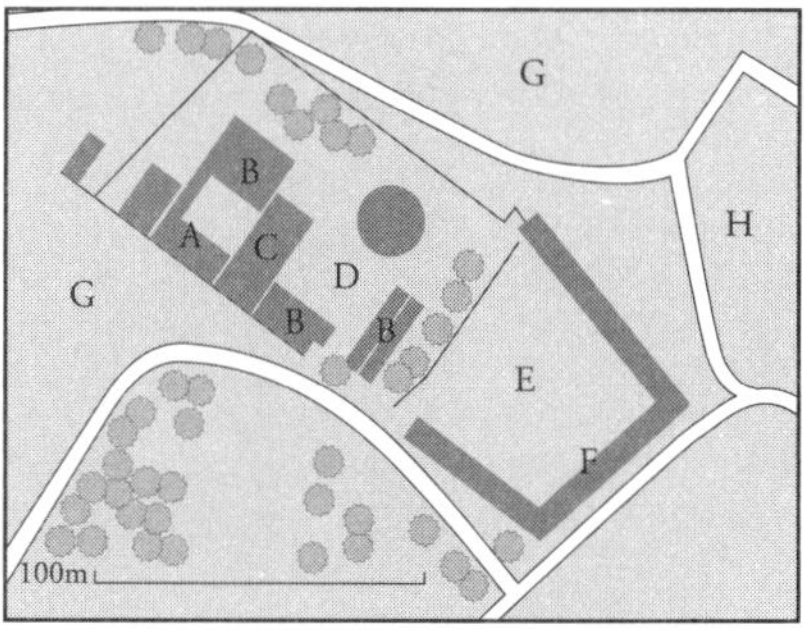

A：主館、B：倉庫と作業場、C：礼拝堂、D：作業場、E：家畜柵、F：労働者住居、G：耕作地、H：住居

パティオから教会の尖塔を望む。(Photo by Toshihiko Yamada)

パティオの回廊。(Photo by Toshihiko Yamada)

窓が一つだけの定住労働者用のカルパネリア(住居)。(Photo by Toshihiko Yamada)

柵の代わりに労働者の住居カルパネリアが家畜場を囲んでいる。(Photo by Toshihiko Yamada)

プルケ用のアグアミエルをマゲイサボテンの畑から集荷する労働者の記念写真。(Photo by Toshihiko Yamada)

アグアミエルの樽。吸い取ったアグアミエルをこの樽に溜めて、ロバか自分の背でアシエンダに運ぶ。(Photo by Toshihiko Yamada)

牛のための放牧地を、そして一六一七年にはクリストバル・エルナンデスが所有する二〇〇頭の牛用の放牧地と一八カバジェリアの耕作地を購入して規模を拡大している。シャラのアシエンダは牧畜業を基幹産業として発展したが、後に大麦、トウモロコシ、インゲン豆、サヤエンドウ、小麦を生産している。それでもそれらは自給自足のためのものであった。

その後、相続や売却で所有者がたびたび入れ替わっている。一七六四年、そのアシエンダの所有者が若きアンドレス・デ・メンディバルであった時代に、彼の管理人がホセ・デ・ラ・バルセナ家にシャラのアシエンダを勝手に売却してしまったことで訴訟となっていたが、最終的に、次に紹介するサン・バルトロメ・デル・モンテのアシエンダの所有者バルセナ家がその所有者となったことで、この二つのアシエンダは役割を分担して発展を遂げることになった。肉、牛乳、そしてそれからつくられるバターやチーズが首都の市場に送られるいっぽうで、トウモロコシ、大麦、そして豆類などの農産品は自給用として生産されていたが、ついに一八世紀後半、プルケ用にマゲイサボテン二万株が植え付けられ、二つのアシエンダの重要な資本となった。首都メキシコ市に近かったことと、首都に店舗を持っていたことで、一九〇二年には、五万株のマゲイサボテンから生産されたプルケで三万七八七九ペソの売り上げを記録している。

フランス風のサン・バルトロメ・デル・モンテ

トラスカーラ州西部カルプラルパンの南五キロメートルほどの畑の中に、サン・バルトロメ・デル・

建築家アントニオ・リーバス・メルカドが設計した、白・赤・緑に彩色されたフランス風の華麗な建築。外部から見えるところだけが装飾されていて、人目につかないところはぞんざいになっている。

正面から見える壮麗な中庭の噴水。だが背後は1枚壁で、周辺には回廊などない。

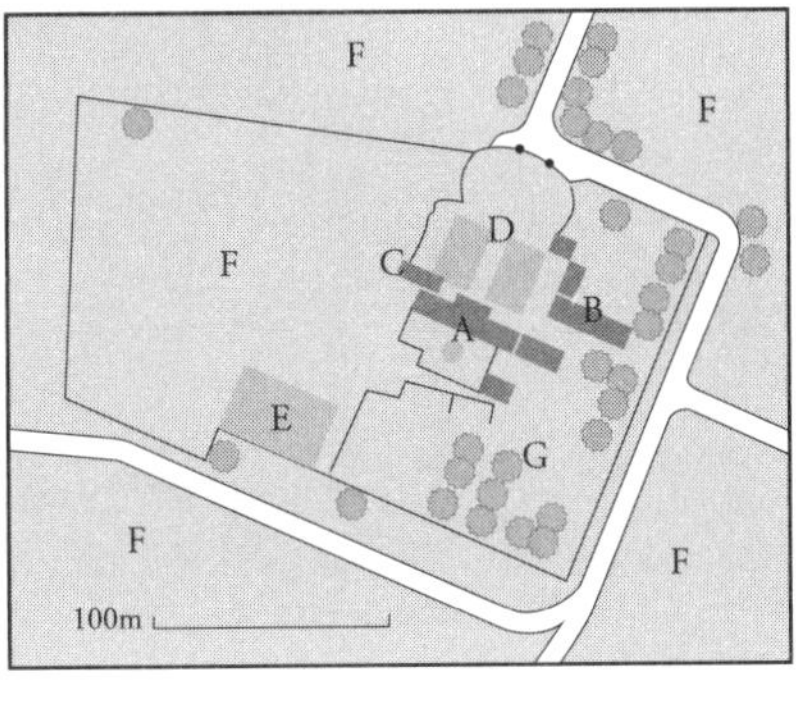

A：主館、B：倉庫、C：礼拝堂、D：前庭、E：貯水池、F：耕作地、G：家畜場

美しいフランス風のゲート。ここからアシエンダ内部が見える。

アシエンダのための直線道路が門に向かっている。

正面左右にある動物をあしらった装飾門。

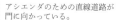

麦畑。かつてはマゲイサボテンが植えられていた。

モンテのアシエンダがある。このアシエンダの起源は、この地がファン・ペレス・デ・サラサールのエンコミエンダになったことで始まっている。一六六〇年代には一万二五〇〇ヘクタールの土地を有していた。前述のように、一七六四年の時点ではバルセナ家のものとなり、シャラのアシエンダとともに発展を遂げている。シャラでは羊を飼育し羊毛を生産していたが、このアシエンダで製品に織り上げていたほか、シャラと同様マゲイサボテンの畝の間に家畜のための餌を生産して、それをシャラに送ってもいた。一九世紀末、プルケの生産が主流のアシエンダとなり、首都に店舗を持っていたために大いに繁盛していたようだ。

現在のこの優雅な建物は、独立と革命の間の一八八〇年に、マヌ

アシエンダの四隅に建つ望楼（監視櫓）。

アシエンダの背後はアドベの壁でつくられている。

エル・フェルナンデス・デル・カスティーヨ・デル・ミエールが、建築家アントニオ・リーバス・メルカドに依頼して、フランス風の建物を建てたのだという。それ以前の建物は知るよしもないが、このアシエンダを取り囲むアドベ（日干し煉瓦）の壁から想像すれば、意外と無骨なものだったのではないかと思われてくる。

　このアシエンダ周辺には耕作地が広がるだけで先住民労働者の集落がまったくなく、まるで広大な畑の中の孤島である。このことから、このアシエンダ内に囲われ住み込んでいた少数の労働者に加え、近隣の村から日雇い労働者やアグアミエルを集荷するトラチケロ（集荷量によって賃金を受け取る労働者）が、このアシエンダのために働いていたことが想像できる。

　このアシエンダの平面図を見れば、アシエンダ正面の鉄格子から見える白にベンガラで装飾した主館（経営者の別荘兼管理者の住居）の門を通して華麗な装飾の噴水が見えている。だがその建物群は正門から見えている優雅な建物が一棟、左右に横たわっているだけで、奥行きのないつくりになっている。ふつう、噴水のあるパティオ、中庭の周辺にはアーチのある回廊があるはずなのだが、残念ながらここにはそれがない。噴水の背後にある平面的な白い壁が、だまし絵のように豪華な回廊があるように見せかけている。この建築を依頼したマヌエ

チマルパのアシエンダはプルケの生産で繁栄をみた。威圧的な壁がアシエンダを取り囲んでいる。

ル・フェルナンデスは、正面の鉄格子から見えるところにだけに贅を尽くして華やかに演出するように建築家に依頼したのだろう。アシエンダを囲む七、八メートルの高い壁が、この建築の巧妙な策略を成功させている。このアシエンダはプルケの生産で財をなしたというが、今日では周辺にはマゲイサボテンはまったく見られず、プルケに取って代わられたビールのためだろうか、大麦の畑が延々と広がっているだけだ。

要塞のようなサンタ・チマルパ

イダルゴ州アパン市のチマルパのアシエンダの起源は残念ながらわからない。この地方はトラスカーラ州西部カルプラルパンの前述のサン・バルトロメ・デル・モンテのアシエンダと同様に、首都メキシコに近かったために、プルケのアシエンダとして発展したようだ。ただ、その外観は対照的で、前者が開放的で内部の建物を鉄格子から垣間見ることができるのに対し

正面玄関。要塞建築様式の胸壁が望楼に付いている。独立戦争や革命で、アシエンダはその戦禍にあったためか。

いかめしいアシエンダ北側にある通用門。

高い壁の内側にある、所有者の永代供養のための礼拝堂。手前には労働者用の小さな祠がある。

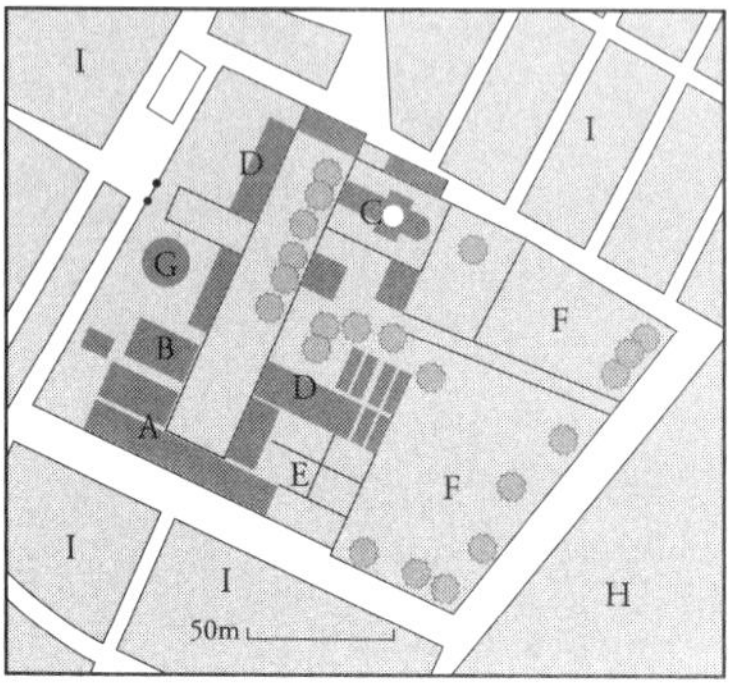

A：主館、B：倉庫、C：礼拝堂、D：納屋、E：作業場、F：家畜柵、G：調教場、H：耕作地、I：住居

広い作業スペース。今は結婚式などの催しに使われている。

アシエンダ周辺には、かつての労働者の末裔たちが住んでいる

上部と下部での壁の色が異なる。独立戦争か革命期に、壁がかさ上げされたようだ。

周辺の麦畑。かつてはマゲイサボテン畑だった。

て、チマルパのアシエンダは高い壁と胸壁や銃眼のある望楼が門の上に立ち上がっている。まるで刑務所のような建物だ。中の様子を外部から垣間見ることなどできない。現在はイベント会場として使われている。土曜日に訪ねたが、結婚式があるとかで見学を断られてしまったために、残念ながら内部を撮影することはかなわなかった。

このチマルパのアシエンダの周辺はほぼ平坦で、広大な麦畑が取り巻いている。プルケ生産の絶頂期には、マゲイサボテンの畝が延々とつらなっていたと想像できるが、その畝の間には自給用にトウモロコシや大麦、豆類を植え付けていたにちがいない。サンタ・チマルパのアシエンダ周辺には、かつての日雇い労働者やトラチケロ（アグアミエルを集荷する労働者）の集落が城下町のようにかしずいている。だが、その労働者はアシエンダ内部の豪華な調度やアシエンダ所有者の優雅な生活を知ることはできない。高い壁越しにその集落から礼拝堂の白いドームが見えるが、アシエンダ所有者の永代供養のための礼拝堂であるがために、外部に住む労働者にそれが開放されることはけっしてない。かつてキリスト教への改宗を強要され、植民地時代には熱心なキリスト教徒になっていた先住民労働者は、その壁の外に申し訳程度に設置された祠に花を捧げ、十字を切っていたが、二一世紀の今でもそれは変わらない。集落には教会がない。その建築資金を集める

16世紀初頭、コルテスの従兄弟フアン・ギテーレス・アルタミラノが設立した牧畜のアシエンダ主館（左）と礼拝堂（右）。（Photo by Toshihiko Yamada）

ことができないほど、村は貧乏なのだ。

コルテスの従兄弟のアテンコ

このアシエンダは、メキシコ植民地における経済活動のルーツとなったアシエンダだった。一五二八年、エルナン・コルテスが国王からメキシコ征服の恩賞として受け取った広大な領地の一部、メキシコ市西部のトルーカ盆地のティアンギステンコのアテンコのアシエンダは、征服後コルテスを頼ってメキシコに渡ってきたコルテスの従兄弟ファン・ギテーレス・アルタミラノが立ち上げたアシエンダだった。そのアシエンダは限嗣相続で土地の分散を防ぎ、徐々に拡大し、トルーカ盆地に二八〇〇平方キロメートルの土地を所有するまでになっていた。このアシエンダの誕生で、トルーカ盆地の先住民は牛の旺盛な繁殖力に圧倒され、ついには生活の場を追われ、集落がなくなるという忌まわしい事態を引き起こして

家畜の囲い場と作業場。(Photo by Toshihiko Yamada)

闘牛場。アテンコは闘牛用の牛を飼育していた。(Photo by Toshihiko Yamada)

パティオ。(Photo by Toshihiko Yamada)

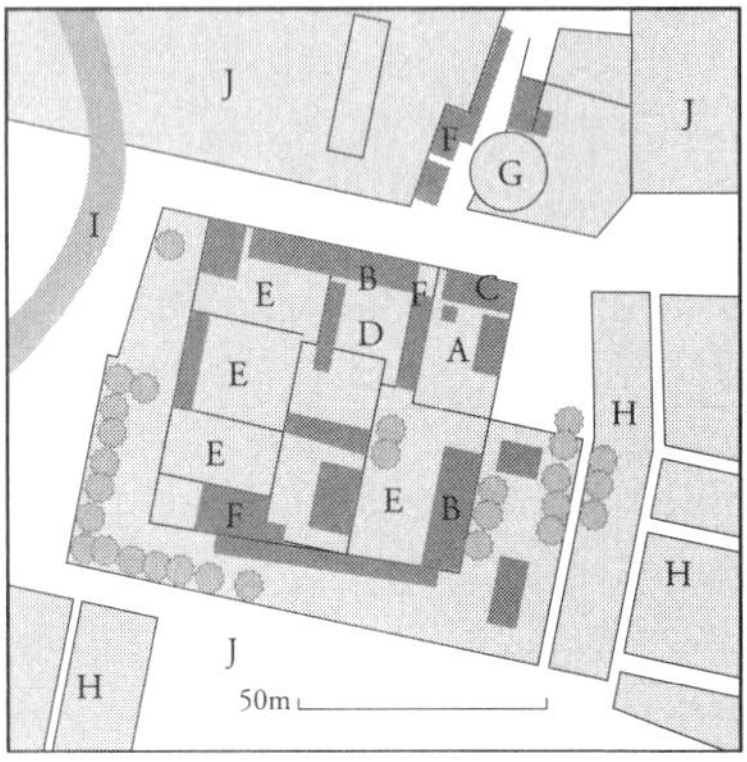

A：主館、B：倉庫、C：礼拝堂、D：作業場、E：家畜小屋、F：作業小屋、G: 闘牛場、H：労働者集落、I：レルマ川、J：畑地

今も畜産が盛んなティアンギステンコの家畜市場。

作業場と作業小屋、倉庫。(Photo by Toshihiko Yamada)

家畜の通用門。牛の木彫の装飾がついている。(Photo by Toshihiko Yamada)

労働者用の台所のかまど。(Photo by Toshihiko Yamada)

パティオを囲むラ・ガビアの主館。背後に礼拝堂のドームが見える。1539年、アロンソ・デ・アビラが牧草地として分譲を受けて始まったこのアシエンダの土地は、多くの所有者を経た後にエチェベリ家が1950年まで経営を続けたために、豪華な建物や資産が残されることになった。（Photo by Toshihiko Yamada）

いた。この地はメキシコの闘牛用の暴れ牛を生産することで知られているという。今日でも畜産業が盛んで、二〇〇〇年ごろ、ティアンギステンコの家畜市場でくり広げられる家畜の品評会に偶然にも遭遇したことがあった。会は盛況で自慢の家畜を率いて、関係者が集まってきていて、この地帯が畜産業のルーツであることを証明していた。

今も至宝が残されているラ・ガビア

このアシエンダの起源は、一五三九年にアロンソ・デ・アビラがトラルチチパ村に隣接する土地を牧草地として分譲を受けたことによる。だが、このスペイン人はミチョアカン州に土地を持っていたファン・デ・サマノ・カストレホと司法手続きなしに土地交換を一五四九年にしている。このファン・デ・サマノはランチョ所有者の娘ベアトリス・デ・トゥルシオスと結婚したことで、五〇〇カバジェリア、六万五〇〇〇ヘクタールの土地持ちになっている。その土地は彼らの子孫によって受け継がれ、一七〇八年の時点でカルロス・デ・サマノ・サラマンカの未亡人ベアトリスに相続されたが、経営維持を断念し、競売に出された。ところが地域内の村の先住民との紛争やイエズス修道会の賃貸土地に関する訴訟問題が表面化し、結局一七一七年にイエズス修道会に売却されることになったのだという。その後イエズス会は周辺の土地を買い集め、一七六七年のメキシコ植民地からのイエズス会追放時点まで

主館パティオからは端麗なアーチが見える。(Photo by Toshihiko Yamada)

主館前の倉庫のある広場とパティオを囲むアーチ（右）。(Photo by Toshihiko Yamada)

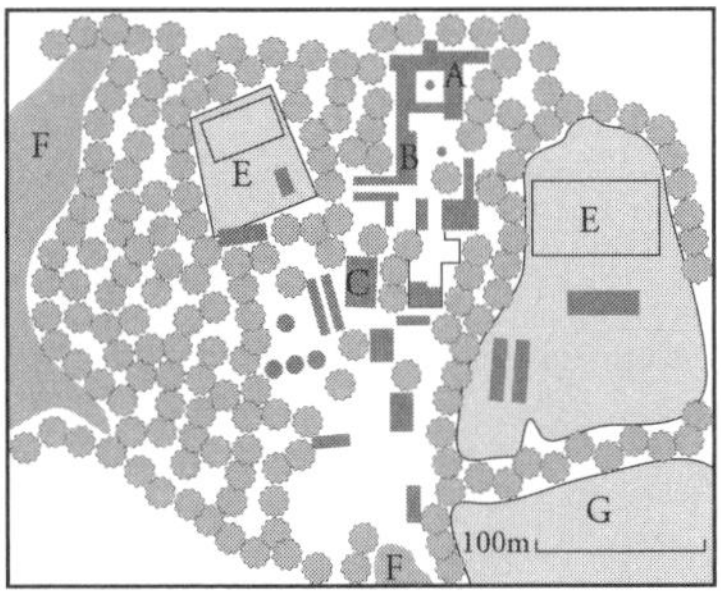

A：主館、B：倉庫または機械小屋、D：作業小屋、E：作業場、F：貯水池、G：耕作地

主館前の広場。左は倉庫と思われる。奥に教会が見える。（Photo by Toshihiko Yamada）

瀟洒なピクナルをもつ建物。（Photo by Toshihiko Yamada）

黄金装飾の贅沢な礼拝堂の壁。（Photo by Toshihiko Yamada）

に一三万六〇〇〇ヘクタールの土地を所有し、生産を拡大して大いに繁栄をみせていた。ところがその修道会のアシエンダの隆盛が、メキシコを去る原因となったことは皮肉だった。一七七七年、レグラ伯爵、ペドロ・ロメロ・デ・トレオスがラ・ガビアのアシエンダの所有地の一部を手に入れ、その後三代にわたって相続されるが、一八一〇年の独立戦争で、独立派、王室派両軍から侵略を受けている。疲弊したこのアシエンダは資産家エチェベリ家から借金をしていたが返せず、一八三七年にエチェベリ家のものとなる。その後、このアシエンダは一一三年間、このエチェベリ家が保持し、一九五〇年まで続いている。一七九九年から一九三三年までのこの

所有者や客人がいるときだけ使われる食堂。（Photo by Toshihiko Yamada）

客室通路の豪華な装飾。（Photo by Toshihiko Yamada）

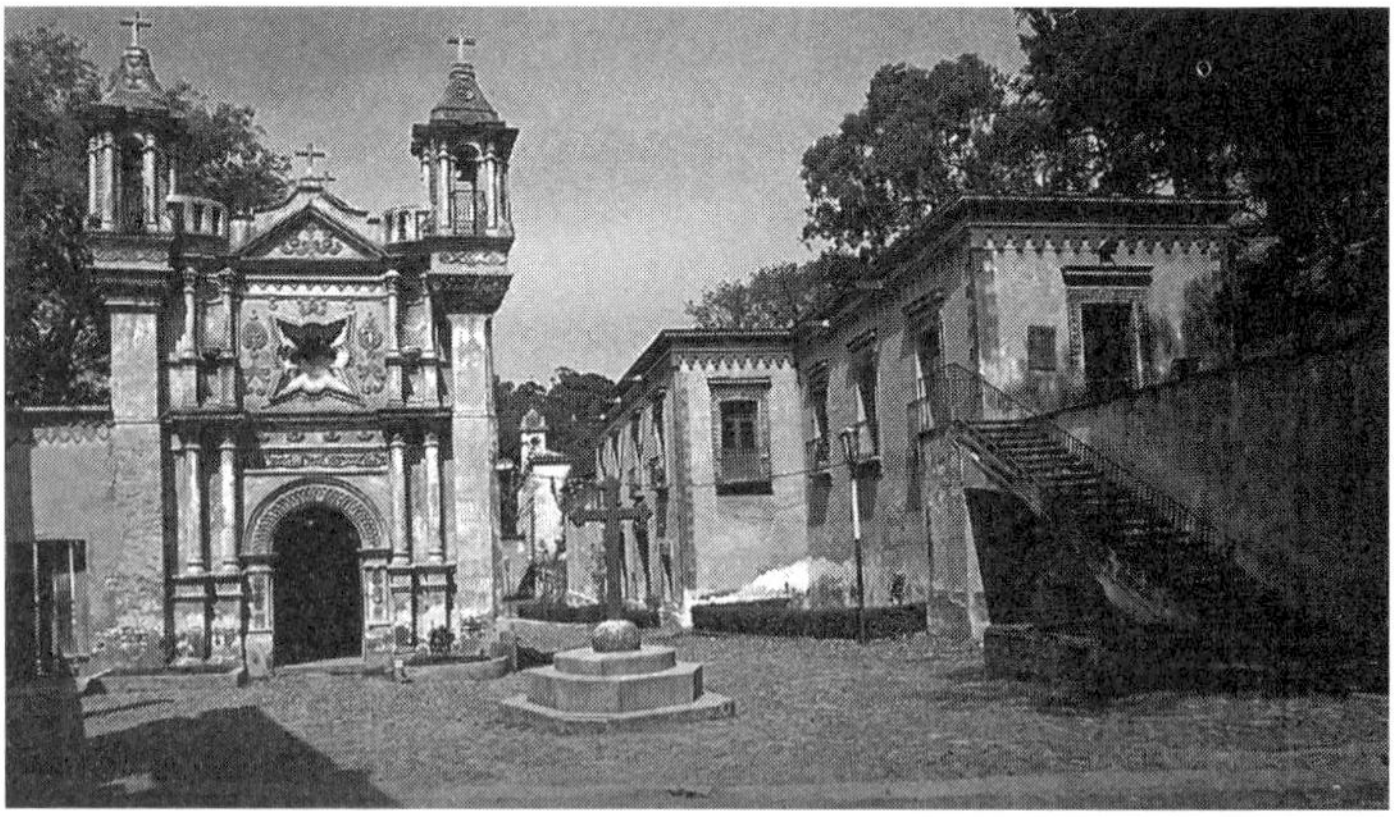

モリノ・デ・フローレスの二つの鐘楼をもつ教会の正面と倉庫群（右）。（Photo by Toshihiko Yamada）

アシエンダの経済活動は、小麦などの農産物のほか、材木、薪、南部の鉱山地帯への木炭、牛、馬、ロバ、ラバだった。なかでも牛皮革は大きなウエイトを占めていた。ほかにも耕作地の賃貸、小作収入が主要な収入源となっていた。今日でもアシエンダの内部には往時を偲ぶ豪華な調度がたくさん残されていて、植民地時代に隆盛を誇ったアシエンダの見本を提示している。

ネサワコヨトルの庭園を利用したモリノ・デ・フローレス

渓谷を利用したこの土地はもともと、アステカ帝国三国同盟テスココの指導者ネサワコヨトルの庭園だった。一五六七年、ファン・デ・バスケスという男がこの土地を手に入れ、水量の多い渓谷を利用して織物工場のための縮絨（織物の目を詰める作業）を行っていた。一五八四年、ペドロ・デ・ドゥエーニャがこの土地を手に入れると、渓谷のこの流れを利用して水車による製粉業を開始している。その後、この土地の所有者となったアントニオ・ウルティア・デ・ベルガラの娘婿アントニオ・フローレス・デ・バルデスが一六四二年にこの土地を相続したことで、このアシエンダの名称がモリノ・デ・フローレスとなった。ちなみにモリノとは水車を意味する。このアシエンダはその後、経営者が数度にわたって代わっているが、ミゲル・デ・セルバンテス・イ・ベラスコという男の時代に今日みることができるアシエンダが整備されたのだそうだ。消費地メキシコ市に近いこともあり、小麦粉やプルケを供給し、大いに繁栄をみていた。

正面玄関と狭い敷地に建てられた主館。（Photo by Toshihiko Yamada）

モダンな正面玄関。国立公園モリノ・デ・フローレスはかつて、テスココの王ネサワコヨトルの庭園だった。風光明媚な渓谷の流れを縮絨用に使ったことで、後に水車で製粉を行うアシエンダになった。（Photo by Toshihiko Yamada）

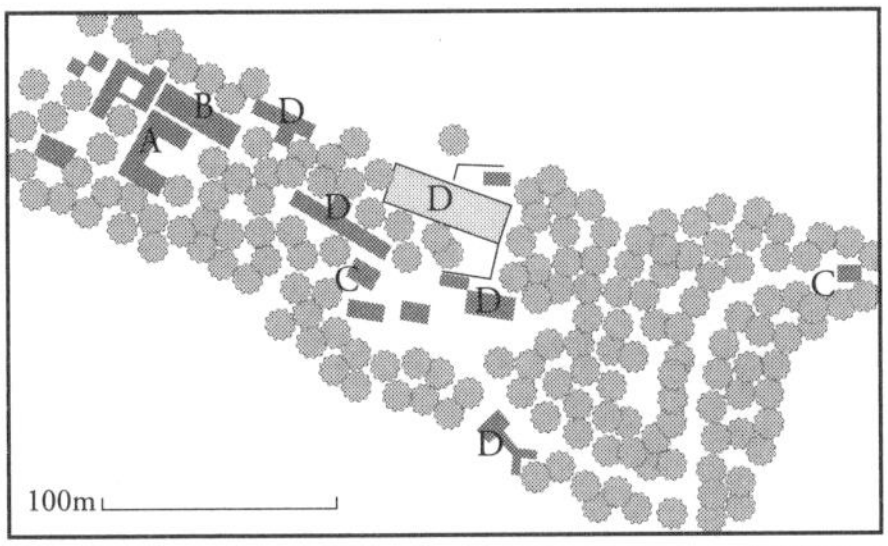

A：玄関と門衛所、B：主館、C：礼拝堂と教会、D：作業場あるいは倉庫

教会前のパティオと作業小屋、倉庫群。(Photo by Toshihiko Yamada)

細長い敷地にところ狭しと建てられた倉庫群(左)と教会後部。(Photo by Toshihiko Yamada)

谷間の巨岩の上に建つセニョール・デ・プレザの礼拝堂。(Photo by Toshihiko Yamada)

複雑な構造をもつコアウイストラの製糖工場。後に近代的な蒸気機関を導入して合理化するとともに、サトウキビからラム酒を製造し大いに繁盛をみた。

一九一〇年に勃発したメキシコ革命で、このアシエンダは革命派の標的となり、略奪され、疲弊し、ついに一九二〇年、所有者ミゲル・デ・セルバンテスと相続人はこのアシエンダを手放している。一九三七年、ラサロ・カルディナス大統領が国立公園にしたことで、今日では国民の歴史遺産として残されている。このアシエンダの最東端には渓谷の岩を堂内に取り込んだ不思議な「セニョール・デ・プレザ（貯水池の主）」の礼拝堂が残されている。

巨大な構造物を持つコアウイストラ

モレロス州クアウトラ市南部にコアウイストラのアシエンダの遺跡が、過去の栄華を偲ばせている。このアシエンダはメキシコ革命を境にしてその絶頂期を終えることになるが、モレロス州はもちろんメキシコにとっても経済の要となっていたアシエンダだった。

一五七八年、今日のモレロス州を布教活動のエリアとしていたドミニコ修道会が、改宗先住民の仕事の確保のためにこの地に起業している。温暖な気候と水量豊富なクアウトラ川はサトウキビ栽培に良好な環境だったために、ヨーロッパで需要が高まっていた砂糖の生産を始めた。今日ではこのアシエンダの周辺は多くの住居によって占領されているが、かつてはサトウキビ畑に囲まれていたと想像する。一七世紀半ばには牛の飼育にも事業を拡大していた。一八五六年の修道会の私有財産没収令で、国の財産とな

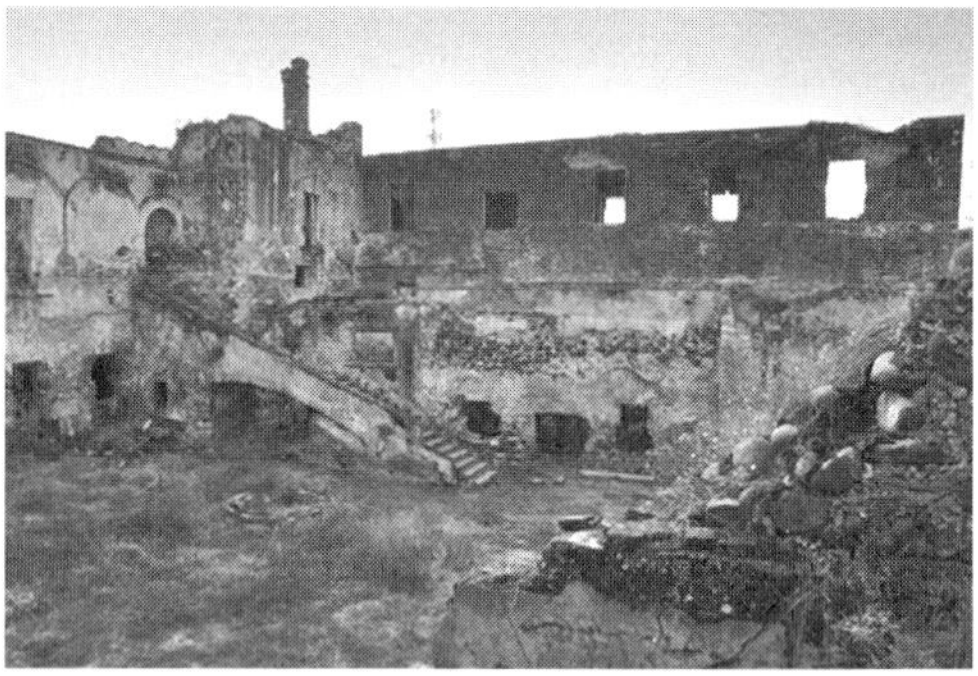
主館のパティオ。

家畜小屋。家畜を飼育して複合経営をしていた。

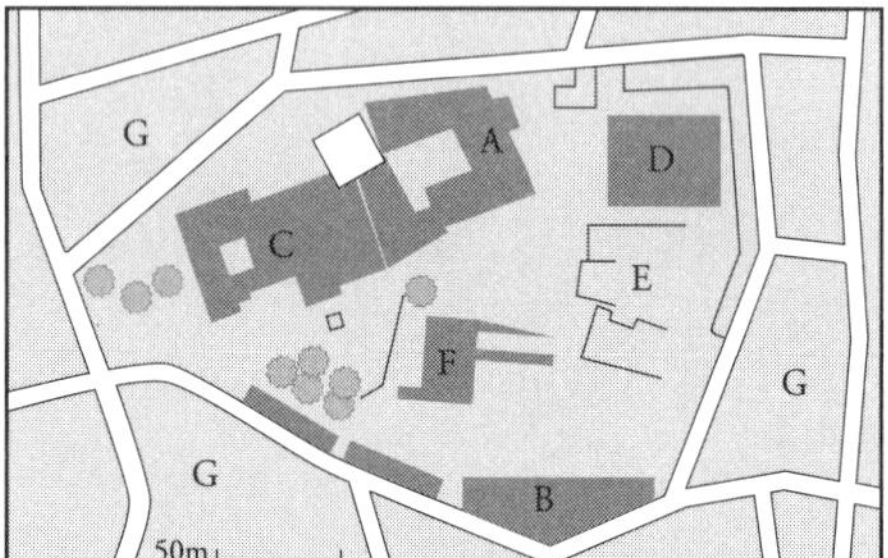

A：主館、B：倉庫、C：精糖工場、D：家畜小屋、E：作業場、F：ラム酒工場、G：労働者住居

搾汁機と製糖工場。初期には人力やロバを動力として使っていた。

煉瓦アーチで構成された2階建て構造の工場内部。

2階建てのアーチ構造の工場。

ラム酒工場。サトウキビのしぼり汁を発酵させ、度数の高いラム酒をつくっていた。

ラム酒の蒸留施設。

り、競売にかけられ、このアシエンダは何人かのスペイン人の手に渡っている。一八世紀末、奴隷や日雇い労働者を含めて五一二人がここで働いていたというが、その後ヨーロッパの産業革命を受けて近代化が進み、ドイツ製の蒸気遠心分離機を導入して省力化し、砂糖のほかラム酒の生産を増大させていた。このアシエンダは一九〇〇年には九九・六平方キロメートルの土地を所有していたが、一九一〇年から始まったメキシコ革命により、一二の集団農場に分割された歴史を持っている。残念ながら高層で複雑な構造のこのアシエンダの建物がそれぞれどんな役割を果たしていたかを知ることはかなわない。

家畜柵と納屋。ウイスカスドアは食肉や牛皮産業で栄えたアシエンダだった。そのくわしい歴史は残念ながらわからないが、私が訪ねたときには元闘牛士のドン・ペペが所有していた。革命後、規模が縮小されたために、ランチョと呼んでいるが、肉牛のほか気の荒い闘牛用の牛を飼育しているという。

闘牛士が所有したウイスカスドア

イダルゴ州ウイチャパン西部、ラ・カニャーダ自然保護区の麓にあるウイスカスドアのアシエンダを、二〇一四年にメキシコ人の友人の紹介で見せていただくことができた。その数年後に他界されたこのアシエンダの所有者ペペは元闘牛士で、それがこうじてこのアシエンダを譲り受けたのだという。そうした経緯もあり、ここでは肉牛のほか、闘牛用の気性の荒い牛を飼育しているのだそうだ。この地は見渡すかぎり、草木に乏しい荒野で、牛の食する草があるようにもみえない。もちろん、このアシエンダで働く人たちのための食糧を確保する畑もみえない。小渓谷の脇の小高い丘にあるアシエンダのカスコ、建築群から周囲を眺めても、同じ風景が延々と続く、退屈な風景が広がっているだけだ。私が訪ねたとき、カウボーイが五人ほど昼飯を食べに戻ってきていた。彼らは

控えめな大きさの瀟洒なパティオ。

豪華な調度品に囲まれた食堂。

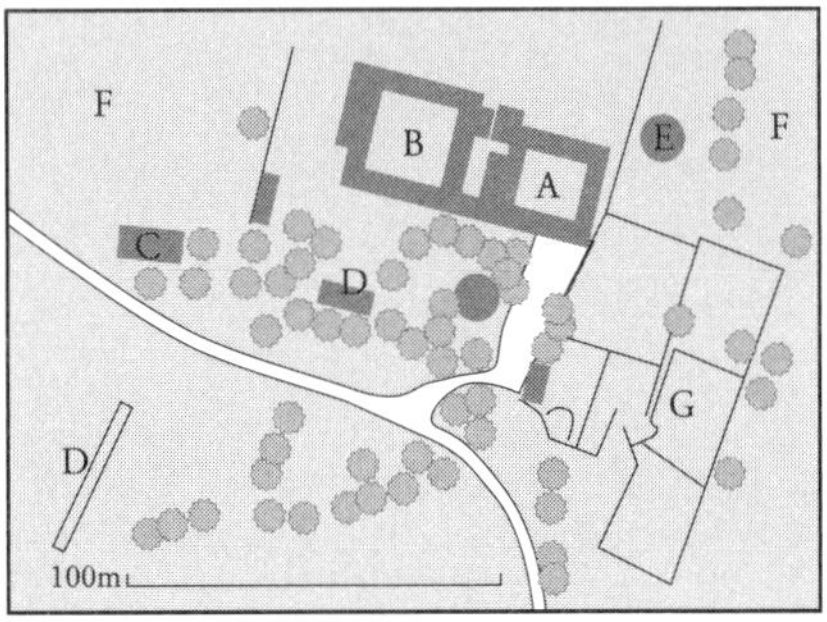

A：主館、B：家畜小屋と納屋、C：納屋、D：水飲み場、E：調教場、F：放牧地、G：家畜柵

カウンターバーのあるサロン。闘牛に関する写真やグッズで壁が覆われていた。

闘牛士だったドン・ペペの思い出のポスターが貼られていた。

ドン・ペペが闘牛で仕留めた牛。

元闘牛士のドン・ペペ（故人）。このアシエンダの所有者だった。

この広い放牧地を馬に乗って巡回しているのだ。このアシエンダの周辺には労働者の集落は見当たらない。全盛期には、西に三キロメートルほどのウイスカスドアの村から、先住民労働者が働きにきていたようだ。

ほかに比べてこのアシエンダの外観は機能的であっても、装飾的なものはほとんどない。高い望楼もな

荒野の中にあるアシエンダの建物はシンプルだ。

肉牛のほか、闘牛用の牛も飼育している。

広大な放牧地と水飲み場。

い。かつてのこのアシエンダの所有者は首都メキシコに住んでいて、支配人に任せきりだったから、装飾にこだわる必要もなかったのかもしれない。だが、内部は植民地時代、あるいはメキシコ革命以前のアシエンダの生活を知るうえで貴重な様相を呈していた。豪華で長い食卓、遊びに満ちた居間、広い書斎、客室、礼拝堂のある美しいパティオなど、標準的なアシエンダの構成を有している。

残念ながらこのアシエンダの古い歴史はわからない。時代とともにその所有者が代わって今日に至っている。

アトリスコ、サン・ミゲル・アココトラのアシエンダ

これまで私は征服後、使役に駆りたてられた先住民によって建設された修道院や教会を中心にメキシコの旅を続けてきていたが、その過程で何度もアシエンダの存在を目のあたりにしていた。それはとくに、サカテカス、グアナファト州の「銀街道」周辺のことで、銀鉱山に関連したアシエンダだった。私自身、先述のエリザベス・テレーズ・ニューマン氏が研究テーマにされているアトリスコ盆地を何度か訪ねていて、良好な耕作地帯だということは知っていたが、白状すればそこでアシエンダの存在に気がついていなかった。そこで遅まきながら、彼女の研究していたアトリスコ盆地のアココトラのアシエンダを訪ねてみることにしたのだった。

今は廃屋となっているアココトラのアシエンダはアトリスコ盆地の西部、ポポカテペトル火山のなだ

アシエンダのカスコ。右奥に礼拝堂、そしてポポカテペトル山が見えている。所有者ドニャ・アナがここを買ったときには、カスコは塔の見える北側の、面積にして4分の1ほどの大きさだった。

らかな傾斜地に位置している。ほぼ海抜一八〇〇メートルの高地で、ちょうどその火山の頂から南に走る馬の背のような山脈の東にあたる。天候はいつも春のようですばらしい状態にある。雨期は五月後半から九月末にかけてで、多様な作物に生育の機会を与えている。一六世紀半ばにスペイン人がここに入植すると、すぐに小麦の生産に理想的な土地だと知ることになる。その後の五〇年間に、アトリスコは、スペイン人が持ち込んだ穀物、小麦の主要な生産拠点の一つとなっていた。今日この盆地は、トウモロコシをはじめとする穀物のほかジャガイモ、アワ、ヒカマ（クズイモ）、タマネギ、コリアンダー、カボチャ、ピーナッツ、そして近郊の町の市場のほか、海外市場にも出荷されるケイトウやグラジオラスなどの花や観葉植物を生産している農業地帯だ。この盆地にスペイン人が分け入ったときには、ナワトル語を話す二つの集落があった。カルパンとクアウケチョラン（今日のウアケチュラ市）がこの盆地を支配していた。征服によって、当然のようにこの二つの集落はスペイン人のエンコミエンダ対象集落となった。それぞれの集落は一人のスペイン人収税領主、エンコメンデーロに割り当てられていた。

右記の二つのエンコミエンダ内でなかったサン・ミゲル・アココトラの土地は、アトリスコ市南西一〇キロメートルほどの距離に位置している。そこは一五七七年、ルーカス・ペレス・マルドナドによって見つけだされ、三七〇余年の間、メキシコ革命の後までアシエンダとして操業していた。

このアココトラのアシエンダは、アトリスコ盆地に点在する多くのアシエンダのうちの一つである。経済は近隣のプエブラやメキシコ市の市場に依存していて、規模においてもその価値においても、小さくもなく大きくもなかった。そして、その所有者たちは、仲間内で重要視されていた人物でも有名人でもなく、ごく普通の人間たちだった。ニューマン氏によればサン・ミゲル・アココトラのアシエンダは、一九世紀の人々の生活環境と労働者の考古学的研究にとって完璧な場所だった。というのもアトリスコ盆地はそれまで、期待されていなかったという理由でのことだったが。

メキシコにおける歴史考古学

歴史資料はつねに勝者に加担している。とくに、価値、権力、そして土地に対してはそうだ。そして勝者はつねに男たちだった。ほとんどの人間の日常経験、とくに女性、子ども、困窮者、そして、民族的少数派の日常の経験はまったく無視されてきた。本書がめざしているのは、こうした人たちの日常生活の発掘である。そのためにはメキシコ独立、そして、それに続く改革への軌道上の二〇世紀の初期、メキシコ革命の指導者エミリアーノ・サパタによって導かれたメキシコ中央高原の農民たち、歴史資料でみることのできない人々、サパタを鼓舞し、そして彼によって意気を昂揚させた人々が、めまぐるしい大きな歴史的過程の中で、メキシコ中央高原の田舎で何を起こしたかを理解する必要があると思う。つまりメキシコ革命の一九一〇年へと突き進んだ世代の農民生活を理解する必要がある。

アココトラの調査

放置されたサン・ミゲル・アココトラのアシエンダの建物、カスコから南に二キロメートルほどのところにラ・ソレダド・モレロス村がある。この村は、そのアシエンダで親や祖父たちがかつて「日雇い」や「住み込み」として働いていた人々の村である。その村の老人たちのうちのいく人かは、少年少女時代に実際にそのアシエンダで働いたことのある人たちで、何人かはそのアシエンダに住んでいたことがあると証言しているという。

残念なことにこの遺跡だけでは、人々が内部の空間でどんな経験をしていたか、その空間がどのように使われていたのかを理解するのはきわめて困難だ。こうした困難を解決するための民族学的な光は、建築や空間に解釈や示唆を与えて考古学に貢献すると考えたニューマン氏は、ラ・ソレダド・モレロス村の古い集合住宅を調べ、台所空間が女性たちにとっていかに重要かを調べ上げている。後にくわしくふれることになるが、アシエンダのカルパネリア（年契約労働者のための集合住宅）に住む労働者家族の生活スタイルを理解するのに素晴らしい研究であると思う。

アトリスコ市にある古文書によれば、ルーカス・ペレス・マルドナドは一五七七年にこのサン・ミゲル・アココトラのアシエンダを創設している。アステカ帝国崩壊から半世紀ほどたっていた。最初にマルドナドがアトリスコ盆地に到着したとき、この土地に住んでいたスペイン人はわずかで、ほとんどは先住民だった。

先のニューマン氏の『アシエンダ物語』の一文を参考にすれば、マルドナドの土地取得の様子が映像に描ける。これはあくまでもフィクションなのだが、かなり真実味のある話だ。

ペレス・マルドナドは唇に冷たい笑いを浮かべてその村に馬で乗り込んだ。彼はその午後、買うことになる土地を豊穣な土地につくり変えることができると確信していた。近隣にあるウアケチュラの修道院にいる孤高の修道士は、こうした未開拓地はキリスト教の布教村に移管されていると主張していたが、このあたりのインディオたちはそのことについて何も知らないようだった。彼はあたりを見まわし、そうした疑念を払拭しようと試みた。彼が鞍から吊り下げているプルケの入った革袋は、問題なく土地買取を保証するにちがいない。ペレス・マルドナドは初めてメキシコに着いたとき、土地購入で必要なただ一つのものは、インディオが好きな酒、だが甘くて弱い酒、プルケだということを友人から学んで知っていた。彼はアトリスコ盆地で、そのプルケで大きな取引をしようとしていた。インディオたちは酩酊を禁じられていたが、それでも彼らは客人や贈り物を拒め

ると は思えなかった。インディオの前に提示した白い紙が、何を意味するかも理解しないまま、その契約書にサインするように導くために、彼らを酔わせることなどマルドナドにとって造作ないことだった。少量のプルケであっても、そして短時間でも……。

彼は半裸の未開人から視線を上げると、彼らが住んでいるぬかるみの土地と汚物の山を横切り、家の背後に展開する広大な土地を馬に乗って見てまわった。彼の頭の中では、眼前に広がる土地に、牧草を食む彼の家畜が満たされていた。彼はもう一つの取引に取りかかろうとしていたが、ため息を一つついた。手始めに、署名された契約書の売買金を誰かから借りる必要があったからだ。それはメキシコに定住を決めたスペイン人にとって生きるための必須条件であり、また競争でもあった。というのも多くのスペイン人がすでにその盆地に姿を見せていたからだ。マルドナドはできる限り多くの土地を手にする決意でこの盆地に来ていたのだ。彼はしかめ面を押し留めた。というのもこうした事業の最悪な習いは、インディオともにプルケを飲まなければならないことだったが、彼はその味にいまだになじんでいなかったからだ。この事業を成功に導くための最良の方法は、酒を酌み交わすことだった。彼は乗馬のさい、彼の左足を支える下僕のインディオを見下ろし、カシーケのところに連れていくように命令した。

これは一五七〇年代から八〇年代にかけてルーカス・ペレス・マルドナドが手がけた、多くの土地買収のエピソードである。一六〇二年ペレス・マルドナドと彼の妻は、アトリスコ盆地に九平方キロメートルを超える土地を所有していた。この地方は人口密度が低く、スペイン人が最初に先住民と接触したときには約三万五〇〇〇家族だったが、一七世紀の間には約二五〇〇家族に減少していた。つまり単純に見積もっても三万二五〇〇家族分の土地が耕作されずにあったことを意味している。そのことがスペイン人たちの土地への関心を惹きつけることになってしまった。マルドナドは当初、そのアトリスコの土地で牛を飼っていた。しかし、彼は急に小麦を集中的に生産することに切り替えた。小麦は、その後このアシエンダの主要換金作物となった。トウモロコシ、豆類、チリ、ヒカマ（クズイモ）、ピーナッツを含むほかの作物は、小麦を補完する形でつくられた。小麦は重要な地方の生産物であったのだが、果樹と家畜、おもに牛と山羊はアシエンダの経済を支えていた。

一五七六年に、深刻な疫病が中央アメリカを席巻している。さらに残酷にも干ばつが追い打ちをかけた。その結果、といっても、スペイン人は気づかなかったが、メキシコ市の市場で穀物不足が叫ばれ、それに合わせて肉の供給も不足状態に陥った。一五七六年から一五七八年にかけて、小麦の価格は約二倍に跳ね上がっていた。それは先住民労働者を天然痘で失ったことが原因だった。副王は率先して小麦のアシエンダを設立するように、スペイン人入植者を刺激していた。アトリスコ盆地は穀物生産にとって良好な気候にあり、二つの主要な消費地プエブラとメキシコの市場に比較的近いという立地にも恵まれていた。ペレス・マルドナドはすぐに、土地と灌漑用水の獲得に動いた。一六三二年の時点で、副王の励ましのおかげで、その盆地にある九〇のアシエンダが毎年小麦一万五〇〇〇ファネガ（袋）を生産するまでになっていた。

今日まで残されている豪華なアシエンダからは、うかがい知ることのできない植民地時代初期のアシエンダは、実際にはどのようなものであったのだろうか。ニューマン氏によれば、次のようになる。

歴史小説やテレビドラマは、豪華な家具、そして高価な衣装、回廊や中庭で恋をもてあそぶ美男美女で満たされた部屋と建物をこれみよがしに押しつけ、巨大な屋敷をロマンティックに色づけしている。そうした映像は、ヨーロッパ人がまるで手も足もない人間のように個人的に先住民の召使いを待ち、贅沢品の中に埋もれて座っている間、実際に半病人のごとく働いている先住民労働者が、その日の日没、よろよろした足取りで家路に着く群衆を連想させてしまう。アシエンダによって用意されたみすぼらしい小さな古ぼけた家へ……。

我々がもし、一九世紀後半のことについて話しているのだとしたら、その映像は正しいことになる。今日、我々の想像力を刺激するこうした小説やテレビドラマの根拠は、この時代に実際に残されている遺跡と消えることのない記憶である。しかし、植民地初期を通してみれば、サン・ミゲル・アココトラのアシエンダ、そのカスコと呼ばれる建物とその集合体は、もっと農場に近いものであった。そこには見るからに退屈な建物と労働者のための礼拝堂があった。一六八六年の支払勘定書は、アココトラが設立されてからほぼ一世紀後のかなり正確な景観を提供している。建物はアドベ（日干し煉瓦）の壁でつくられ、屋根はトウモロコシの乾燥させた茎を使って葺いていた。カスコは居間と四つのベッドルーム、そして

古いアココトラの望楼（円筒形の塔）。初期のカスコは煉瓦とアドベの小規模な建築物だった。

台所で構成されていた。その部屋のいくつかは、まったくドアのないものがある一方で、鍵付きのドアがあるように語られている。そのうちのいくつかは、詳細はわからないが、支配人用となっていたかもしれない。ほかに、二つの穀倉、厩舎、そしてオーブンがあった。最後に、礼拝堂はもっとも関心をそそるものだったが、アドベの壁で築かれ、材木の梁をもったタイル天井だった。その装飾はサテンの祭壇飾りと、ミサを執り行うのに必要となるすべての聖具が用意されていた。建物の中でもその礼拝堂にはもっとも投資が行き届いていた。しかし全売上金額からみるその投資割合は建築空間や家具というより、むしろ農業事業に必要な資材や道具におかれていた。この資材の中には五五頭の牡牛、九頭の牝牛、荷車、鋤、天秤棒、もっこ、ロープ、斧、そしてシャベルが含まれていた。一七世紀のアココトラのアシエンダの価値は、農場を基本とした事業形態の中にみることができる。

北にはアシエンダの規模に見合わない大きな礼拝堂がある。

支配人がアシエンダに日常的に常駐しているのに、都市生活を楽しんでいる経営者は、思い立ったようにそこを気まぐれに訪ねるだけだった。労働者は毎日、近隣の村から通ってきていたが、一つは現金収入を必要とする村人が、アシエンダで日雇い労働者として働くケースで、もう一つは自分で支配人と契約を交わし、率先してアシエンダ所有地に住むケースだ。それでも、アシエンダのカスコの中に実際に住んでいた労働者はかなり少なかったようだ。一六三二年、アトリスコ市のサンタ・クララ修道院に売却するためにそのアシエンダを査定したところ、水の権利のほかに「八人のインディオ労働者」がアシエンダの資産の中に組み込まれていたという。

メキシコ中央高原周辺は、先住民の村とスペイン人所有のアシエンダとが混在して、より多様性に満ちていたようだ。土地の広大な面積をまさに食い尽くすアシエンダは、その広い畑地の中心に建物がポツンと立っているだけだったが、一方で先住民の集落は、アシエンダが所有する畑に嫉妬心を抱え、自分たちの土地への浸食を不安げに見つめながら畑を耕し、アシエンダ所有地の周辺にあたかも張りついているようにみえる有様だった。この両者の境界線はどこでも複雑で、不明瞭なままだった。

アココトラのあるアシエンダ経営者

この時代の正式な人名は、長くて辟易するが、それでも家系を追うときには役に立っているので、我慢してつきあってほしい。カタリナ・デ・マルピカ・ソーサ・イ・グスマンという女性は父フランシスコ・エスティバン・デ・マルピカ・ポンセ・デ・レオンと、彼の最初の妻マリア・アントニア・デ・ソーサ・イ・グスマンとの間の子どもとして一六九八年に生まれている。そのカタリナは九人の子どものうちの二番目の子どもで、幼年期を無事に生き抜いた七人のうちの一人だった。彼女の母親が死んだのは、彼女が七歳のときで、彼女がサンタ・クララ修道院で誓願したのは一六歳のときだった。これは彼女の物語の全部だ。国、州、地方の古文書の中に見つけられる資料は、ヨーロッパから渡ってくる金持ちの男に重心をおいている。女性や子どもと同様に、先住民やアフリカ系の人間は現れるには現れるが、歴史的な記録の中ではヨーロッパ人世界の中で受け身の登場人物として扱われるだけだ。

というわけで、カタリナの父親フランシスコ・エスティバンの記録はよく残っている。彼は一六六七年八月二日に、フランシスコ・デ・マルピカ・ディオスタドとファナ・ポンセ・デ・レオンとの間に誕生した。彼もその父と同様に、生まれながらのアトリスコ市の人間だったが、母親はメキシコ市で生まれた。彼は五人兄弟だったが、大人になるまで生き延びた、たった一人の子どものようだ。カタリナのその父は先述のマリア・アントニア・デ・ソーサ・イ・グスマンと一六九三年四月五日に結婚した。そのとき、彼は二八歳だった。一三年間の結婚生活の間、彼とマリア・アントニアは四人の子どもをもうけたが、彼女が無事に育て上げたのは三人の子どもだった。一七〇五年、三人の若い女の子たち、カタリーナ、マリア・テレサ、そしてマリア・マグダレナを残して彼女が死んでいる。カタリナの父は男やもめとなったが、その後すぐにベルナルディナ・デルガド・イ・ソリアと結婚した。彼女は五人の子どもを出産している。そのうちの二人の娘と二人の息子は生き延びて成長した。

一六六七年生まれのカタリナの父フランシスコ・エスティバン・デ・マルピカ・ポンセ・デ・レオンはその父親フランシスコ・デ・マルピカ・ディオスタドからアココトラのアシエンダを相続している。このカタリナの父は、先述のように先妻、後妻との間に九人の子をもうけていたが、よき父親でもよき夫でもなかった。彼はアトリスコ市の中心人物で、補吏長（保安官）異端審問所の役人とアトリスコ市長に指名されていた。彼は一七一九年まで五〇歳の人生を何とか生きていた。

彼に関する資料をみるかぎり、そのデ・マルピカ・ポンセ・デ・レオンの人生は例外ではなかったようだ。メキシコ中央高原の多くのアシエンダ経営者と同様、彼は借金の中に身をおいて自分の生涯を費やしていた。アココトラのアシエンダでの最初の生産物は小麦だった。当時、穀物の中で、もっとも必要とされていた作物で、換金作物となっていた。しかし、原因はさまざまだが、価格は大きく変動していた。こうした変動はアシエンダ経営者の資産状況や所有権の変更の大きな要因となっていた。デ・マルピカ・ポンセ・デ・レオンの生活の歴史記録はまさにこのパターンだった。メキシコ植民地の地方での資金調達に関していえば、修道院が銀行のような役割をしていて、カタリナの父のようなアシエンダ経営者は、たびたび自分が持っているお金をそこに預けていた。

カタリナの父の借金の記録は広範にわたっているが、彼は概してほかの多くのアシエンダ経営者に比べても資金的には安定していたようだ。アココトラのアシエンダ経営者の大多数は、実際には金銭的トラブルをかかえて苦しんでいた。アシエンダ経営者の所有財産に対して担保が付けられたローンは一六世紀から一九世紀を通して、全財産価値の三〇から一〇〇パーセントに匹敵するまでになっていて、それが定常的になっていた。じつはカタリナの父の同時代の仲間の多くは、資金的な援助を彼に求めていた。これは彼が貸し出し可能だった余分なお金を持っていたことを示している。この事実はカタリナの父には貸した金が戻らないという問題となっていた。一七〇七年、仲間にお金を貸さないことを誓約し、金貸しの習慣を永遠に葬ると彼は宣言した。そして、この約束に違反するたびにアトリスコの教会に一〇〇〇ペソの罰金を支払うという覚え書きをつくっていた。これが評判を呼び、カタリナの父はかなり有名な事業家となった。この問題以外に何もなかったのだが、彼の資金調達の苦悩の記録は、歴史文学に取り上げられるような典型を示しているという。

アココトラの支配人の醜聞

これまでみてきたように、アココトラの古文書にみる歴史はアシエンダ経営者が中心のようだ。しかしその日常は、実際にはアシエンダの支配人が主役だった。一九世紀を通してみれば、アシエンダ経営者は仕事あるいは娯楽のために、週末に気まぐれに時間を自分の田舎の土地で過ごすだけだった。つまり彼らは都市に居住し都市生活を享楽していたことを示唆していた。毎日の生産活動を監督管理する任務にあたり、日雇い労働者の体調管理や生活の質に大きな影響を与えていたのは、アシエンダの支配人だった。

アココトラの支配人はたびたび、近隣の村の契約した労働者との話し相手として歴史資料に登場しているという。一八二六年、クアコという村の村長は、アトリスコ市の行政官に、アココトラの支配人が村人の妻と母親をアシエンダの牢に押し込めたと報告していた。その支配人は、労働者契約に則った命令、つまり時間厳守で畑に来て働くようにその村人を強制するためだといい、そのことが労働者を励ますことになるとうそぶいたという。先の村長は村人の不品行と不信用を支配人が把握しながら本人に直接注意する責任を回避したことを批難し、支配人の厳しい労働条件に抗議した。最終的にアトリスコ市の行政官は、アココトラの支配人を支持していたという。

同じころ、ある支配人は死亡した日雇い労働者の親族から借金の取り立てに熱心すぎると訴えられた。サン・アグスティンというアシエンダの支配人はアトリスコ市の行政官に、彼の死亡した労働者、フィリップ・モラレスの一人娘に、アシエンダ内の売店で父親が彼女のために買ったメタテ（黒い石臼）をフィリップの死によって残された借金のかたとして、それらを戻すように手紙を書いていた。その支配人は、モラレスの娘がそのメタテ代金の支払いを拒否しているために、父親の残した借金を支払うように主張していた。

こうした問題は、メキシコの独立が達成された後でもなくなることはなかった。一八六四年には近郊のコユラ村の未亡人マリア・カタリーナは、死んだ夫の借金四ペソの支払いのために、彼女の一人息子を奪われたことで、アココトラの支配人ルイス・トラルパンコを訴追した。彼女は、六歳の息子が家族のただ一人の家督であり、支配人の行動は彼女に甚大な心痛を与えたと主張した。興味深いのは、マリア・カタリーナの訴追の主旨は、彼女の死んだ夫の残した借金に対する支配人トラルパンコの不正な取り立てではなかった。それは彼女の息子を連れ去ったことに対するもので、トラルパンコが、家族を守らなければならない「家督」である息子を彼女から取り上げたことだった。

支配人は時としてその地位を利用して力を誇示していた。アントニオ・カルデロンというアシエンダの支配人はメキシコ革命中、そしてその後も、そこの支配人をしていた。彼の人生はアシエンダに住む異なる階層間の人間関係の複雑さを示していた。

カルデロンという男はメキシコ革命後の数年間、アシエンダの革命前の所有者マヌエル・ゴンザレス・パボンが彼に対してアココトラの管理権の返還を訴えていたが、頑としてそれを拒んでいた。所有者ゴンザレス・パボンは、筋を通して自分の土地を返すように訴えていて、法的には、彼は誰か殺人請負人を雇ってアントニオ・カルデロンを殺害することも可能な、その土地の正式な所有者だった。そのアントニオ・カルデロンは、アシエンダ所有者ゴンザレス・パボンが長い間不在にしていたのをいいことに、あたかもアシエンダ所有者のようにふるまっていて、そのアココトラのアシエンダ内に恋人を囲っていると噂されていた。だが、その噂の女性が、カルデロンの失脚を引導することになった。というのも彼女は一九三六年、彼を殺害するという事件を引き起こしたからだった。この恋人は彼を殺害して、その資産や地位を手に入れようとしたとささやかれていたが、事実はもっと別な顛末に導いていた。彼女はカルデロンの恋人でも何でもなかったのだ。彼女が一二歳という少女時代からカルデロンはアシエンダ内で彼女に性的暴行を加えていて、恐怖のあまり長いこと逃げ出せずにいたことが判明したのだ。アココトラのアシエンダの屋敷での彼女の人生は贅沢三昧などではなく、拷問地獄だった。そうした生活にもはや耐えられなくなり、彼女はカルデロンに刃を向けたのだった。それがその支配人殺害の重大事件となった。

この物語は、一九世紀から二一世紀初頭までのアシエンダの支配人による権力行使の実体を表している。アシエンダの労働者の頭領と帳簿係にも同様に、上と下の階層から怒りと嫌疑の矛先が向けられていた。アシエンダ経営者は密接な関係を保ちながら支配人に頼り切っていたのだが、一方で、労働者は支配人の生活全般にわたる管理干渉に強い怒りをみせた。支配人の発言がしばしば、スペイン人経営者と先住民労働者間の紛争の引き金になっていて、それがアシエンダ社会を映し出していた。事実、日常生活の平穏平和を維持するうえで、支配人はもっとも重要な役割を演じていたのかもしれない。

廃墟、アココトラのアシエンダの建築

二〇一九年一一月、アココトラのアシエンダの遺跡を訪ねた。このアシエンダの背後には、山頂に雲を抱いたメキシコの秀峰ポポカテペトルが広い耕地の色とりどりのカーペットの上に姿を見せていた。南に面したアーチの見える表玄関の前に立って、先のニューマン氏が調査したこのアシエンダにようやくたどり着くことができたという感慨に浸っていた。というのも、近郊のラ・ソレダド・モレロス村から徒歩で一時間以上も歩いてやっとたどり着くことができる辺鄙なところで、周辺にはいっさい集落も住

居もないところだったからだ。GPSにこのアシエンダに続く道が示されているから、コンビという乗り合いタクシーが走っているかもしれないという期待は、あっけなく拒否されたことを知ることになったのだった。道はときに冠水し、ときにカボチャ大の石がボコボコ地面から突き出た悪路で、ジープかピックアップトラック以外は通行不能の道だったからだ。この往路で出会った人は皆無で、延々と広がる畑を見回しながら不安を抱えてやっとたどり着いたのだった。

カスコの正面玄関。まっすぐ進むとレモンのパティオに至る。

南の正門。手前のアドベの壁はカルパネリアの壁。

間近に見えるメキシコの霊峰ポポカテペトル。

ニューマン氏の調査によれば、この表玄関の左右にカルパネリア（労働者用集合住居）があり、建物の南壁に沿って三七の小さく仕切られた部屋が確認できるという。このカルパネリアはナワトル語の家を意味する「カリ」や「カルパン」をスペイン語風にアレンジした造語で、アシエンダのペオン、あるいはガチャネスと呼ばれた労働者の住居を意味している。カルパネリアは一九世紀中、全メキシコ中央高原のアシエンダに現れ、借金構造の中に労働者を取り込み、労働者の移動を極力抑えるためにアシエンダ所有者に許された一つの建築様式でもあった。

そのカルパネリアは、わずかな石と煉瓦によって補強されたアドベ（日干し煉瓦）造りだったために、風雨にさらされて今日では見る影もないのだが、部分的に部屋の壁があったことを示す出っ張りが確認できる。一九世紀のそのアシエンダの表玄関は白い漆喰で化粧され、その左右のカルパネリアの各部屋は赤い瓦で屋根が葺かれていて、アシエンダのカスコ（アシエンダの建物群）とデザイン的に統一されていたようだ。一九世紀末、このアココトラのアシエンダの居住労働者とその家族、一二一名の男、女、子どもがこのカルパネリアに住んでいたことがその調査でわかっているそうだ。一つのユニットが一辺三・五メートルの正方形の部屋に三人か四人で寝泊まりしていた。今日では雑草に占領されているカルパネリア前の広場は、食事や食事の支度、縫い物や農具の手入れのような日常生活のために使われていた。カルパネリアのその全住人が、そこに据え付けられたかまどを共有し、畑を目の前にして料理をし、食事をとっていたと、小さいころそこに住んでいた老人が証言しているという。

当時、アーチのある表玄関は頑丈な木製のドアで閉じられていた。そこには門兵が常駐していて、人の

カスコの南側。玄関わきの壁伝いに37の小さな部屋が連なっていた。その前のスペースは住民たちの生活の場になっていた。

トマト農場の昼休み。アココトラのカルパネリア前の広場では、こうした風景が見られたかもしれない。

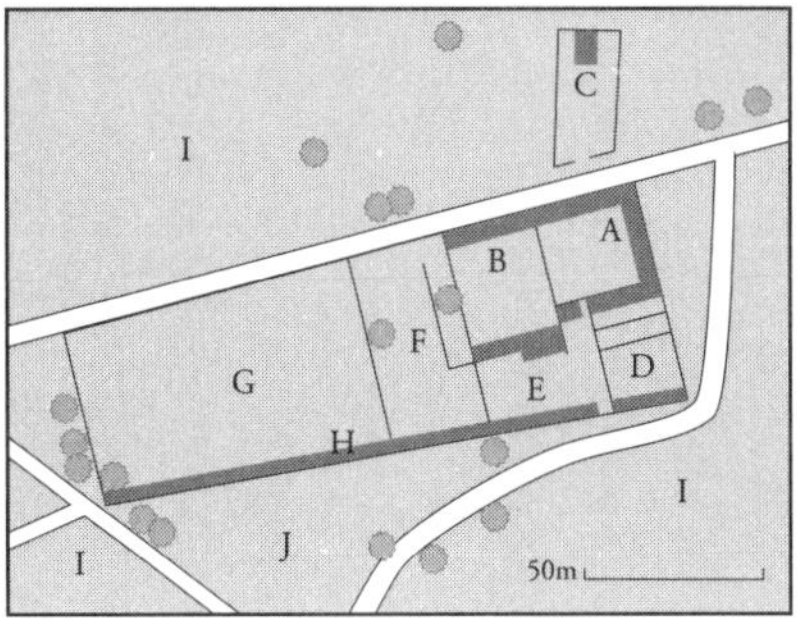

A：主館（レモンのパティオ）、B：穀物倉庫（多目的パティオ）、C:礼拝堂、D:山羊のパティオ、E：作業場・農具置場、F：家畜柵、G：自給用耕作地、H：カルパネリア（37戸）、I：耕作地、J：労働者共用スペース

入口右手にある山羊のパティオ。ここに水場があり、カルパネリアの先住民は門衛兵の許可を得て水を汲んでいた。

出入りを監視していた。そのドアの背後の左手に小さなティエンダ・デ・ラヤ（売店）があった。労働者は買い物するのにわざわざ門兵に断りを入れて入室し、日常必要とする物、メタテやメスカルから豪華な商品まで、アシエンダの支配人からのツケで購入することができた。

　そのティエンダ・デ・ラヤの前を通り左の大きなパティオに入ると、そのパティオの周辺を取り囲むように部屋がある。アシエンダ生活や作業に必要となる農機具、用具や道具の倉庫になっている。その南の壁に沿って、ちょうどカルパネリアを背にしていくつかの部屋があり、信頼のおける労働者の家族が数家族住んでいた。この農機具、用具や道具の倉庫のあるパティオの奥には、細かな彫刻が施されたアーチのある動物用のパティオ、囲い場がある。そこは牛と馬が住まう場所で、家畜の飼料を蓄えている場所でもある。そのパティオの西側にある小さなドアの先は、革命時代にアシエンダで暮らす人間の食糧を確保する目的で、周囲を高い壁で囲まれた広い耕作地につながっている。

　門の背後の中央通路の右手には「山羊のパティオ」がある。ここには「カポラレス」と呼ばれる家畜頭が住んでいた。彼はアシエンダ内でもっとも信頼されていた労働者の一人で、アシエンダのすべての動物の面倒をみていた。そして、彼は山羊の何頭かを自分の財産として持っていた。カポラレスと山羊は、このスペースを共有していた。

所有者と支配人だけが許されていたレモンのパティオ。今はその木も噴水もない。

中央通路を北に進むと、左手にパティオ・アビエルトと呼んでいる多目的パティオがある。ここは穀倉で、大切な道具の保管庫でもあった。このパティオは通常は支配人や穀倉管理人、先のカポラレス、そして、アシエンダ内の部屋の清掃や料理で雇われた日雇い労働者にだけ許される場所だった。それでも、すべての労働者は毎週土曜日になると支配人から給料を受け取るためにこのパティオに入ることができた。ここには支配人の事務所があり、その傍に台所もあった。

支配人事務所の東のアーチをくぐると、「レモンの中庭」を意味する「パティオ・デ・リモン」がある。このパティオはアシエンダ経営者とその家族のための空間だったが、めったに使われることのない生活空間だった。経営者とその家族、そして客人以外の入室が認められた人間といえば、支配人と経営者家族のために料理をしたり掃除をしたりする労働者だけだった。「パティオ・デ・リモン」の名称は、そのパティオの中心に、彫刻が施された噴水を囲むようにして生い茂っていたレモンの木からのものだ。残念ながらこのパティオは略奪に遭って、今は荒れ放題になっている。それはこのアシエンダの最後の所有者が、革命期にこのパティオ内に黄金を隠したと噂されていたことによるものだった。そのために、パティオを取り巻く部屋はあばた状態になってしまった。装飾付きのアーチや柱、白い漆喰の上に赤のペイントでの絵模様、そして窓にはめられたモザイクのガラスなど、建築上の要素が痕跡さえも残していない。すべてのものが夢の跡のようになっている。

建築の考古学と家庭内生活

アコトラのアシエンダに住んでいたラファエラという女性の名前が、そのアシエンダの財産目録の中に記録として残っているのだそうだ。それによれば彼女はカルパネリアで一五歳年上の夫と一緒に住んでいて、メキシコ革命以前の一八九三年五月の時点で、年が二歳から一八歳までの六人の子どもを抱えていた。アコトラのアシエンダに住んでいる労働者リストに関するその資料は、ラファエラが「インディオのカトリック信者」であったことと、彼女が読み書きができず、ナワトル語だけを話していたことを語っている。その記録は予防注射済みと、目に見える肉体的欠陥がみられなかったとも伝えている。それは同じ資料の中にあるラファエラと五五人の確認できるほかの先住民労働者に関して、伝えることができる情報のすべてであった。

そのうちのあるものは、ラファエラの物語が重要でないことを示唆していて、ちょうどアコトラのアシエンダを運営し続けるうえでの機械の中の小さな歯車だった。つまり国の、州の、そしてたぶん地方の舞台でのラファエラの役割は不存在であった。しかし、彼女の物語は、全メキシコ中央高原のアシエンダに住んでいる女性の数千人、あるいは数万人、数十万人、数百万人のそれで、彼女の経験、夫、子どもたち、先祖、子孫たちの経験は、一九世末と二〇世紀初めというメキシコにとって意味深い転換期の田舎の人々と貧乏人の生活を照らし出している。

ラファエラの生活を詳細に再構築することは不可能なのだが、我々は、アココトラのカルパネリアでの日常生活のもっと完璧な絵を構成するように試みることができる。

ニューマン氏の調査によれば、その生活舞台から出土した物から、何人かの女性たちが綿糸をつくるためにスピンドル・ホール、紡錘を使っていたことを知ることができるという。さらにほとんどの女性たちは安価なガラスのビーズでアクセントをつけた銅製の耳飾りを着けていて、ついにある一人が憧れの金のイヤリングを着けていたこともわかったそうだ。

アシエンダの支配人は、労働者に健康管理を施していたことがわかっているが、医者や薬の信用不足は、たぶん、病気や災いから子どもたちを守ることを意図した魔術的なお守りの存在を許していたのだろう。キリスト教信仰はロザリオ、あるいは装飾品のように身に着けた十字架をそこに残していた。

労働者の健康管理に気を配っていたそのアシエンダの支配人はまた、畑で働く婦人たちを家族のため台所仕事よりも、畑で男たちと一緒に働かせようとして、先にも述べたが労働者家族全員の食事を用意する料理担当のセニョーラを近郊の村から雇っていたことが知られている。

カルパネリアの人口調査の一八九三年のリストには、労働者としての成人男性だけが確認されるだけだという。つまりアシエンダ内で働く女性たちはその数の中に入っていないのだ。ところが、働くために畑に押し込まれた女性と子どもたちの帳簿を調べると、男も女も六歳になるとアシエンダに働きに出かけていたことがわかった。彼らの多くは学校に通うことができると子どもに教えなかった父親や母親と一緒に、大人と同じ時間だけ働いていた。日の出から日没まで、平均して一二時間、一週間のうちの六日だ。彼らは日給として小遣い程度のお金を受け取っていた。そして、彼らは皆、自分が文字が読めないことを認めていたのだ。

アシエンダでの労働は、とくに若い女にとって困難を極めていた。一二歳にも満たない若い年齢で支配人にレイプされたことを、ニューマン氏の行った聞き取り調査で二人の年配の女性が認めているという。彼女たちはメキシコ中央高原で女たちが直面した困難の極端な例の中にあったのだ。古来、女性たちは妻や母親であることを期待される世界の中で生活してきた。掃除し、調理し、子どもを産み、小さい子どもの面倒をみるという、社会によって明確に定義されていた役割に忠実に従い、社会とは疎遠なところで生活してきたのだった。先の人口調査で、アシエンダ経営者と支配人たちが、労働を提供した女性と子どもの人数を無視したり、無頓着だったことが明らかだ。そのことは、女性と子どもたちが遊んで暮らしているという、受け入れがたい誤った見識をつくってしまったのだった。

ドニャ・アナのアシエンダ

先のラファエラがカルパネリアの一部屋に引っ越す三〇年ほど前に、スペイン人女性アナ・クリスティナ・トレビーノ・デ・ルエラスがそのサン・ミゲル・アココトラのアシエンダを購入している。そのとき、それは質流れ物件だった。そのカスコ（アシエンダ建築群）は今より明確に小さかったようで、約九〇〇平方メートルしかない。この測量値は先に話に出た「パティオ・デ・リモン」のサイズとほぼ同じである。その建物は生活のためのスペースと働くためのスペース、台所、穀倉、馬小屋、脱穀場、大工小屋、そして墓地付きの礼拝堂であった。建物はすべてアドベでつくられていて、アナが買ったとき、ほとんどは廃屋状態だった。

アココトラのカスコの改装はアナ所有時代に行われている。アココトラで見たその建築学上の設計変更は、基本的にそのカスコに付帯するカルパネリアなどの生活空間に住む階層の経験を理解するうえで重要なものである。

アトリスコ盆地の独立戦争と革命との間の一世紀は、危険で不安定な時期だった。有力者たちは経済と政治権力をめぐってもがき戦っていた。低賃金生活に加え、村にのしかかる厳しい政治圧力を感じていた困窮者たちは、増し続ける政治権力の重圧からすり抜けようとした。一八一四年、アトリスコ盆地のアシエンダ経営者は、政府に対して納税義務の猶予を願い出ている。暴徒による攻撃、そしてたび重なる疫病の流行の結果、アシエンダの収穫に貢献している先住民の死を起因とする労働力不足を証明して、軍事支援の名目で求められている支援金支払いの猶予を願い出ていた。一八五九年まで、その地区の状況は改善をみなかった。アココトラの一九世紀の記録の多くは、アシエンダやその地域の警備を支援するために、人間、兵士あるいは荷担ぎ夫と馬を地方政府に送るという貢献内容に偏っているが、それを除けばたびたび起きる殺人や暗殺の事件についてのものだという。カルパネリアの定住労働者数の変動は、経済的な不安定か労働人口維持の困難のどちらかを物語っている。スペイン人女性アナは、もし都会の彼女の友人を自分の田舎の宮殿に招待しなければならないと考えていたら、右記の困難と戦わなければならなかったのだ。

アナがアココトラを買ったときには、南側にあったカルパネリアは形をなしておらず、正門の装飾が表玄関を圧倒することもなく、質素だったと思う。しかし彼女がそのアシエンダを売却するときまで、改装が続けられた。このアココトラでみる労働者の住居構成は、この全地域でみることができるものとはまったく異なり、殺伐としてしかも簡素だ。ほかの地方のアシエンダのカルパネリアは部屋どうしを行き来できる通路を持っているし、前述したサン・アントニオ・デ・シャラのアシエンダでみたように、壁で覆われた中庭を取り巻くように部屋があり、アココトラのようにアシエンダの玄関脇に大々的に位置することはなかった。アナか彼女が依頼した建築家がそのカスコを大改修するにあたり、「みながしていること」を単純にまねることを拒んだのだ。

正常ではないが、裕福な人間がいかに貧困者である労働者を管理するかに向き合っていた世界では、アココトラのカルパネリアの設計は奇抜でありながら重い意味をなしていた。労働者階級を支配するという強い動機は、アナとその建築家を大いに奮起させたのかもしれない。公道に面し、「私生活をオープンにする労働者のための家庭空間」のカルパネリアをつくることで、そのアシエンダは実際、日常の行動の「自己規律遵守」を宣言して契約を交わす日雇い労働者を拘束していたに違いない。つまりこのカルパネリアの住民は、いつも誰かが自分たちをじっと見ていることを意識して行動しなければならなかった。監視官のような「通行人」に、それとわからないように労働者監視を託すのに、好ましい空間だったのだ。

五〇年後に現れることになるメキシコ革命時に、先のアナの関心事は根拠のないものではなかった。カルパネリアはもしかしたら、アココトラの住民の中でももっとも危険な人たちが住んでいたかもしれなかったからだ。それでも、この建築の設計プランは、カルパネリアの人々が、外部の者からの、あるいは隣人からのプライバシーのない生活を楽しんでいたことを意味していたのかもしれない。そのカルパネリアの部屋は、一時避難所より小さい生活空間であり、きわめて単純な間取りが与えられているだけだったが、そのために家庭生活のほとんどは、居並ぶ部屋の前面に位置する開放空間で、隣人とあたかも共同生活を営んでいるかのように、喜びも苦しみも共有し、分かち合っていたからだ。

ドニャ・アナが増築した南側のコンクリートの建物。

プライバシーの欠如と家庭生活の監視が、この空間のもっとも大きな欠点ではあったが、それはカルパネリアとその住民が晒し者であるということだけではなかった。アココトラのアシエンダに住む人間のうちで、カルパネリアに住む労働者と家族が、五メートルの高さのカスコの壁で保護されることのなかった唯一の人たちだったということでもある。何度も話してきたが、一九世紀中葉のアトリスコは危険な地域だった。労働者たちは壁の外で何の守りもない状態に放り出されていた。もちろん、この設計プランは、渡り歩く強盗団ばかりでなく、アシエンダで働く労働者の氾濫や暴動に対する安全対策にとって、壁の背後に暮らすアシエンダ経営者と支配人にとって有効であったことは疑いのないことだった。

表玄関脇へのカルパネリアの位置取りは、そのような過程で生まれたものだろうか。カルパネリアとカスコの領域を完全に区別するために、二つの間の行き来を困難にし、アナが属する階層の完璧や潔癖を保持するために、階層間の重い扉で遮断しようとした試みだったのかもしれない。言葉は悪いが、アナは「臭い物に蓋」をしようとしたのだ。あるいは、良心の呵責に苛まれないように、見たくないものを視界から消そうとしたのだ。階級的建築様式、階層問題と建築とを結びつける意図は、このカスコの中に明確にある。労働者は場合によっては動物の飼育を手伝うためにカスコの中に入るのを許されることはあったが、最下層にみられていたペオンやガチャネスと呼ばれていた日雇い労働者たちは、外の仕事場に制限されていた。「高い階層」で「より信頼できる」とされるカポラレス（家畜頭）たちは、家畜の世話係の仕事に感謝しつつ、カスコの壁の安全に抱かれて家庭生活を楽しみ、カスコ内の仕事場を自由に行き来することが許されていた。

カルパネリアでの労働者の生活

カルパネリアの生活実態は、本当はどんなものだったのだろうか。ニューマン氏の発掘調査から、小綺麗な三七の独立した部屋が並んでいたことが確認されている。それらは白の漆喰で塗られていて、規則正しく並んだ赤瓦のひさし付きのアーチの下には木製のドアが付いていた。想像では、芸術的建築家の改築で、それはほとんど美しい絵のような建物だったにちがいない。それぞれの部屋の面積は一二・二五平方メートルだった。その部屋はたぶん、ふつうの寝室ほどの大きさだと思う。だが、それは家族全員が生活する場だ。

部屋には窓も煙突もない。小さな暖炉がそれぞれの部屋の北西の角に座っていた。その中で火を燃やせば煙がその部屋を満たし、暖めもするが部屋を煤だらけにして息苦しくもした。もちろん、水道や排水溝はなく、井戸もない。料理や洗濯のための水が欲しいときには、アシエンダ内に水をくみに行くことになる。それでもそのためにわざわざ門兵に入室許可をもらわなければならない。

記録が示す当時の平均的な家族構成は四人で、少なくて二人、多くて八人だった。その部屋で煮炊きしたり、食事したり、眠ったりするには、あまりにも狭い。だとすれば当然、外部空間がカルパネリアに住む人たちに必要だ。カルパネリアに面した開放空間、広さ約五〇八一平方メートルがカルパネリアの前庭として機能していたのだ。それはプレヒスパニック時代のメキシコ先住民の生活スタイルときわめて類似しているという。

その前庭で、台所と思われる場所を簡単に見つけることができるようだ。ニューマン氏によれば、台所の場所にはトルティーヤをつくるときに使うマノス（すりこぎ）とメタテ（黒色の石臼）の破片の遺物が集中しているからだという。またそのカルパネリアの前庭には、いくつかの独立したかまどが存在するという。その中でも大きなものが一つあることが、ニューマン氏の発掘調査で明らかになったそうだ。そして、前述したがその大きいかまどで、カルパネリアに住む労働者家族全員に食事を提供する賄い婦が、近隣の村から通っていたこともわかったのだそうだ。

カルパネリアの前庭は台所や仕事場というより、むしろ食事や井戸端会議の場として使われていて、数家族が食べ物を分かち合う空間だった。長い一日の仕事を終わった後に、カルパネリアの住民はその前庭に集まり、火を焚き食事を分け合い、子どもたちがまわりで遊んでいる間、男たちはメスカルをあおり、歌を唄ったり、戯言を並べ立てたりして、その日の労働の疲れを忘れようとしていた。焚き火のまわりではその赤い炎を頼りに、女たちは糸を紡ぎ編み物をして、仲間とおしゃべりを楽しんでいた。そのカルパネリアの部屋は、寝る以外に何事をするにも狭すぎた。その設計プランが労働者にとって好意的なものではなかったが、昭和中期の日本の長屋のような、共同家庭生活の幸福な絵を思い起こさせるものもあった。貧しきゆえの連帯感である。

一方で、それぞれの家庭の主婦は、自分の台所を基本的に必要としなくなっていった。専門職という資本主義的な生産のカテゴリーに台所仕事を入れることで、経営者は、先住民労働者の占有すべき家庭内空間の意味に、革新的な攻撃を仕掛けたのだ。台所と台所用品は、数百年、たぶん数千年の間、家庭生活と女性にとっての象徴であったにちがいないが、このカルパネリアという特殊な建築プランの「革新的誤解」は、アシエンダでの生活に多くの精神的な異変をもたらした。母親が娘に台所で教えていたことのすべては、民族の誇りであり次世代へ希望をつなぐものであったはずなのだが、経営者や支配人によって、価値のないことだと一蹴され、母親は家族の面倒をみるのを忘れるように求められ、男たちと一緒に畑で働き、経営者のための労働が求められたのだ。

再びカルパネリア前の空間の話に戻そう。ラ・ソレダド・モレロス村のような壁に囲まれた集合住宅で営まれる家庭内活動と、カルパネリア前の開放空間で営まれる家庭的な活動との間には、意義深い相違が存在する。数世帯が住む広い集合住宅のほとんどは、全体を高い壁が囲っている。公道から集合住宅内を眺める隙間をところどころに配しながらも、住民に私生活に対する配慮を与えている。集合住宅の中庭の空間が「公」の活動のために使われるいっぽうで、その数世帯の成員たちは、客人が訪問している間、誰が来ているのか、何の活動をしているのか見て見ぬふりをしていた。この自制の仕方は、その役割をなす空間が家の中にある文化圏での、応接間と居間の関係に相似している。

アココトラのカルパネリアでは、家族は私的に一二・二五平方メートルを許されているだけだった。その家庭内の活動のほとんどは、アシエンダの隣人と前を通る通行人の目に容易にさらされることになる、カルパネリア前の開放空間に取って代わられていた。それは近隣から集まってくる日雇い労働者に用意された、水族館の巨大な透明ガラスのようなものだった。そしてその空間は同時に、アシエンダを訪れる客人にアシエンダの「格」を見せつけることにもなった。アココトラのカルパネリアのアイディア建築は、その空間に住まう人の利便ではなく、アシエンダ所有者、建築家、そして支配人のためのものだったのだ。

カルパネリアの食生活

日本人の主食はご飯だが、メキシコ先住民の主食はトウモロコシからつくるトルティーヤだ。サイズはいろいろあるが、だいたい成人の掌ぐらいの大きさの餃子の皮と思えばいい。日本人によく知られているタコスの皮である。だがこのトルティーヤは食材を包む役目ばかりでなく、葉巻のように巻いて、スープやソースをすくって食べることもある。トルティーヤはメキシコ人がスプーンもフォークも使わずに食事をすることができる、便利な食べ物なのだ。スペイン人がメキシコにパンの文化を持ち込む前は、ほとんどこのトルティーヤを主食としていたが、その後もメキシコ人はこのトルティーヤをよく食べている。それは先住民の血を引く者ばかりでなく、すべてのメキシコ人の好むこととなった。

トルティーヤをつくるには、それなりの準備が必要だ。乾燥トウモロコシの粒を浸した水の中に搾ったライムを少し加え、一晩おいておく。ライムの入った水でトウモロコシを茹でると、固い外皮を取り除くのが容易になり、トウモロコシを挽きやすくなる。トウモロコシを軟らかく茹でたらすすぎをし、次に黒色石のメタテ（石臼）の上でマノス（すりこぎ）で十分にトウモロコシをつぶす難儀な作業を始める。これにはかなりの時間がとられる。メキシコでは骨関節炎症状を「メタテ・エルボウ」と呼ぶほど、台所をあずかる女性にとっては、重労働である。今日では町のいたるところにトルテリアというトルティーヤを売る店があり、メキシコのセニョーラたちは朝に夕にそこに長い行列をつくっている。まるで、バゲットを求めてブーランジェリーに列をつくるフランス人のようだ。そこでは茹でトウモロコシをこねる機械が大きな音を立てていて、若い男が数人忙しく動き、活気あるメキシコの朝の風景を見せている。

さて、トウモロコシをつぶす難儀な作業はまだ終わらない。その生地に少々のラードを加え、場合によっては石灰岩の粉末を混ぜる。そうすることで、タコスの具に水分があってもトルティーヤがふやけたり破けたりすることがなくなる。石灰はそうしたトルディーヤのこしをつくるばかりではない。乾燥地帯で魚類を摂る機会の少ないメキシコ中央高原に住む先住民にとって、それはカルシウムの補給源となっていた。地方の市場では山盛りに積まれた唐辛子やトマトなどの野菜と一緒に、菰《こも》に入った石灰石の塊が売られているのを見かける。

トルテリアの店先。今では機械がトルティーヤをつくってくれる。

これでトルティーヤの生地が完成だ。後はその生地を適当な大きさにちぎって両の掌で叩いて、餃子の皮状に広げる。これでトルティーヤの準備ができる。食するときには炭火の上においたコマルと呼ばれる陶板の上で焼く、というより温める。これで完成である。

それでは、植民地時代の先住民が食べていた副食はどんなものだったのだろうか。ほとんどはフリホールと呼ばれるマメを使った野菜スープ、牛や羊などの肉や蔵物を使ったスープだったようだ。ニューマン氏がカルパネラのゴミ溜めから発見した動物の骨は、哺乳動物、鳥、爬虫類、そして魚に及び、ほとんどは食用としていたようだ。その中でも、魚の骨は少なく、圧倒的に哺乳動物と鳥の骨が

リングテイル（カコミスル）は悪魔祓いに使われる。（撮影地：チアパス州）

多かったと彼女は指摘している。その骨のうち九〇パーセントは哺乳動物のもので、それには牛、豚、羊、あるいは山羊、犬のような家畜の骨が占めていた。野生動物もなくはないが少数で、シカやリングテイル（アライグマ科カコミスル属の動物）、オポッサム、ココノオビアルマジロ、ウサギ、モルモットのような動物が含まれていた。鳥の存在も無視できない。おもに鶏と七面鳥、そしてアヒルだった。爬虫類のイグアナやカメも食されていた。カルパネリアの労働者が飼っている家畜を消費している一方で、野生の動物の骨の発見は、アココトラのカルパネリアでの生活の興味深い事実を提供している。数にしてほんのわずかなそうした動物は、山里に近い、あるいは宗教的な理由でこのカルパネリアに持ち込まれた可能性があるという。アトリスコの市場では、いまだにシャーマンが祈禱目的でリングテイルを買い求めるのだそうだ。もちろん食用ではなく、腹を裂いて乾燥した状態で売られているようだ。精神世界で特別な助けを求めようとするときに、彼はそれを高いところに飾るように勧めるのだそうだ。メキシコ南部チアパス州で、白壁に張り付いているリングテイルを見たことがある。こうした土着信仰は、アトリスコ盆地だけでなくメキシコ全土に分布しているようだ。

食用とする動物はおもにアシエンダ経営者が供給していた。遺物の骨の種類からすれば山羊や羊などの小ぶりな家畜を食用にしていたものと思われる。動物の多様性がなくなったのは、身近に家畜を飼育していたこともあるが、アココトラの先住民が食用としての狩猟を放棄したことによるものだ。あるいは放棄させられたというべきかもしれない。というのも、彼らは鍬や鎌以外の武器らしきものを持つことを制限されていたし、狩猟のための時間がまったくなかったからだ。日の出とともに畑に出て、日没とともにカルパネリアに戻ってくるという生活には、狩猟の時間が許されなかったのだろう。

古文書からは、牛と山羊がアココトラで盛んに飼育されていたことがうかがえる。しかし、以前にも述べたが、先住民が少数の山羊や羊を飼うことが許されていた一方で、牛の飼育と屠殺は、スペイン人の権益を守るという立場から制限されていた。スペイン人が羊肉より牛肉を好んでいたということもあって、羊の価格は売るために市場に持っていく運賃に比べて、考えられないほど低かったようだ。このように、下層動物と経営者が考えていた羊や山羊を彼らが食さないことや、市場価値が低下したことで、飼育している羊や山羊をカルパネリアの労働者に、有償か無償かはわからないが提供していたと考えられる。

アシエンダの労働者たち

アシエンダ経営者は、居住労働者か外部労働者かを線引きすることで、おもに二つの先住民の労働形態を分類していた。前者がアシエンダの所有地内に居住していたのに対して、後者がアシエンダの所有地周辺の独立した自治体に住んでいた。前者が年契約労働者で、後者が週契約労働者、日雇い労働者だった。こうした二つの労働形態の就労条件は同一ではなかったが、彼らは一緒に農作業に従事していた。

先述のメキシコ州とイダルゴ州との境にある、サン・アントニオ・デ・シャラのアシエンダの一九〇二年の労働者賃金に関する資料によれば、アシエンダの支配人は年収四六八ペソ、穀倉管理者が二六〇ペソ、荷馬車管理者は一五六ペソを手にし、彼らにはその収入に見合うだけの穀物が現物支給されていた。これに対して、アシエンダ内で生活する年契約労働者の日給は三二センタボ（一センタボは百分の一ペソ）から七センタボまで開きがあり、年齢や性別、熟練度によって細かく規定されていた。最高額の三二センタボの労働者を例にとれば、年収は約一〇〇ペソだったが、実際にはその最高額を手にしていた労働者は少なったようだ。シャラのアシエンダでは現金による給料支給に加えて、平均して年間五〇七リットルのトウモロコシと豆類六三リットルの現物支給を行っていた。この量は、家族が一年間生活できる分量だと想像する。こうした現物支給の市場価格を推しはかることはできないが、アシエンダ内で生産された農産品で支給されていたため、アシエンダ経営者にとって都合のよい方法だった。また週契約労働者、日雇い労働者の日給は、六九センタボから七センタボまでの開きがあるが、概して前者に比べて高かった。彼らに対しても、トウモロコシなどの穀物が支給されていて、労働者をアシエンダにつなぎ止めるための方策となっていた。

一九世紀から二〇世紀前半の資料は、アココトラのアシエンダでは、支配人を除外してすべての居住労働者は「インディオ」だったことを示していた。そして「インディオ」たちはけっして奴隷ではなかった。時代はさかのぼるが、国王は一六〇一年と一六〇九年に、再度にわたって先住民労働者の売買を禁止している。しかし、当時、こうした布告はしばしば守られることがなく、それはアココトラも例外ではなかった。先にみたように、アトリスコのサンタ・クララ修道院へのアシエンダ売却のさいに行われた一六三二年の価格査定では、合計一一人の先住民労働者をアシエンダの財産の中に数え入れていた。このことから過去には、このアココトラのアシエンダに奴隷かあるいは奴隷に近い状態におかれた先住民の姿がみえる。アシエンダの価値は農産物を有効に生産できる土地や水利はもちろんのこと、そこで働く労働者を確保できるか否かだったことを考えれば、一一人の先住民労働者をアシエンダの資産の中に組み入れていたことは、納得はいかないまでも認めざるをえない。

一九世紀後期までに、アココトラのアシエンダで働き生活する家族は、負債労働システムの中にあり、かなりの借金を抱えていた。しかしながら、それは貧困のためにやむをえず借金をする先住民がいたというのではなく、それは売り手市場にある低賃金労働者確保の戦略として使われていたのだ。メキシコ革命前夜、一九一〇年までのこと、五〇人のアココトラの居住労働者の四五人はアシエンダ所有者から前借りしていた。そして、その借金は平均して一一〇ペソで推移していたそうだ。アココトラのアシエンダ経営者は、一九一〇年に、労働者一人に一日、三三センタボを支払っていた。一一〇ペソの借金は三三〇日分の仕事量を示している。週六日、五二週を働いたとすれば、三一二日。計算ではわずか一八日分だけ借金額に届かないことになる。先ほどのシャラのアシエンダでみてきたように、日々、家族が口にする主食の現物支給が行われていた可能性は否定できないが、アココトラの場合、各家庭の女性から台所を奪いとり、男性と同じように畑で働かせるために、カルパネリア居住家族のための賄い婦が特別に雇われていたことがわかっているから、食費はただだったかもしれない。それでもそれ以外の日用品をツケでアシエンダのティエンダ・デ・ラヤ（売店）で購入していた分を考慮すれば、借金の合計金額は、当然、返済不可能な額である。収支計算が年一度、セマナ・サンタ（聖週間）に行われる。示された計算書を前にして、年契約労働者はその負債ゆえに、翌年も否応なしにアシエンダと契約を結ばざるをえなくなるのだ。

アトリスコの地方の有力者たちは、負債労働システムと下層階級管理システムを有利に推進するための条令を通過させていた。アトリスコ盆地では雇い入れ先の変更、ほんの数マイル離れたアシエンダに移動する場合でも、労働者は移動に関する報告を行政官にしなければならなかった。さらには、ある仕事からほかの仕事に移るにも許可を求めなければならなくなっていた。一八五五年、サンティアゴ・モロレスという先住民は行政官に、彼の家族をコユラのアシエンダからアココトラのアシエンダまで四キロメートルだけ移動させる要求を出した。それは彼がアココトラのトウモロコシの収穫期に合わせて移動するのを求めたものだった。そして、彼は移動する前にコユラのアシエンダ所有者に自分の借金を払う約束を当然することになるが、受け入れ先のアシエンダ経営者は労働者不足解消に感謝しつつ、モレロスが抱えている借金の肩代わりをしていた。こうしてモレロス個人とその家族はアココトラのアシエンダに解放され、彼は新しい職場で働けるようになった。モレロスの家族が移動して数年後に、「労働者の良好な労働条件遵守」の法令が整備された。その法令は、「もし労働者が、彼の雇い主が虐待や悪事を働いたことを証明できれば、労働者はその労働契約を破棄することが許される」というもので、労働者はこうして保護を手にすることができた。とはいってもそれは、あくまでもアシエンダに対して抱えているあらゆる負債を支払い、新しい労働契約の内容を本籍のある村の長に報告することができればという、ハードルの高い条件付きでのことだった。

借金は地方の行政官や経営者が労働者移動を制限する一つの戦略だった。しかし、我々はすでにアコトラの支配人が労働者の妻と母親を投獄した話を知っているが、投獄という直接的で非道な手段がとられることもあった。それは一九世紀初頭の狂気の時代の狂った戦略のように思われる。古文書記録はわずかながら投獄に関係する内容を我々に伝えている。それによれば、アシエンダ所有者は一八三〇年代に地方の行政官に監獄建設のために許可申請を提出していた。同じその三〇年代に、ある短気で無法な支配人は自分のアシエンダから逃亡した借金を抱えた労働者を戻すようにコユラの村長に手紙を書いている。支配人は村の長に訴えた理由を、「労働者を閉じ込めておく監獄を持っていなかったからだ」と語ったという。前述したが、中央の政治が及ばぬ遠隔地のアシエンダでは、経営者やその支配人が実際に裁判権を行使するということもあったことはよく知られている。だがプエブラ市やメキシコ市に比較的近いアトリスコ盆地の古文書記録の中に、アシエンダ内に監獄の存在を示すものがあるという。それから推測すれば、実際にはかなり広範囲におぞましい悪習がはびこっていたかもしれない。

アココトラの子どもたち、そして大人たち

古文書記録によれば、一八九三年のアココトラのアシエンダのカルパネリアに住む五六人のうちの二一人は子どもだった。それでも、こうした子どもたちの存在は、ニューマン氏の考古学的な研究成果の中に明確にみえてくるものがないという。貧しい子どもたちが手にする玩具が原型を保ちにくい素材を使っていたためか、あるいはカルパネリアの子どもたちは、遊ぶ以上に働くのに自分の時間を費やしていたからか。アココトラの住民だった老人たちの記憶によれば、子どもたちは一〇歳になると一二時間労働、週六日の労働者として雇われていたという。それよりもっと小さな子どもは、公式に雇い入れできない年齢なのに、学校に行かせるよりも、または遊び道具と時間を過ごすよりも、両親を助けるようにけしかけられていたかもしれない。

一八五六年、メキシコ共和国は教会私有財産没収令を正式に決め、翌年には政教分離を明確にした憲法が発布されたことで、一六歳から六〇歳までのすべての男に「チコンテペック」と呼ばれた税を課す法律を通した。この税は、植民地時代に修道会によって運営されていた学校（寺子屋）を公立に転換させることを意図したものだった。この税に感謝し、アココトラの近郊にあるラ・モホネラ（ラ・ソレダド・モレロス）の村の先住民の一二人の子どもたちが学校に通うことができるようになったという。そこでは子どもたちは読み書きと計算を学んでいた。しかしアココトラのアシエンダでは学校に通っていたのは支配人の子どもだけだった。というのも、アココトラの労働者は、自分の子どもには何の役にも立たないという理由で批判し、税を払おうとしなかったからだ。アココトラの労働者たちは子どもたちに、家

族のためアシエンダで働くように求めていたからだったし、たとえ子どもたちを学校に行かせることができたとしても、人さらいの多い時代、介添えなしに子どもたちを危険な二キロメートルの通学路を通わせるわけにはいかなかったからだ。皮肉なことにアトリスコの労働者たちは、集めた「チコンテペック」を学校建設ではなく墓地建設に振り分けるように求めたのだそうだ。死者に関する記録によれば、村では幼年時代の子どもの命が困難な状況におかれていて、多くが成長する前に死んでいたからである。

このことは、カルパネリアでの子どもたちの生活がいつも困難だったことを意味しない。数年に一度の割合で地方を席捲する天然痘のような疫病に感染しやすかったが、カルパネリアの子どもたちは怪我や病気になったとき、わずかだが医療に恵まれていた。先述したがカルパネリアに住む人々は、周辺の村に住む彼らの同僚よりも医療に恵まれていたという。村に住んでいた末裔が聞いた話として「アシエンダの労働者だった人物が言うには、今日考えるほど、カルパネリアでの生活は悪くなかったようだよ」と言った後、彼女は「今、もしあんたが病気にかかったら、誰が面倒をみるのかね。誰が医者にお金を払うのかね」と言ったのだそうだ。

大規模アシエンダの経営者は自分のために働く労働者に無料で薬を提供していたことはごく一般的に行われていた。もちろん、こうした治療用クスリの真価が疑問視されていた。カルパネリアの住人は経営者が提供するクスリを全面的に信頼していたわけではなかった。彼らは自分はもとより子どもたちのために予防と治療のあらゆる方法に頼っていた。リングテイル（カコミスル）のような動物が、シャーマニズムの儀式で登場したことは先述した。それはメキシコ中央高原のナウア族の人々の習いだった。

アココトラの女たち

それではアココトラに住んだ女たちはどんな生活をしていたのだろうか。トルティーヤ製造が女性の仕事としてメキシコ中央高原で常識とされていたのとまったく同じ意味で、世界中の村では布の生産が女性の仕事であるかのようにいわれている。アトリスコの女性たちも、スペイン人が現れるずっと以前から綿糸をつくっていた。しかし、一九世紀、糸紡ぎをする婦人たちが家から連れ出され、畑の中に押し込まれ、新世界の秩序の被害者となった。こうして畑で働くことを強制されたアココトラの女性たちは、スピンドルを扱う技術を指先からすべり落としてしまったのだ。

スピンドル・ホールと指ぬきの遺物の存在は、糸紡ぎと縫い物がアココトラのカルパネリアに住む女性たちの普通の活動だったことを示している。言い伝えによれば、女性たちは夫のすぐ傍で、一日一二時間、一週間に六日、畑で働いていた。だからたぶん、彼女たちはスピンドル・ホールを畑作業のさいにも持っていったにちがいない。女性たちは指ぬきとスピンドルをポケットの中に忍ばせて、食事時間に、あるいは長い一日の終わりに同僚と一緒に火のまわりに座って、売り物として、ときには家族用に仕立てるため糸を紡ぎ、織物や縫い物をしていたのかもしれない。階級と文化、伝統的な役割を綿密に定められた世界で、彼女と友人は、労働者、妻、そして子どもを育てあげる母親として求められものを天秤にかけ、バランスをとらなければならなかった。

アココトラの男たち

それでは男たちはどんな心持ちで、アココトラで生活していたのだろうか。もしその生活がかなりつまらなく、抑圧されていたら、なぜ、カルパネリアに住み、経営者のために働いたのか。お金が一つの答えであるが、それは大きな問題ではなかったかもしれない。日雇い労働者に比べて居住労働者の給料は安定した収入を約束していたし、貨幣経済の中に入ることを示していた。今日、アココトラの労働者だった人たちの子孫は、小作による最低限の水準の下に暮らしていることに苛立ちを感じている。現代の世界にありながら、そうした農民が彼らの家族を養うのに見合う十分な賃金を手にすることができていないからだ。ヒカマ（クズイモ）とピーナッツから得られるお金は、その季節の終わりにはすっかり使い果たされる。しかし、翌年の作物の種を買うために、そして、子どもを小学校に送り、卒業させるのに現金は必要なのだ。こうした出費に直面し、米国に向かって男は、永久にあるいは季節的に村を離れるのだ。

一五〇年ほど前、彼らの先祖は、家族の経済的環境をよりよくするという希望をもってアシエンダの労働で賃金を受け取るという選択をしていた。それでもお金はアシエンダの居住労働者として契約するたった一つの理由ではなかった。カルパネリアの小さな部屋は友人を招待するにはふさわしくないようにみえるが、当時の彼と彼の家族には、赤い煉瓦と白い漆喰の壁をもつその小綺麗な建物は宮殿だった。その建物は、彼の辺鄙な田舎で暮らしていたときの、みすぼらしい小屋に比べても素晴らしい建物だった。その小さな部屋は、まるで一時の避難所だったが、そこからは西洋の香りのする花瓶や小さな黒い水差し、香炉、ろうそく立てが発掘され、ほかに比べても文化の香りがしたという。それはアメリカ合衆国で違法労働するラ・ソレダド・モレロス村の男たちの仕送りで建てた、現代建築の家での生活とリンクしているように思われる。

いっぽう、アシエンダ近隣の村での生活

アシエンダの農地で働いていたのは、アシエンダ内に定住する労働者だけではなかった。多くは日雇い、あるいは季節労働者として近隣の村から集まってきて働いていた。こうした近隣の村で労働者がどのような生活をしていたかを理解すれば、アココトラのアシエンダで労働者たちが何を手に入れたかを語る助けとなろう。アココトラのアシエンダの労働者たちは、二、三キロメートル周辺にある、テフパ、ラ・トリニダッド・トパンゴ、サン・ヘロニモ・コユラ、そして、ラ・ソレダド・モレロス村からやってきていた。なかでもアココトラのアシエンダが頼りにしていたのはラ・ソレダド・モレロス村で、アココトラのアシエンダから南約二キロメートルに位置している。メキシコ革命以前、その村はラ・モホネラのランチョ（農場）として知られていた土地で、アココトラのアシエンダの農地の境界線近くにあった（モホネラは境界線標識の意）。一九〇三年の調査報告書は、ランチョとしてのラ・モホネラが成人人口六一二名（二九三名の男性、三一九名の女性）であると報告しているという。また、ラ・モホネラのランチョの歴史は、資料不足でわからないという。それでも近隣のアシエンダが設置される以前に、すでにその村には先住民が居住して

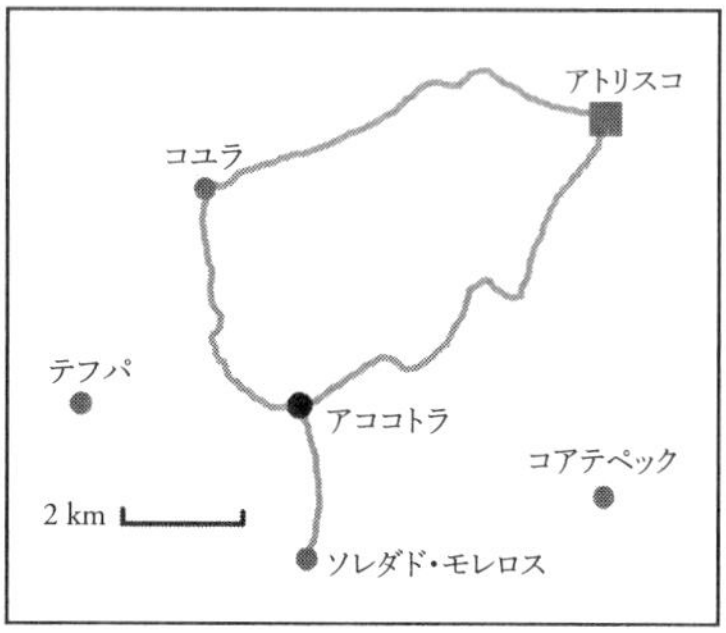

アココトラ周辺の地図。

いたようで、後に入ってきたアシエンダ経営者がその周辺に大農園を構えたことで、そのランチョがまさに大農園の周辺のモホネラになってしまったのだそうだ。ところが徐々にそこは、先住民が家事労働や寝食をする場所として周辺のアシエンダによって明確に位置づけられ、ラ・モホネラがアココトラやほかのアシエンダに日雇い労働者を供給する基地となったようだ。というわけで、アシエンダの労働者の末裔たちが住んでいる村である。今日、残念ながらこの村は活気を失い、周辺の村に比べて時代に取り残された感がある。

労働者供給基地、サン・ヘロニモ・コユラ村

先のアココトラのアシエンダと関係のあった村で、どのような生活が営まれていたかを理解するために、古文書記録に現れる近隣の村、アココトラと関係をもった多くの村からその実像を描かなければならない。ラ・モホネラが理想的であっても歴史的記録の中にあまり出てこないが、一方で、アココトラ北西四キロメートルほどのところにあるコユラの先住民村の歴史は、ラ・モホネラの中での生活の仕方がどんなものであったかを理解するうえで、より多くの資料に恵まれているという。コユラはスペイン人が最初にこの地に現れたとき、すでに集落があった。一六三九年の手書きの地図には、プレヒスパニック時代からの村があったことを示しているという。その村は、教会を中心にして伝統的なナワトル族の家が取り巻いていた。今日、コユラは人口六四〇〇人を抱える中堅の町で、バスでこの町を通過しただけだが、町並みは商店の明るい色の近代的な建物で構成されていた。若者以外の住人はナワトル語を話すことができ、先住民としての自信と自己認識を保持しているのだそうだ。

ところがこのコユラ村の住民は、スペイン人征服者のもとで統治されていた数世紀の間に、自分たちの共同農地と資産の管理をすっかり怠ってしまっていた。一七五四年に作成された地図は、コユラ村の住民が「近隣のアシエンダ所有者が自分たちの共同農地に割り込んでいる」と批難する訴状に添付した重要な資料だったのだが、一八世紀後半から一九世紀前半にかけての先の裁判資料は、第三章で取り上げた裁判関係の公務員による「裁判時間」の意図的引き延ばしで、取り上げられることもないまま放置されたのだそうだ。そんな経緯もあり、今日、このコユラ村は外部に対して孤立を保ち、反抗の姿勢を示しているという。歴代の村長たちは、自分たちの共同体の由緒と、過去五〇〇年間にわたる征服によって生み出された支配に対する抵抗の姿勢を、プライドをもって語っているのだそうだ。

さて、第三章でも取り上げたが、水利権は絶えることのない係争の実例を提供している。アトリスコ盆地内での境界線を越えた灌漑用水の制水権争いは、植民地時代を通してかなり重要な問題だった。そして、それは今日まで争われ続けているのだそうだ。四、五〇年ほど前の事件だが、上流での貯水池建設で、これまで可能だった量の灌漑用水が制限されることに抗議した下流のコユラ村の住民が殺害されるという事件があったのだという。植民地時代、アトリスコ盆地に住む先住民たちは、不毛な土地の耕作地化に取り組み、スペイン人に支配された社会構造の中にあっても、水利権と重要な生態系を必死に守ってきたのだという。しかし、ことはいつも順調には運ばなかった。アシエンダが入り込んだ社会景観は、その戦いの様相をさらに複雑にしていたのだ。

一七八四年、コユラ村の同志数人が、アシエンダ所有者相手に訴訟を起こした。時は少々さかのぼり一七世紀初頭のこと、コユラとアココトラのアシエンダ所有者カスティオン家は、水利権の公正平等を尊重して、(お金を払って)村の指導者たちとの間で和解し友好を保っていたそうだ。それから一五〇年がたち、コユラ村の指導者たちは、何度か代わった後のそのアシエンダの所有者たちが、その古い和解策を自分に都合のいいように解釈し、不正を行っていると批判したという。ところが最終的に、コユラ

アトリスコ盆地を豊穣の地にしたのは灌漑用水だった。用水のために人々の間に争いが絶えなかった。

村の人々はアシエンダ経営者たちからの報復を怖れて、自分たちの言い分を取り下げてしまったというのだ。村人は貧困であったがために雇い主（アシエンダ経営者）からの脅しに屈して、彼らに抵抗する勇気をもっていなかったのだった。

コユラ村の生活と死の古文書記録は、村人の生活が困難だったことを示唆していた。彼らの民族と村の独自性を保つために勤勉に働いていたが、人々は貧困にあえぎ、生き抜くためにもがいていたのだ。

労働者供給基地、ラ・ソレダド・モレロス村

一九〇三年にラ・ソレダド・モレロスに住んでいた人は六一二名だった。その人口は、三世代をくり返すうちに劇的に膨張し、二倍になった。ある年寄りは、メキシコ革命時代、この村はたった七つのアドベの家があっただけだったと言った。その家の屋根はチナミテ（乾燥したトウモロコシの茎）とヤシの葉っぱからできていた。そのわずかな人間は、ほとんどは近くのアシエンダで働いていた。人口は、一九二五年から五〇年の間、つまり革命後の農地改革がアシエンダ解体に追い込んだときに膨れあがった。アシエンダ内に住んでいた労働者たちはこの村に移住してきたのだ。

二〇一九年の時点で、モレロス村は人口一九一七名、四九七世帯である。その村の主要道プロロンガシオン通りが、ちょうど北東から南西に向かって一キロメートルほど走っている。日中、配達のトラックとコンビという乗り合いタクシーを除いて、ほんのわずかな車が見られるだけで、そのためか村は静寂を保っている。道を歩いていても、人にめぐり合うことはほとんどない。村は今、アトリスコ市のベッ

ドタウンになっている。村の住民のほとんどは、彼らのおもな交通手段としてコンビに頼るか、あるいは自分の足に頼るしかない。少しだけお金を余分に持っている者は、（合衆国で働いている家族の一員に大いに感謝しながら）ピックアップトラックを所有している。

もっとも主だった建物は村の主要道に並んでいる。役場が建てた保健所が村の入口に建っていて、看護婦がアトリスコ市から毎週火曜日の数時間のために通ってきている。そして、村の女性たちは健康相談のために子どもを連れてそこに列をつくる。これが村人の西洋医療にかかる唯一の方法だ。村には医者がいない。村人は「最近の薬」を必要としているときには一〇キロメートル先のアトリスコまで買いに出かけなければならない。緊急を要する人、コンビに四五分揺られ、ドクターに医療費を支払う余裕のある人たちは、アトリスコ市に向かう。ドクターに金が払えない人や公共交通を待てない人は、地元のウエセロ（接骨師、マッサージ師、神霊治療師）を訪ねることになる。

テレセグンダリア（中学校分校）は保健所のとなりに位置している。小学校六年生を過ぎて、もし家族に余裕があり仕事から解放されていて、勉強したいという気持ちのある若者は、この学校に進む。この建物はテレビ装置が設置された、いくつかの部屋で構成されている。屋根の上には衛星放送受信用の大きなパラボラアンテナがあり、メキシコ市から送られてくる衛星放送学習プログラムを毎日受信している。たった一人の先生が監督教師として雇われているが、実際にはテレビ装置が先生である。おおよそ三五名の子どもたちが六年生以降の延長教育を受けているそうだが、休みの日には家族とともに畑で働かなければならない。

小学校には、五〇〇名近い子どもたちが通っている。学齢期の子どもたちは五二〇人ほどいるそうだが、学校に通えない子どもが三〇名から五〇名ほどいるようだ。学校に行かなければ、制服はいらないし、決められた靴も必要ない。多くの家庭は学校に子どもを送る余裕がない。それだから彼らは代わりに畑に子どもたちを送ることになるのだ。

カトリック教会は小学校に隣接している。メキシコにおけるほとんどの村と異なっていて、モレロス村はソカロ（中央広場）をもっていない。つまり村人が集まる場所がない。教会の敷地がそれができるもっともいい場所になっている。教会には司祭が常駐しておらず、巡回牧師が日曜日の午後の早い時間にミサのためにやってくる。通常の訪問以外に彼を必要とする村人たちは、たとえば、洗礼、堅信の儀、結婚、あるいは葬式のような場合、町に来る牧師を雇うために謝礼金を用意しなければならない。法要は、その家族の家の中で例外的に営まれる。

この村は四つの地区に、あるいは隣組に分けられているそうだ。それぞれの地区にはマヨルドモと呼ばれる管理者がいて、祭りのさいの担当が輪番になっているようだ。こうした分割は、明確に分離した社会の独自性や忠誠心を育むらしい。プロロンガシオン通りの南に住む人間は、町の北半分に住む人のことを「危険」「非友好的」「頭がおかしい」と批難する。それに対してプロロンガシオン通りの北半分の住民は、大方はそれに反論することはかなわない。「メキシコ市で秘書にするために娘さんを……」という口実で、一二歳以下の村の娘を買うために、メキシコ市から来たのだというカップルがある日その村に着いたそうだ。プロロンガシオン通りの北半分に住む家族が貧しきゆえに最終的な手続きをしているときに、州の役人たちがそのカップルを逮捕するために村に到着した。明らかにそのカップルは若い娘を買い、ティファナに連れてゆき、アメリカ国境沿いの町で日帰りアメリカ人男の売春婦として働かせるためにその村に来ていたことがわかった。その結果、主要道の北にある二つの地区の住民は、よそ者を極端に疑って見ているのだそうだ。そして、こうした閉鎖的な地域はよりいっそう閉鎖的になってしまったのだという。その地区はほかに、目には見えないが抗争関係にあるギャング組織があるようだ。その村の人間がいうには、アメリカ合衆国から戻ってきたモラル欠落の若い男たちの産物だそうだ。ギャングたちは伝統的な地区組織、つまり従来の自治会をバカにし、そして地区単位で組織されているという。二〇〇五年の国民調査記録はアメリカ合衆国に移住した人間がたった三人しかいなかった。だが、実際の移住者の数はもっと多い。伝統や文化、旧来の組織の軽蔑。こうしたギャングの組織化をみれば、たぶん、かなりの数の中年男性が北に向かって離れたことが推測できるという。

さて、モレロス村は、先のようなアメリカ合衆国に住む家族の一員による仕送りと合わせて、農業を基盤にした経済でなんとか持ちこたえている。八月から一二月まで、村人は収穫のために繁忙を極める。最初にトウモロコシ、それから、ヒカマというクズイモ、それから最後に豆類。ヒカマはもっともお金になる作物だそうだ。アメリカ合衆国からの仕送りを除外すれば、モレロス村の主要な換金作物となっているようだ。その収穫期が終わるころ、祝い事の祭りが一二月一二日のグアダルーペ聖母の出現から始まり、一月六日まで続く。モレロス村の祭り日の絶好頂は一二月二五日で、クリスマスかと思いきや、モレロスの長老衆は、自分たちの祭りはクリスマスのそれではないと即座に反論するそうだ。それは前に紹介したアココトラのアシエンダの北に隣接する礼拝堂の中に祀られている聖母のお祭りの日なのだそうだ。私が訪ねたときにはその礼拝堂の門が堅く閉じられていたから、その聖母のお姿を拝観することはかなわなかったが、想像するに、メキシコ先住民の神と関係のある聖母かもしれない。そのお祭りが一二月二五日だという事実は、彼らは自分たちの祭りの日がクリスマスと偶然にも一致していることをかなり誇りに思っているそうだ。

村人は一月から三月にかけて、少しだけ農業労働から解放される。コヨーテ頭（密入国手配師）に五〇〇〇ドルを支払うことができる村人たちは、ほとんどはアメリカ合衆国の食堂や農場、あるいは建設現場で数か月の仕事のために国境を越える。多くは五月末か六月初めの雨とともに、種まきの季節に合わせて戻ってくる。移住は普通のことではないが、しかし、生きるために必要な事実でもある。

村の家庭のうちの九〇パーセントは、アメリカ合衆国で不正に父親と長男が働いているという。そして、そうした家庭の中で、四人の子どものうちの三人は父親不在のまま成長するのだそうだ。だが、こうした犠牲を強いられている家族は、経済的に恵まれていて、そうでない隣人たちの羨望の的になっているのだそうだ。

多くの家庭は水道と電気を引いている。だが水は、虫が混入していることがあるから飲み水には適さず、買ってきたペットボトルの水やソフトドリンクだけを飲んでいる。水道は屋外にあり、蛇口は一つか二つで、皿や衣服を洗うほか、シャワーや植物、そして動物のためのものだ。

電気はおもに、部屋の電球や小さなテレビの電源として使われている。ほとんどの家庭は冷蔵庫を持っているが、プラグが差し込まれることはまれだ。庫内を冷やすクーラーとしてではなく、食糧保管庫として使っている。ガスストーブは一般的になった。だが、おもに雨の日に使われるだけだ。女性の背丈ほどのガスボンベを、ガス会社が各家に配達している。だが、ほとんどの女性は部屋の台所のガスコンロを使わず、半戸外にある焚き火で料理をするほうを好む。そして男たちは、こうして料理されたものを好む。

なぜ、モレロス村の人々が、今日、今までみてきたような生活をしているのか。その中でももっと重要なことは、なぜ、彼らは自分たちのおかれた立場を知りつつも、その経済状況に甘んじているのか。一〇〇年に満たない過去に、メキシコ中央高原の小作人たちは生きるために、重圧下におかれたその状況から解放されるべく抵抗して暴力を用いてまでも反抗に立ち上がった。モレロス村の住民の中にはメキシコ革命に参加した老人がいたし、その暴動の物語を両親から聞いて成長した者たちもいるという。

今日我々は、革命後の農地改革によって農民たちの困難が解決されたという歴史を学んでいる。そしてメキシコ革命後の農民たち、かつて搾取の下にあった労働者たちが、自分が持っている小区画の土地を、喜びを込めて耕作していると信じて疑わなかったし、彼らは彼らで、成長するトウモロコシで自分の妻と子どもたちを養うために十分な土地を持っていて、何も問題などないと安心しきっていたことも知っている。ところが、アシエンダ解体後も残酷無比に搾取をこととするメキシコの大資本家たちが、革命後の早い時期、自由を求めて立ち上がった田舎の小作農たちを、低賃金労働者としてうまいように操っていたという事実を我々は見逃すことはできない。メキシコの農民たちは農地改革を経ても、貧困から逃れるためにやはり大資本家の企業の下に身をおいていたのだ。そしてメキシコがグローバル経済の波に飲み込まれると、彼らは隣国の農場やレストランに向かわなければならなくなったのだった。このモレロス村でみるように、今日でもメキシコ農村部の経済状況は荒涼としている。そして、いまだに人々は、違法であることはもちろん、危険な越境をくり返しながら、平穏と不穏の狭間を何とか生き続けている。

彼らの両親や祖父母たちが百年前、躊躇なく立ち上がったときのように、為政者に反旗を翻し、謀反を起こさないのはなぜだろうか。あまりに目の前の壁が大きすぎて、戦う力がすっかり萎えてしまったのだろうか。

おわりに

二〇二一年八月一三日、メキシコはスペインによる被征服から五〇〇年を迎える。植民地時代の三〇〇年、スペインからの独立を果たした一〇〇年、そしてメキシコ革命から現在までの一〇〇年を経験したメキシコに関心をもって通っていた私のテーマの中心は、メキシコ先住民の「人口破壊」という重い言葉だった。

本文中何度も指摘したが、被征服前のメキシコ先住民人口二五二〇万人は、征服後一〇年で約半分になり、さらに一〇〇年後には七五万人に落ち込み、絶滅寸前に追い込まれていた。その人口減少の元凶は、さまざま考えられるが、早急に求められた道路や都市建設、なかでも修道院や教会、植民地政府の建物の建設で、無報酬の使役が先住民に課せられたことだと考えられている。というのも被征服後、メキシコ先住民はこれまで信仰してきた神々を棄て、キリスト教への改宗を求められ、同時にヨーロッパ風の生活スタイルと都市建設を早急に取り組むように求められたからだった。

メキシコ市や地方都市の歴史地区に残されている古い石造りの建物は、「人口破壊」を起こしていた時代に生きていた先住民が、銃を手にしたスペイン兵士の監視下で石を運んでつくり上げたものだ。とくにその時代の修道院や教会の建物の中には、ヨーロッパの高度な技法や描写法の中に、どこか土着的なものを感じさせるものが散見される。未熟であるがゆえに素朴で暖かみのある、あるいはメキシコ先住民の神々を模した作品が、修道士たちに気づかれないままに巧みに組み込まれ、キリスト教への恭順を装って、修道士たちを十分に満足させながら残されていた。私がこうした作品を探し求めて撮影していたのは、「人口破壊」を起こしていた時代に生きていたメキシコ先住民の遺品、手の温もりを感じられるこうした無名の作品を画像として残し、日本に紹介したいと思っていたからだった。

二〇一〇年だったと記憶するが、メキシコ滞在中、メキシコ市のある地下鉄入り口で、フォークリフトのパレットをベッドにして仰向けに横たわっている男を見て仰天したことがあった。私にとって異次元のような光景に、私はその男の姿を凝視することがかなわず、視線をそらしてしまった。なぜ彼がそうしているのかの真意を確認できなかったのだが、彼の傍に空き缶が置かれていたから、浄財を願ってのことだったと思う。朝の忙しい出勤時間帯で、多くのメキシコ人が足早に行き交う中でのことで、もし彼が障害者なら、彼をここに連れてきて寝かせ、通行人の目にさらしている第三者が関わっていることは疑いないのだが、何とも乱暴なやり方に、私は度肝を抜かれてしまったのだった。障害者なのかそうでないかの真偽もわからないが、もしそうでないとすれば、政府や社会に対する抗議だったのかもしれない。

メキシコ市の地下鉄通路には、乳飲み子を抱えた民族衣装の若い女性や年寄りが支援を求めて日長、地べたに座って人々からの浄財を待っている姿をよく目にする。そして、電車やバスでは、二〇代から三〇代の働き盛りの男が、混雑する車内で日用の小物やお菓子類を手に持って、小銭を稼ぐために奮闘している姿を目にする。最近ではギターを持って乗り込み、歌を披露してチップを要求する男は少なくなったが、代わりに携帯型のスピーカーを担いで電車やバスに乗り込んできて、ラップを披露してチップを求める若者が増えてきている。それはメキシコの風物詩になっているのだが、そうした彼らのたくましい生き方を見て感心するいっぽうで、職にありつけない若者の貧困と抱き合わせになっている現実もみえてくる。

高度情報社会時代にあり、地球規模での格差社会が今日の大きな問題となっている。有史以来、立場の弱い人々はいつも格差の中で喘いできた。平等な世界を願いつつも、その状況はこれからも変わることはないだろう。問題なのは格差の固定化であり、人々から完璧に希望を奪い取る挽回不可能な格差だと思う。植民地時代のメキシコはまさにスペイン人と先住民との明確な線引きによって、厳格な格差社会が構成されていた。スペイン国王によってメキシコ先住民は「スペイン国王の臣下」と規定されていたにもかかわらず、彼らはスペイン人と同等の権利を授かるどころか、奴隷か使役家畜のように扱われていた。

征服者や王室官僚に許された年金制度、エンコミエンダによって先住民から税を吸い上げる制度をはじめ、人口密度の高い市町村から遠隔地の鉱山やアシエンダに先住民を送り込むレパルティミエント、労働者分配制度は、先住民の人権を無視したスペイン人入植者本位の制度だった。メキシコ先住民の肉体も精神も、まさに希望のない固定化された格差社会の中で、サトウキビの巨大な石の搾汁器のような支配体制によって搾り取られていた。アステカ帝国時代の二五二〇万の人々のうち、スペイン統治下で一〇〇年もたたないうちにその九五パーセントが姿を消したというメキシコ歴史学者の意見が、世界史の中で看過されているように思う。ナチスのホロコーストで六〇〇万という犠牲者を出したという、あの憎んでも憎みきれない残酷な虐殺と安易に比較することはできないが、ナチスの行為は民族浄化という名の下に行われた短期の残虐行為だったのに対して、メキシコの「人口破壊」は、先住民に対する労働搾取や疫病の蔓延を招いた集住政策という形をとった、一〇〇年という長期にわたる緩慢な殺人行為だった。

ラス・カサス神父のような聖職者の訴えでその事実を国王が認知することになるが、同時に身近に働き手がいなくなったことで、スペイン人入植者はもはや先住民労働者が無限でないことに気がつく。だが、時すでに遅く、加速度的に人口が減少していた。アシエンダ経営者にとって労働者確保は死活問題だったために、本文でみてきたように先住民をアシエンダの場内に住まわせて、さらに借金漬けにすることで、彼らの移動を阻止する策略を講じている。こうして、植民地時代の先住民は三〇〇年の間、塗炭の沼から這い上がることが許されない、スペイン人によって敷かれていた厳格な格差社会の中で生きていたのだ。

一八一〇年に独立戦争が起きている。このとき、メキシコ生まれのスペイン人、クリオーリョであったミゲル・イダルゴ神父とともに農民や鉱山労働者は立ち上がったが、この戦争を最終的に指揮したのは本国スペインの植民地支配に不満を持っていたクリオーリョたちだった。独立後はこうした人たちの政権争いに明け暮れ、結局、農民や鉱山労働者の自由の獲得までには至っていない。今日残されている豪華なアシエンダの多くは、この時代に増築、あるいは改築されたものが多いことでもわかるように、メキシコ革命までの一世紀、植民地時代と同様に、メキシコの底辺に生きる先住民や貧困メスティーソたちは、そこから抜け出ることができず、クリオーリョの資産家、アシエンダ所有者の下で辛酸をなめていたのだった。

一九一〇年、メキシコ革命が起きた。南部のエミリアーノ・サパタ、北部のパンチョ・ビージャに率いられた農民と鉱山労働者の革命集団は、頑強な格差社会を破壊するために立ち上がったのだった。数々の痛みを伴いながら、一九一七年についに民主的な憲法が制定され、農民や鉱山労働者の基本的権利保護や農地解放を実現している。集約されていたアシエンダの広大な土地が農地解放によって分割され、農民に小区画の農地が分配されることになった。私が紹介したどのアシエンダも、所有していた広大な土地を奪われ、現在はアシエンダの建物の敷地と少々の農地を確保して、以前のような農業経営をしている。それ以外は、ホテル業や観光業に転身してなんとか生き延びている。

農地改革でメキシコの農民は自分の耕作地を持ち、夢のある農業経営が約束されるはずだった。だが、あれから一〇〇年たったメキシコの農家は、再び土地相続で以前と同じような問題を抱えている。当時分配された小区画の農地で、子や孫の世代は自分の家族を養うことができない。限嗣相続で土地の分散を防ぎながらも、長男以外の子は家を出て独立を求められ、職を求めて都会に流れていった。メキシコの人口はほぼ日本と同じ約一億三〇〇〇万人で、メキシコ市の人口は東京よりやや少ないものの八九〇万人。ここ数十年で人口集中が加速している。メキシコ市に流入した農民の子息たちは、新たな格差社会の中に身を投じて苦悶することになった。いまだにメキシコの中央政治と経済は、スペイン人の血統を守るひと握りの人々の影響力を多分に受けているのだそうだ。

本文でみてきた植民地時代のスペイン人征服者、入植者の土地分譲や公務職の不正は、メキシコ先住民の人口破壊を起こしたほかに、彼らを低階層におとしめ、その不正の数々は、独立戦争やメキシコ革命を経てもいまだに深く彼らに影を落としているのだ。「過去は過去の中にあるのではない」というニューマン氏の言葉が重く感じられるのは、私ばかりではないはずだ。

二〇一九年の「死者の日」に、私はトラスカーラ州の首都トラスカーラ市に滞在していた。このトラスカーラは一五一九年九月、つまり五〇〇年前、アステカ帝国の首都テノチティトランに進軍を試みていたコルテス軍と一戦を交えた後に転向し、コルテス軍と同盟を結んだ地方都市だ。そのトラスカーラでは「二つの文化の遭遇」の五〇〇周年を記念して、コンサートや展覧会などの催しを、一年を通して計画しているようだった。五〇〇年前、トラスカーラは盲目の最高指導者シコテンカトルのもと、アステカ帝国に反目して独立を貫いていたことが、コルテス軍との同盟を結ぶ動機となっていて、メキシコ先住民でありながらコルテスの援軍として、テノチティトランに進軍したのだった。一五二一年八月一三日、アステカ帝国は二〇〇年という長い歴史の幕を下ろし、スペインの支配を受け入れることになるが、いっぽうで同盟国トラスカーラはコルテス軍の征服に貢献したことでスペインの特別待遇を受けている。

すっかりスペイン風の町に生まれ変わったトラスカーラ市ではあるが、先のような経緯から、町を見下ろせる丘の上には、最高指導者シコテンカトルの像が町を見下ろしているほか、フランシスコ会の旧修道院と教会の膝元にあるシコテンカトル公園の中心には、最高指導者の同名の息子で軍司令官だった若きシコテンカトルの立像が建っている。滞在中のある朝、そのシコテンカトル像の前を通ったら、その像の足下の銘板に紙が貼られ、その下に「死者の日」の花、マリーゴールドの花びらで菱形に十字の飾りが施されていた。

戦士シコテンカトルは一五一九年、エルナン・コルテスと同盟を結んだ。だが、翌年、彼はテスココでコルテスによって殺害された。なぜ。

トラスカーラ族の最高軍司令官シコテンカトルの立像。

人殺しに手を染めたくないという自分の強い信念のために、横暴な男たちと支配者によって殺された女や子どもたちのために、そして我々を育む母なる大地のために、彼は抵抗した……我々は彼を見殺しにしたのだ。

そしてその下に、

カール・マルクス、征服者と資本家と戦った戦士。《資本主義からの解放は労働者自身の所作にある。マルクス》

コルテスの部下ベルナール・ディアスの『メキシコ征服記』によれば、一五二〇年五月末、コルテスの傀儡政権が人質にとっていたモクテスマ皇帝の突然死によって、新皇帝クィトラワク率いるアステカ軍が反撃に出て、コルテス軍を首都テノチティトランから追い出したときのことのようである。それによれば、多くのスペイン兵が負傷し、後退して同盟国トラスカーラに逃げ込もうとしたとき、若きシコテンカトルはコルテス軍を絶滅する絶好機ととらえて、その策を練っていた。ところがそのことが盲目のシコテンカトルはじめ、トラスカーラの長老たちに知れて叱責されるという事件があった。ベルナール・ディアスは、噂話としながらもそのことで父親である最高指導者シコテンカトルによって彼は殺されたと書いている。

戦士シコテンカトルがコルテスによって殺害されたという先のメッセージの真偽はわからないが、最高指導者シコテンカトルは自分の手で息子を処刑するように、コルテスによって強要されてのことだったと想像する。軍司令官であった若きシコテンカトルは、コルテス軍との同盟前に何度も彼らと戦った折、「花の戦争」(神殿への生け贄確保戦争)を貫こうとしたのだった。火器や鉄の武器を持たない戦いの劣勢は歴然だった。だが、コルテス軍の殺人戦法を目の当たりにして驚愕するとともに、死生観の違いに強い衝撃を受けていたのかもしれない。これに対して、盲目の最高指導者シコテンカトルは、モクテスマ同様、神話の中で生きていた古い人間だった。西暦一五一九年はアステカ暦の還暦に当たっていて、その年に再びこの国に戻ってきて政権を奪還すると公言して東方の海に去った神話の神ケツァールコアトル(羽毛の生えたヘビ、ドラゴン)の伝説に縛られ、コルテスをその追放されたケツァールコアトル神と信じていて疑わなかったのだ。

まもなく被征服から五〇〇年を迎えるメキシコで、若きシコテンカトルをカール・マルクスになぞらえた先のメッセージは、若きシコテンカトルを先住民の英雄として再評価し、被征服以降のスペイン人支配に苦しむ先住民、プロレタリアートの蜂起を訴えたものだったのだ。

二〇一九年一〇月のメキシコ滞在の三日目、私は鉱山町グアナファトで不覚にも足を滑らせて左足首を負傷してしまった。この旅の目的は、事前に調べていた各州のアシエンダを取材することだった。だが、アシエンダはほとんどが市街地から遠く離れた郊外にあり、しかも交通事情の悪いところがほとんどで、自分の足で歩くことを覚悟してメキシコに来ていたので、その負傷は私にとってショックで大きなハンディとなった。帰国後、骨折だとわかるのだが、私は自分の左足に「捻挫だ、捻挫だ」と念じて、痛みをこらえて取材を続けていたのだった。

今回の取材でもっとも重心をおいていて、最後に残しておいたアトリスコ近郊のアココトラのアシエンダは、ラ・ソレダド・モレロス村から北に二キロメートルの位置にあり、道はジープかピックアップトラック以外は通れない悪路で、その道を道中拾った木の枝の杖を頼りに、アココトラのアシエンダをめざして進んだのだった。だが、歩いても歩いても広大な畑地が眼前に広がるだけで、人に会うこともなく、遠景にアシエンダの建物らしいものも見えなかった。鳥のさえずりも、虫の音も、葉ずれの音もない無音の世界をさまよっている私は、足の痛さも手伝って、心細さに胸が押しつぶされそうになっていた。GPSを頼りに歩いていたのに何度も道を間違えたこともあり、不安と左足を引きずりながら二時間ほど歩いてアココトラのアシエンダにたどり着いたときには、目的地に着いたという感動より、帰路のことを考えてすっかり昏迷状態だった。

調べてきたとおり、あたりは畑以外に何もないアシエンダの廃屋だった。ただ、北にメキシコの霊峰ポポカテペトル山が控える風光明媚な場所で、このアシエンダのスペイン人女性所有者ドニャ・アナが、彼女の友人を避暑に招待するには絶好のロケーションであるように思えた。

だが、過去にこのアシエンダで働いていた先住民たちは、外界から遮断され、借金を抱えながらも、経営者のために貧しい階層の仲間とともに、ほかより少しはましかと思いながら日々のルーティンをくり返していた場所なのだ。彼らが居住していたとニューマン氏が語っているカルパネリアは、残念ながら今は明確な形をなしておらず、彼女の発掘調査の結果を信じる以外にない。アシエンダ周辺に見渡せる広大な耕作地に比べて、その労働者に許されたあまりにも小さな生活空間を目の当たりにしたとき、私はそこに居場所を求めなければならなかった彼らが、先住民であるがために雲泥の格差社会におかれていたのだと知ったのだった。

ひととおり撮影を終えた後、私はアシエンダの遺跡の日陰で腰を下ろし、昼飯らしきものを口にしているうちに、それまでの疲れが出たのか、それとも安心したのか、いつの間にか眠りに誘われていた。すぐ傍を通るピックアップトラックの音で目を覚ましたのだったが、あわよくばヒッチハイクをと思って声を掛けようとしたが、私の左足がそれを許さず、トラックは私の存在に気づかずに非情にも走り去っていったのだった。

重い腰を上げて、来た道をモレロス村に向かって歩き始めた。道を知っているので不安はなかったが、それにしてもその先のぬかるみとでこぼこの悪路を思うと気が滅入る復路だった。道を半分ほど進んだところで、私は遠方にこちらに向かってくる家族と思われる集団に気がついた。この道行きでようやく人影を見たので、私は救われる思いがしたのだった。それは家族で、年配のセニョーラ、その息子と思われるセニョールとその妻、そして二人の小さな女の子だった。下の子は二歳ぐらいだと思うが、一キロメートル以上の悪路を歩くのに疲れたのか、途中から父親の肩車に乗っていた。私は、「ブエナス・タルデス」と声をかけた後、どこでコンビに乗れるか彼らに尋ねてみた。セニョールはこのままモレロス村に行くか、あるいは今来た道をアシエンダまで戻って、そこから東に進み、舗装された道まで出ればいいと教えてくれたのだった。覚悟はしていたがどっちにしても、この道をコンビが走らないことを知って落胆したが、このままモレロス村に向かって進む決断をしたのだった。二言三言、会話をした後、どこに住んでいるのかと尋ねたら、これから私が向かうモレロス村だという。感謝の言葉を告げて別れたが、それは夕暮れにはまだ早い午後三時ごろだった。彼らはこの先、家らしいものがまったくないアココトラのアシエンダのほうに向かって歩いていった。彼らの後ろ姿を見送りながら、私はアシエンダに働きにいく先住民家族の幻を見た思いがしたのだった。

別れ際、二人の女の子に折り鶴をプレゼントしたとき、その緊張した小さな顔が一瞬ほころんだあと、すぐさま硬い表情に戻ったのを私は見逃さなかった。それは小さな子どもによくある恥じらいからのものだったのか、それとも私のような異邦人をことさらに警戒してのことだったのか、今もその問いが私の脳裡に引っかかったままである。

❖

最後にこの文末をお借りして、この本を編むうえで貴重な写真を提供してくださり、生前、私の著作に役立ててとおっしゃってくださった故山田俊彦氏に謝意を表します。山田氏はメキシコ大使館での私の講演に来場くださり、終了後、声をかけていただいたメキシコによく通じた方でした。その折、かつて日産自動車メキシコ工場立ち上げの仕事をされるかたわら、現地でたくさんの写真を撮っておられたのだとお聞きしました。じつは提供していただいた写真は、メキシコの植民地時代に関心を持つ日本人がほとんどいなかった一九六八年からスタートしていて、きわめて貴重なメキシコが記録されていました。とくにアシエンダの写真は一八世紀、一九世紀を彷彿とさせるものがあり、私を強く惹きつけました。その会話の折、メキシコの植民地時代に関心を持っている私に次作のテーマを示唆してくださり、撮影ポイントを教えていただいたのに、山田氏にお応えするのに多分に時間を費やしてしまったことを今は残念に思っています。出版にさいし、故山田俊彦氏のご冥福を祈りつつ、快く写真使用を承諾くださったご遺族に改めて感謝いたします。

そして、この原稿に再度にわたって目を通していただき、助言をいただいたみやこうせい氏、メキシコ滞在中に特別にお世話になったヘスス・アラナ夫妻、ビセンテ・グスマン教授夫妻、ヘスス・マラガ・ブラボ教授に謝意を表するとともに、アシエンダの撮影では、左足首骨折で不自由な私の足を気遣って、車で連れていってくれたオフエロス市のアバドさんとそのお母上、アグアスカリエンテスのホニーさんにお礼を申し上げます。

結びにあたり、笑顔をくれた多くの優しいメキシコの人々に、心から感謝いたします。

二〇二一年七月

阿部修二

参考文献

アコスタ『新大陸自然文化史』（大航海時代叢書　第1期3・4）増田義郎訳、岩波書店、一九六六
朝倉文市『修道院』講談社現代新書、一九九五
阿部修二『メキシコ歴史紀行――コンキスタ・征服の十字架』明石書店、二〇〇五
阿部修二『「銀街道」紀行――メキシコ植民地散歩』未知谷、二〇一〇
阿部修二『国王の道（エル・カミノ・レアル）――メキシコ植民地散歩「魂の征服」街道を行く』未知谷、二〇一五
オスター、パトリック『メキシコ人』野田隆他訳、晶文社、一九九二
加藤薫『メキシコ美術紀行』新潮選書、一九八四
加藤薫『ラテンアメリカ美術史』現代企画室、一九八九
グティエレス、グスタボ『神か黄金か』染田秀藤訳、岩波書店、一九九一
クロスビー、アルフレッド・W『ヨーロッパ帝国主義の謎』佐々木昭夫訳、岩波書店、一九九八
黒沼ユリ子『メキシコからの手紙　インディヘナのなかで考えたこと』岩波新書、一九八〇
サアグンほか『征服者と新世界』（大航海時代叢書　第2期12）小池佑二ほか訳、岩波書店、一九八〇
ショーニュ、ピエール『ラテンアメリカ史』大島正訳、白水社、一九五五
染田秀藤『ラテンアメリカ史――植民地時代の実像』世界思想社、一九八九

ソリタ、アロンソ・デ、ランダ、ディエゴ・デ『ヌエバ・エスパニャ報告書／ユカタン事物記』（大航海時代叢書 第2期13）小池佑二訳、岩波書店、一九八二
高山智博『アステカ文明の謎』講談社現代新書、一九九五
ディーアス・デル・カスティーリョ、ベルナール『メキシコ征服記』（大航海時代叢書エクストラシリーズ3－5）小林一宏訳、岩波書店、一九八六－一九八七
モトリニーア『ヌエバ・エスパーニャ布教史』（大航海時代叢書　第2期14）小林一宏訳、岩波書店、一九七九
ラス・カサス『インディアスの破壊についての簡潔な報告』染田秀藤訳、岩波文庫、一九七六
ラス・カサス『インディアス史』（大航海時代叢書　第2期21－25）長南実・増田義郎訳、岩波書店、一九八一－一九九二
ル・クレジオ『メキシコの夢』望月芳郎訳、新潮社、一九九一

Blanco, Monica, Parra, Alma, Madrano, Ethelia Ruiz, *Breve Historia De Guanajuato.* Fond De Cultura Economica, Mexico, 2000
Boarah, Woodrow, *El Juzgado General de Indios en la Nueva España* (traducción de Juan José Utrilla)Fondo de Cultura Económica,Mexico, 1985
Burnes Ortiz, Arturo, *La minería en la historia económica de Zacatecas (1546-1876).* El Alco Y La Lira,Mexico, 1987
Carrillo Azpéitia, Rafael, *El arte barroco en México: desde sus inicios, hasta el esplendor de los siglos XVII y XVIII.* Panorama Editorial, 1991
Castro Rivas, Jorge Arturo, Rangel López, Matilde, *Relación Histórica de la Intendencia de Guanajuato durante el período de 1787 a 1809.* Universidad de Guanajuato,Mexico, 1998
Chevalier, François, *Land and society in colonial Mexico : the great hacienda* (translated By Alvin Eustis) University of California Press, USA, 1963
Eugenia Garcia Ugarte, Marta, *Breve Historia De Queretaro.* Fond De Cultura Economica, Mexico,1999

Flores Olague, Jesús, Kuntz Ficker, Sandra, Vega, Mercedas de, y Alizal, Laura del, *Breve historia de Zacatecas.* Fond De Cultura Economica, Mexico,1996

Jarquín, María Teresa, Herrejón Peredo, Carlos, *Breve historia del Estado de México.* El Colegio de México: Fideicomiso Historia de las Américas: Fondo de Cultura Económica, 1995

Moyssen, Xavier, *40 Siglos De Arte Mexicano*, índice general. Editorial Herrero,S.A./Mexico, 1990

Newman, Elizabeth Terese, *Biography of a hacienda: work and revolution in rural Mexico.* The University of Arizona Press, USA, 2014

Ochoa Serrano, Álvaro y Sánchez Díaz, Gerardo Sánchez, *Breve historia de Michoacán.* Fond De Cultura Economica, Mexico, 2003

Powell, Philip W. *La Guerra Chichimeca: (1550-1600).* (traducción de Juan Jose Utrilla) Fondo de cultura económica, 1977

Rionda Arreguín, Isauro, *Capítulos de historia colonial guanajuatense.Guanajuato*, Gto., México : Universidad de Guanajuato, Dirección General de Difusión Cultural, Sección Editorial, 1993

Toussaint, Manuel, *Arte colonial en México,* Imprenta Universitaria, 1962

Toussaint, Manuel, *Paseos Coloniales.* Editorial Porrua, S.A/Mexico, 1983

年表

	メキシコの動き	スペイン・西欧の動き	日本の動き
一五一六		●カルロス一世、スペイン国王として即位。	
一五一九	●メキシコ第三次探検(コルテス)。コルテス、アステカ帝国に侵入。モクテスマ王を捕らえて主権を握る。	●新大陸での黒人奴隷導入許可下りる。 ●カルロス一世、神聖ローマ皇帝(カール五世)に即位。 ●マゼラン世界周航に出帆。	
一五二一	●コルテス、アステカ帝国征服。メキシコ市設立。		
一五二二	●コルテス、ヌエバ・エスパーニャ(メキシコ)総督となる。 ●フアン・ハラミージョ、ヒロテペックの収税領主となる。 ●ゴルダ山脈北部のハルパン、タンコヨル征服される。		

一五二三	●コルテスの命によりアルバラード、オアハカ、グァテマラ地方遠征。		●大内・細川両氏、明の寧波で争う。
一五二四	●アルバラード、グァテマラ市建設。 ●フランシスコ修道士一二人（ロス・ドーセ）、メキシコに到着。 ●メキシコ初の宗教会議。 ●コルテス、クリストバル・デ・オリをホンジュラス征服に派遣。 ●コルテス、オリ反乱鎮圧のためホンジュラスに向かう。 ●マリンチェ、フアン・ハラミージョと結婚。	●王室インディアス顧問会議議長フォンセカ没す。 ●インディアス枢機会議設立。 ●フランシスコ・ピサロ、ペルー探検。	
一五二五	●メキシコ市に査察吏が派遣される。反コルテス派が実権を握る。 ●ポソス鉱山発見。		
一五二六	●サン・フアン・デル・リオの植民地、ハラミージョの収税領地となる。 ●アカムバロ征服される。ソトマヨールの収税領地となる。二人のフランシスコ会士着任。		
一五二七	●コルテス、ホンジュラスからメキシコ市に帰還。 ●フランシスコ・モンテホ、ユカタン半島探検。 ●アルバラード、グァテマラ総督となる。 ●マリンチェ、サン・フアン・デル・リオで没。		

一五二八	●メキシコに高等司法行政院設置。初代議長ニューニョ・デ・グスマンが実権を握る。 ●コルテス、スペインに帰国し王室に復権を嘆願。		
一五二九	●メキシコでの権力乱用でグスマンに逮捕状が出る。北部探検に出兵。 ●コルテス、デル・バーリオ侯爵の称号を得、ヌエバ・エスパーニャと南の海（太平洋）の最高軍司令官となる。		
一五三〇	●第二次高等司法行政院設置。 ●クリストバル・デ・オニャーテ、グアダラハラ地方を征服。		
一五三一	●モンテーホ、ユカタン半島征服。カンペチェ市建設。 ●パナマで黒人奴隷の大暴動。		
一五三二	●メキシコ第二回宗教会議。 ●コルテス、太平洋岸をメンドーサに探検させる。 ●ヌエバ・ガリシア高等司法行政院設置（ハリスコ州）。	●ピサロ、ペルーに侵入。	
一五三三	●エスパニョーラ島で原住民と黒人の暴動。		

一五三五	●コルテス、バハ・カリフォルニア探検。ラパス市建設。 ●ヌエバ・エスパーニャが副王領となる。	●ピサロ、インカ帝国征服。	
一五三七	●初代代副王にアントニオ・デ・メンドーサ就任(〜一五五〇)。チチメカ領域の土地譲渡を始める。 ●ケレタロ村設立。		
一五三八	●ボカネグラ、アカムバロの収税領主となる。		
一五三九	●コルテス、カリフォルニア地方をウリョアに探険させる。		
一五四一	●先住民蜂起（ミシュトンの戦い）。 ●先住民奴隷化禁止の「新法」発布される。		
一五四二	●サン・ミゲル神父、チチメカ領域にサン・ミゲル村（旧）設置。 ●グアダラハラ（ヌエバ・ガリシア副王領）設置。	●エンコミエンダ制度廃止を含む新法発布。 ●コルテス、アルジェリア戦線に参加。	
一五四三		●ロペス・デ・ビジャロボス、フィリピン到達。	●ポルトガル人、種子島に漂着（鉄砲伝来）。
一五四四	●新法発布に植民者猛反発。		
一五四六	●サカテカス鉱山発見。		
一五四七	●エルナン・コルテス死去。		
一五四九			●ザビエル、キリスト教伝道のため鹿児島に到着。

一五五〇	●第二代副王ルイス・デ・ベラスコス就任（〜一五六四）。 ●チチメカ族ゲリラ発生（〜一六〇〇）。		
一五五二	●グァナファトの鉱山発見。		
一五五三			●川中島の戦い（上杉謙信・武田信玄）。
一五五四	●グァナファトに最初の救貧院設置。		
一五五六		●フェリペ二世即位（〜一五九八）。	
一五六〇			●桶狭間の戦い（織田信長・今川義元）。
一五六二	●サン・ミゲル（新）設置。 ●サン・フェリペ村設置。		
一五六四	●第三代副王マルティン・エンリケス・デ・アルマンサ就任（〜一五七〇）。 ●ドローレス・イダルゴの前身ロス・ドローレス布教村が設置される。 ●オフエロス、サン・ホセの要塞設置。		
一五六五		●スペイン、フィリピンを征服。	
一五六八			●織田信長、足利義昭とともに上洛。
一五七一	●タピア（コニン）死去。		
一五七五	●メキシコに黄熱病広まり死者多数。		
一五八〇		●スペイン、ポルトガルを併合。	
一五八一		●オランダ独立。	
一五八二			●本能寺の変、信長没。山崎の合戦で羽柴秀吉が実権を握る。
一五八七			●秀吉、キリシタン禁教令を発布。
一五八八		●スペイン無敵艦隊敗北。	

一五九八		●フェリペ三世即位（〜一六二一）。	
一五九〇	●サン・ルイス・デ・ラ・パス村設置。		
一五九一	●イエズス会、メキシコで布教活動を許可される。		
一六〇〇			●関ケ原の戦い。
一六〇三	●サラマンカ設立。		●徳川家康が征夷大将軍に任じられる。
一六〇九			●平戸にオランダ商館開設。 ●上総国岩和田村にメキシコ帆船漂着。救出された遭難者は翌年、メキシコに送還。
一六一一			●答礼使ビスカイーノ、徳川家康に謁見。
一六一三			●支倉常長一行、メキシコへ出帆。
一六一四	●支倉常長遣欧使節がメキシコ市滞在。		
一六二一		●フェリペ四世即位（〜一六六五）。	
一六三七			●島原の乱勃発（〜一九三八）。
一六三九			●ポルトガル船の入港禁止、「鎖国」の確立。
一六四〇		●ポルトガル、スペインより独立。	
一六四二		●イギリス清教徒革命（イングランド内戦）（〜一六四九）。	
一六六五		●カルロス二世即位（〜一七〇〇）。	
一六九〇		●北米植民地戦争のポートロワイヤルの戦い。	

一七〇〇		●フェリペ五世即位（〜一七四六）、ブルボン朝のスペイン統治が始まる。	
一七〇一		●スペイン王位継承戦争始まる（〜一七一四）。	
一七〇二			●赤穂浪士討ち入り。
一七〇七	●天然痘大流行。		
一七〇八			●イタリア人宣教師シドッチ、屋久島到着。
一七一六			●享保の改革始まる（〜一七三五）。
一七四九	●大干ばつで大量の飢餓者を出す。		
一七五〇	●フニペロ・セッラ神父、ハルパンの布教村に着任。		
一七六〇	●グァナファト大洪水に見舞われる。		
一七六六	●グァナファトで鉱山労働者蜂起。		
一七六七	●イエズス会メキシコから追放。		
一七六八	●グァナファト、バレンシアーナ鉱山採鉱開始。		
一七六九	●天然痘流行。		
一七七〇	●すべての修道会施設の世俗化。		
一七七四			●『解体新書』発刊。
一七七六		●アメリカ合衆国独立。	
一七七七		●サン・イルデフォンソ条約締結。	
一七八三			●天明の大飢饉。
一七八五	●大飢饉によりグァナファト管区で六万五千人死亡。		

一七八九		●フランス革命が起こる。	
一七九二		●アダム・スミス「国富論」出版。	
一八〇〇			●伊能忠敬、蝦夷地測量着手。
一八〇六		●ナポレオン、大陸封鎖令を発令。	
一八〇九	●大飢饉。		
一八一〇	●独立運動の父イダルゴ神父蜂起。		
一八一二		●米英戦争（〜一八一五）。	
一八一四		●スペイン、フェルナンド七世復位。	
一八一五		●ヨーロッパで神聖同盟成立。	
一八一九		●アメリカ、スペインよりフロリダ購入。	
一八二一	●スペインよりメキシコ独立。		
一八二三	●限嗣相続制度廃止。 ●中米連合メキシコから分離独立。		●シーボルト来日。
一八三六	●テキサス、メキシコより分離独立。		●天保の大飢饉。
一八四六	●メキシコ・アメリカ戦争勃発（〜一八四八）。		
一八五三			●ペリー艦隊、浦賀来航。
一八五四			●米英露と和親条約を結ぶ。
一八五七	●憲法発布。		
一八六四	●マクシミリアン皇帝メキシコ入り。		
一八六七	●共和派によりマクシミリアン皇帝処刑。		●明治維新。
一八七七	●ディアス独裁政治始まる。		
一九〇四			●日露戦争（〜一九〇五）。

一九一〇	●メキシコ革命（〜一九一七）。		
一九一四		●第一次世界大戦（〜一九一八）。	
一九一七	●メキシコ新憲法制定。	●ロシア革命。	
一九二一	●メキシコ壁画運動が興る。		
一九二三			●関東大震災。
一九三一		●スペイン革命、共和派政権誕生。	●満州事変勃発。
一九三四	●農地改革実施。		
一九三六		●スペイン市民戦争（〜一九三九）、フランコ政権誕生。	
一九三九		●第二次世界大戦（〜一九四五）。	
一九四一			●太平洋戦争開戦（〜一九四五）。
一九四二	●第二次世界大戦参戦（連合国側）。		
一九四五			●ポツダム宣言受諾、終戦。
一九四六	●制度的革命党（ＰＲＩ）再編、一党体制に（〜二〇〇〇）。		
一九四七			●日本国憲法制定。
一九五九		●キューバ革命。	
一九六四			●東京オリンピック開催。
一九六八	●メキシコシティオリンピック開催。		
一九七五		●フランコ死去、フアン・カルロス一世即位（〜二〇一四）。	

執筆者紹介

阿部修二（あべ・しゅうじ）

1947年岩手県花巻市生まれ。岩手大学工学部電子工学科卒。桑沢デザイン研究所ビジュアル・デザイン科卒。日本写真家協会会員。メキシコ教会美術に惹かれ、1986年より毎年渡墨。パリ国立図書館、パリ市歴史図書館、イル・ド・フランス美術館に写真作品収蔵。おもな著書に、『メキシコ歴史紀行――コンキスタ・征服の十字架』（明石書店、2005）、『「銀街道」紀行――メキシコ植民地散歩』（未知谷、2010）、『国王の道――メキシコ植民地散歩「魂の征服」街道を行く』（未知谷、2015）がある。

先住民のメキシコ
――征服された人々の歴史を訪ねて

2021年8月31日　初　版　第1刷発行

著　　者　阿　部　修　二
発 行 者　大　江　道　雅
発 行 所　株式会社 明石書店
〒101-0021 東京都千代田区外神田6-9-5
電話　03（5818）1171
FAX　03（5818）1174
振替　00100-7-24505
https://www.akashi.co.jp/
装丁　明石書店デザイン室
印刷／製本　モリモト印刷株式会社

（定価はカバーに表示してあります）　ISBN978-4-7503-5244-2

世界を動かす変革の力

ブラック・ライブズ・マター共同代表からのメッセージ

アリシア・ガーザ［著］
人権学習コレクティブ［監訳］

◎四六判／並製／360頁　◎2,200円

全米そして全世界を動かすブラック・ライブズ・マター運動共同創始者による初の著書。自らの生い立ちから発し、従来の黒人解放運動とは異なる、新たな時代の幅広い協働が必要という社会運動論を語りおこす。世界的に社会の分断が深まる中、必読の書。

《内容構成》

〈価格は本体価格です〉